Rudolf Steiner Taschenbücher
aus dem Gesamtwerk

RUDOLF STEINER

Öffentliche Vorträge, gehalten im Architektenhaus zu Berlin

Spirituelle Seelenlehre und Weltbetrachtung
18 Vorträge 1903/04 — tb 681

Ursprung und Ziel des Menschen
Grundbegriffe der Geisteswissenschaft
23 Vorträge 1904/05 — tb 682

Die Welträtsel und die Anthroposophie
22 Vorträge 1905/06 — tb 683

Die Erkenntnis des Übersinnlichen in unserer Zeit
und deren Bedeutung für das heutige Leben
13 Vorträge 1906/07 — tb 684

Die Erkenntnis der Seele und des Geistes
15 Vorträge 1907/08 — tb 685

Wo und wie findet man den Geist?
18 Vorträge 1908/09 — tb 686

Metamorphosen des Seelenlebens
7 Vorträge 1909/10 — tb 603

Pfade der Seelenerlebnisse
8 Vorträge 1909/10 — tb 622

Antworten der Geisteswissenschaft auf die großen
Fragen des Daseins
15 Vorträge 1910/11 — tb 689

Menschengeschichte im Lichte der Geistesforschung
16 Vorträge 1911/12 — tb 690

Ergebnisse der Geistesforschung
14 Vorträge 1912/13 — tb 691

Geisteswissenschaft als Lebensgut
12 Vorträge 1913/14 — 692

Aus schicksaltragender Zeit
12 Vorträge 1914/15 — in Vorb.

Aus dem mitteleuropäischen Geistesleben
15 Vorträge 1915/16 — in Vorb.

Geist und Stoff, Leben und Tod
7 Vorträge 1917 — tb 695

Das ewige in der Menschenseele. Unsterblichkeit und Freiheit
10 Vorträge 1918 — in Vorb.

Rudolf Steiner

Geist und Stoff, Leben und Tod

Sieben öffentliche Vorträge
gehalten zwischen dem 15. Februar
und dem 31. März 1917
im Architektenhaus zu Berlin

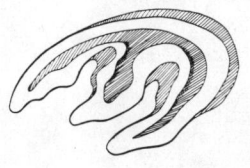

RUDOLF STEINER VERLAG
DORNACH/SCHWEIZ

Nach vom Vortragenden nicht durchgesehenen und teilweise
lückenhaften Nachschriften herausgegeben von
der Rudolf Steiner-Nachlaßverwaltung

Ungekürzte Ausgabe nach dem gleichnamigen Band
der Rudolf Steiner Gesamtausgabe
herausgegeben von H. E. Lauer und R. Friedenthal
(Bibliographie-Nr. 66, ISBN 3-7274-0660-7)
2. Auflage, Dornach 1988

Taschenbuchausgabe
1.–6. Tsd. Dornach 1989

Bestell-Nr. tb 6950

Zeichen auf dem Umschlag und Titelblatt von Rudolf Steiner

Alle Rechte bei der Rudolf Steiner-Nachlaßverwaltung, Dornach/Schweiz
© 1989 by Rudolf Steiner-Nachlaßverwaltung, Dornach/Schweiz
Printed in Germany by Clausen & Bosse, Leck

ISBN 3-7274-6950-1

ZU DIESER AUSGABE

Die Vorträge dieses Bandes gehören dem Teil von Rudolf Steiners Vortragswerk an, mit dem er sich an die Öffentlichkeit wandte. «Berlin war der Ausgangspunkt für diese öffentliche Vortragstätigkeit gewesen. Was in anderen Städten mehr in einzelnen Vorträgen behandelt wurde, konnte hier in einer zusammenhängenden Vortragsreihe zum Ausdruck gebracht werden, deren Themen ineinander übergriffen. Sie erhielten dadurch den Charakter einer sorgfältig fundierten methodischen Einführung in die Geisteswissenschaft und konnten auf ein regelmäßig wiederkehrendes Publikum rechnen, dem es darauf ankam, immer tiefer in die neu sich erschließenden Wissensgebiete einzudringen, während den neu Hinzukommenden die Grundlagen für das Verständnis des Gebotenen immer wieder gegeben wurden.» (Marie Steiner)

Da Rudolf Steiner aus Zeitmangel nur in ganz wenigen Fällen die Nachschriften selbst korrigieren konnte, muß gegenüber allen Vortragsveröffentlichungen sein Vorbehalt berücksichtigt werden: «Es wird eben nur hingenommen werden müssen, daß in den von mir nicht nachgesehenen Vorlagen sich Fehlerhaftes findet.»

Die vorliegenden Anfang 1917 gehaltenen 7 Vorträge bilden die vierzehnte der öffentlichen Vortragsreihen, welche Rudolf Steiner in Berlin seit 1903 regelmäßig durchführte.

Im Gegensatz zu den früheren öffentlichen Vortragsreihen erklärt Rudolf Steiner hier die Anthroposophie nicht anhand konkreter Sachfragen oder historischer Persönlichkeiten, sondern versucht, Themen der Anthroposophie unmittelbar darzustellen, wobei er die Geisteswissenschaft von anderen Philosophien abgrenzt (Eduard von Hartmann, Franz Brentano, Psychoanalyse, Kant-Schopenhauerischer Agnostizismus). So entwickelt Steiner auch in Zusammenhang mit den Schlußarbeiten am Buch «Von Seelenrätseln» im vierten und fünften Vortrag des vorliegenden Bandes zum ersten Mal die Lehre von der physiologischen Dreigliederung der Menschenwesenheit (Vorstellen, Fühlen, Wollen – Nerven-, Atmungs-, Stoffwechselorganismus). Kurz bevor Rudolf Steiner diese Vorträge hielt, war auch sein Buch «Vom Menschenrätsel» erschienen, auf das er deshalb an vielen Stellen Bezug nimmt.

INHALT

(Ausführliche Inhaltsangaben siehe Seite 277)

I. Geist und Stoff, Leben und Tod
   Berlin, 15. Februar 1917 9

II. Schicksal und Seele
   Berlin, 17. Februar 1917 41

III. Seelenunsterblichkeit, Schicksalskräfte
   und menschlicher Lebenslauf
   Berlin, 1. März 1917 78

IV. Menschenseele und Menschenleib
   in Natur- und Geist-Erkenntnis
   Berlin, 15. März 1917 113

V. Seelenrätsel und Welträtsel: Forschung
   und Anschauung im deutschen Geistesleben
   Berlin, 17. März 1917 150

VI. Leben, Tod und Seelenunsterblichkeit im Weltenall
   Berlin, 22. März 1917 190

VII. Das Jenseits der Sinne und das Jenseits der Seele
   Berlin, 31. März 1917 228

Hinweise 265
Personenregister 275
Ausführliche Inhaltsangaben 277
Rudolf Steiner – Leben und Werk 281

GEIST UND STOFF, LEBEN UND TOD

Berlin, 15. Februar 1917

Der Untertitel des heutigen Vortrages bezieht sich hauptsächlich auf die Wahl seines Gegenstandes. In einer Zeit, in der wir von solchem Ernst umgeben sind, in einer Zeit, die so vieles von dem, was die Zukunft der Menschheit bringen muß, in ihrem Schoße trägt, schien mir das Richtige zu sein, die Vortragsreihe dieses Winters damit zu beginnen, die Betrachtung hinzulenken auf große Fragen der menschlichen Seele, ihres Wesens, ihres Schicksals, auf diejenigen Quellen in der menschlichen Seele, wo ihre stärksten inneren Kräfte liegen. Und das, was dem heutigen Vortrage zugrunde gelegt werden soll: eine Betrachtung im geisteswissenschaftlichen Sinne über Geist und Stoff, Leben und Tod – gehört zweifellos zu dem, wovon schon der große griechische Philosoph *Plato* sagte, daß ohne seine Erforschung das Leben für den Menschen eigentlich nicht wertvoll sei.

Ich möchte ausgehen davon, Ihren Blick zunächst zu lenken auf einige Geister, die im Laufe des 19. Jahrhunderts und bis in unsere Zeit herein nach einer Lösung gerade derjenigen Rätsel, die uns heute beschäftigen sollen, gerungen haben aus der ganzen naturwissenschaftlichen Erkenntnis des 19. Jahrhunderts heraus, die gerungen haben aus alledem, was das tiefste Denken der neueren Zeit der Seele als Stütze gab, um zu einer Anschauung zu kommen über das Verhältnis, in dem der Mensch als Geist zum Stoffe steht, über das Verhältnis, in dem der Mensch steht als der im physischen Leben Seiende zu dem Rätsel des Todes. Denn Fragen wie die nach Stoff und Geist, sie haben zu allen Zeiten je nach den entsprechenden Erkenntnissen dieser Zeiten die Menschen in der verschiedensten Weise berührt. Und man kommt eigentlich solchen Fragen nicht nahe, wenn man nur im allgemeinen über sie redet, sondern nur, wenn man den Geistesblick wirft auf die ringende Menschenseele. Denn dann tritt einem erst so recht vor die Seele die Bedeutung, die die Erforschung dieser Dinge für das unmittelbare Leben des Tages, für das ganze tiefere Schicksal des Menschen hat. Und da möchte ich denn zunächst Ihren Blick lenken auf einen Geist, der, obwohl er bereits in den achtziger Jahren verstorben ist, in seiner Anschauungsweise und in seinem Ringen noch unmittelbar wie aus unserer Gegenwart heraus spricht, einen Geist, der durch die eigentümliche Artung seiner Seele in intensivster Weise zu den in Rede stehenden Fragen getrieben worden ist, indem sein Denken geradezu ein Ringen war mit dem, was die so bewundernswürdige Naturwissenschaft über die stofflichen Vorgänge zu sagen hat, ein Ringen im Hinblick darauf, wie der Geist, in dem der Mensch als Seele sich verankert weiß, sich in ein Verhältnis zu setzen hat zu dem, was ihn als stoffliche Vorgänge umgibt. Ihren Blick möchte ich lenken auf *Gustav Theodor Fechner,* der im Grunde die ganze Bildung des 19. Jahrhunderts in seiner empfänglichen Seele mit durchgerungen hat; der bis in die achtziger Jahre in Leipzig Professor war; der mitgearbeitet hat an den Erkenntnisfragen des 19. Jahrhunderts in der umfassendsten Weise. Doch soll das uns heute nicht beschäftigen. Beschäftigen soll uns vielmehr eine Situation seines Lebens, die er selbst in einer wunderbar zarten Weise gleich im Anfang desjenigen Buches schildert, das so manche Tiefen des Strebens der neueren Zeit enthält – über die Tages- und Nachtansicht der menschlichen Weltanschauung. Er schildert, wie er, da seine Augen bereits an Sehkraft abgenommen hatten, sich eines Tages, um sich zu erholen, auf eine Bank hinsetzte im Rosental in Leipzig, wie er vor sich hatte einen Heckenzaun, der ein Loch, einen Ausschnitt hatte, durch den er gerade auf eine Wiese sehen konnte. Er konnte das Grün der Wiese sehen – so erzählt er –, und sein Auge, sein schwaches Auge erlabte sich an dem Grün der Wiese. Er konnte die mancherlei bunten Blumen sehen, hervorragend aus dem Grün, die Schmetterlinge in allen Farben, die sich über dem Grün und der Blumenpracht tummelten: er konnte ein Morgenkonzert hören. Und er, der sinnige Gelehrte, konnte nicht umhin, die Gedanken spielen zu lassen innerhalb dieser Wahrnehmungen, Gedanken, die befruchtet waren aus der ganzen naturwissenschaftlichen Bildung seiner Zeit.

Nun muß man, um zu den bezeichnenden Gedanken dieses sinnigen Geistes den Zugang zu gewinnen, ein wenig sich vor Augen treten lassen, was aus dem naturwissenschaftlichen Denken der Zeit heraus Gustav Theodor Fechner besonders nahelag, was ihn auf besondere Art dazu gebracht hatte, gerade in einer solchen Lebenslage mit dem Rätsel des Stoffes innerlich-seelisch zu ringen. Ich habe ja öfter aufmerksam gemacht auf diejenige Weltanschauungs-Richtung des 19. Jahrhunderts, die ich in meinem Buche «Die Rätsel der Philosophie» als die Weltanschauung des Illusionismus bezeichnet habe. Ich habe darauf aufmerksam gemacht, wie gewisse Erwägungen der Physiologie, der Erkenntnistheorie, gewisse Arten, sich zu den naturwissenschaftlichen Erscheinungen zu stellen, gerade die hervorragendsten Denker des 19. Jahrhunderts dazu gebracht haben, sich zu sagen: Dasjenige, was der Mensch als die Farbenwelt, die ihn umgibt, als die Töne, die ihn umgeben, wahrnimmt, das ist eigentlich nicht in der Außenwelt. In der Außenwelt sind schwingende, sich bewegende, in einer gewissen Weise zueinander im Verhältnis stehende Atome, Moleküle, rein räumliche Wesenheiten, die in der Zeit sich bewegen. So daß ja schon Schopenhauer und andere dazu kamen, zu sagen: Die farbenbunte Welt um uns herum, die tönende Welt um uns herum, sie ist eigentlich nur so lange da, als ein menschliches Auge sich öffnen kann, sie wahrzunehmen, ein menschliches Ohr sie hören kann. An sich, wenn dieser Außenwelt nicht gegenübersteht ein menschliches Auge, ein menschliches Ohr, ist diese Außenwelt finster und stumm, Bewegung finster-farbloser, lichtloser, tonloser Wesenheiten. Man war, ich möchte sagen, dazu gekommen, hereinzunehmen in das menschliche Ich, in die menschliche Seele alles das, was den Menschen erfreut, was ihn erhebt, was ihn umgibt in der Welt um ihn herum, und dieser Welt draußen nur die stumme und finstere Ursache des reinen Stoffes zu lassen. Ein solcher Geist wie Fechner nimmt eine solche Anschauung nicht bloß auf wie eine Theorie, sondern er nimmt sie auf im Hinblicke auf die Frage: Wie läßt sich mit einer solchen Anschauung leben? Wie vermag die Seele sich, wenn sie sich auf eine solche Anschauung stellen muß, in ein Verhältnis zur Welt zu bringen? – Und deshalb sagte sich Fechner in der Lage, in der er da war während seines Erholungssitzens auf der Bank am Heckenzaun: Da schaue ich durch diese Öffnung im Heckenzaun. Ich glaube das Grün der Wiese, die buntspielenden Farben der Schmetterlinge wahrzunehmen. Das alles aber lügt mir nur der farblose, lichtlose Stoff vor. Ich glaube die Töne des Morgenkonzertes zu hören; sie sind nicht draußen, sie ertönen erst, wenn die Schwingungen der Luft, die von den Instrumenten, den Geigen und Flöten hervorgerufen werden, auf mein Ohr wirken. Da draußen ist alles tonlos, alles finster und stumm. Und in Wahrheit müßte man sich bewußt sein, daß man, indem man hinausblickt in die Welt des Stoffes, in eine tonlose, in eine finstere Welt blickt. – Diese Ansicht von der Welt des Stoffes nannte Fechner die «Nachtansicht». Und er wies wiederholt darauf hin, daß alles dasjenige, was die durchaus nicht anzufechtende, sondern bewundernswerte Naturwissenschaft des 19. Jahrhunderts zutage gefördert hat, mit Notwendigkeit zu dieser Nachtansicht geführt hat. Und dieser feinsinnige Geist wußte sich keineswegs alleinstehend in der Anschauung: «Wenn du da hinaussiehst, so siehst du in ewige Nacht hinaus!», sondern er sagte – und ich möchte Ihnen da seine eigenen Worte vorlesen:

«Sind es doch die Gedanken der ganzen denkenden Welt um mich.»

«Wie sehr und um was sie zanken mag, darin reichen sich Philosophen und Physiker, Materialisten und Idealisten, Darwinianer und Antidarwinianer, Orthodoxe und Rationalisten die Hände. Es ist nicht ein Baustein, sondern ein Grundstein der heutigen Weltansicht...»

Und nun sagt sich Fechner weiter: Also erst wenn an den Eiweißknäuel – so drückt er sich aus – des menschlichen Gehirns dieser stumme, finstere Stoff heranschlägt, dann entwickelt sich durch das, was im Gehirn sich abspielt, die farbenbunte, prächtige Welt; dann entwickelt sich erst die «Tagesansicht», die aber unter dem Einfluß dieser Voraussetzungen im Grunde zu einer großen Illusion für die Menschheit wird. Fechner fand durchaus niemals, daß man, weil sie zu dieser Nachtansicht als einem Durchgangspunkte des Weltanschauungsstrebens geführt hat, die naturwissenschaftliche Entwickelung bekämpfen müsse. Er, der selber ein feinsinniger Naturforscher war, unterschätzte gewiß die Bedeutung der naturwissenschaftlichen Erkenntnisse nicht, aber er richtete den geistigen Blick auf eine Menschheitszukunft, die er, wie man glauben darf, in naher Ferne vermutete, und von der er meinte, daß jene Nachtansicht wiederum weichen und eine andere, vergeistigte Anschauung an ihre Stelle treten müsse, die in der Lage sei, nicht in so abfälliger Weise dem zu widersprechen, was der gesunde Menschenverstand annimmt, sondern die aufbaut auf alledem, was uns in der zunächst von dem naiven Menschen «wirklich» genannten Welt umgibt, aber aufsteigt von dem zu einer Welt, in der sich die Seele als Geist wissen muß, wenn sie sich nicht selber in eine wesenlose Hingabe an den Stoff verlieren will. Und so sagt Fechner, aufblickend von dieser Gegenwart in eine Zukunft, die er voraussahnt:

«In der Tat ist mein Glaube, daß, so sicher als auf die Nacht der Tag, auf jene Nachtansicht der Welt dereinst eine Tagesansicht folgen wird, die, statt sich in Widerspruch mit der natürlichen Ansicht der Dinge zu stellen, vielmehr damit unterbauen, und darin den Grund zu einer neuen Entwickelung finden wird. Denn, schwindet jene Illusion, welche den Tag in Nacht verkehrt, so wird natürlicherweise alles Verkehrte, was damit zusammenhängt, und es ist viel, mit schwinden müssen, und die Welt in neuem Zusammenhange, in neuem Lichte, unter neuen positiven Gesichtspunkten erscheinen.»

Fechner hat dann selber versucht, aus der Welt, auf die, wie er meint, die Tagesansicht gerichtet ist, aufzusteigen zu einer Welt, in der sich die Seele als Geist erkennen kann. Aber man muß sagen, insbesondere wenn man die Voraussetzungen der Geisteswissenschaft zu den seinigen macht, daß ihm nicht mehr gelungen ist, als aus den Begriffen und Vorstellungen heraus, die er sich über die gewöhnliche Welt und aus der gewöhnlichen Wissenschaft machte, zu gewissen, man möchte sagen, Vermutungen, vermutungsweisen Ideen und Vorstellungen über eine geistige Welt zu kommen.

Wenn man gelehrt sprechen möchte, so könnte man sagen: Er versuchte, sich die geistige Welt nach Analogien zu denken. Die Erde mit ihrer Lufthülle wurde ihm zu einem großen Organismus; das Laufen der Sonnenstrahlen wurde ihm zu einem Analogon für die Nervenwirkungen; das ganze Sternensystem der Sonne wurde ihm wiederum ein großer Organismus, der ebenso wie der menschliche Organismus Seele in sich hat. Aber alle diese Vorstellungen über eine geistige Welt baut sich Fechner auf den Vorstellungen des Alltags, den Vorstellungen der auf die äußere stoffliche Welt gerichteten Wissenschaft auf. Man kann sagen: Nur sein dem Geistigen zugewandtes Grundgefühl der Seele zwang ihn, derlei Annahmen zu machen, nicht stehenzubleiben bei der Welt des Stoffes, sondern sich zu erheben zu einer von ihm hypothetisch konstruierten geistigen Welt.

Wenn man sich nun frägt: Auf welchem Punkte stand dieser sinnige Geist, der in seiner eigenen Entwickelung die Entwickelung der geistigen Bildung des 19. Jahrhunderts in besonderer Art widerspiegelte?, so kann man sagen: Er stand gerade am Ausgangspunkte zu dem, was für ihn vermutungsweise, nun aber, nachdem wiederum eine Reihe von Jahren seit seinem Wirken verflossen ist, mit größerer Gewißheit gerade aus der naturwissenschaftlichen Weltauffassung hervorgehen kann, er stand vor dem Tore desjenigen, was hier als Geisteswissenschaft gemeint ist. – Diese Geisteswissenschaft muß ausgehen von dem, bis zu dem die äußere, auf den Stoff gerichtete Wissenschaft in der Regel kommt. Von dem Punkte muß sie ausgehen, diese Geisteswissenschaft, bis zum dem auch das gewöhnliche alltägliche Leben vordringt. Diese Wissenschaft und dieses Leben dringen vor bis zu den Vorstellungen, Begriffen und Ideen, die sich der Mensch über die Außenwelt machen kann. Festgehalten, wenigstens wie festgehalten wurde Fechner an dem tonlosen und finsteren Stoffe, der sich ihm in der Vorstellung aufgedrängt hatte; festgehalten an dieser Nachtansicht, aber hinstrebend zur Tagesansicht. Diese Tagesansicht aber, sie kann nicht gewonnen werden, wenn nicht gerade scharf ins Seelenauge gefaßt wird, wohin die äußere Wissenschaft, das gewöhnliche Leben des Tages kommt wie zu einem Schlußpunkte – wenn nicht scharf ins Auge gefaßt wird das, was man das menschliche Denken und das menschliche Vorstellen nennt. Gerade dort, wo die gewöhnliche Wissenschaft aufhört, muß Geisteswissenschaft ihren Anfang nehmen. Daher muß sie sich auseinandersetzen mit der Frage: Was ist denn eigentlich seinem Wesen nach dieses Denken, das in uns lebt, das uns treibt, uns über alle Erscheinungen, über alle Eindrücke der äußeren Welt, seien es freudvolle oder leidvolle, seien es mehr oder weniger gleichgültige, oder die großen Schicksalsfragen enthaltend, Vorstellungen zu machen?

Man kommt zu einer Beantwortung dieser Frage nur, wenn man in jener Ruhe, welche dem heutigen wissenschaftlichen Leben so oftmals nicht gegeben ist, und in der inneren Kraft der geistigen Entfaltung des Seelenlebens versucht, sich dem Denken gegenüberzustellen. Dann kommt man zu jener Anschauung dieses Denkens, die da sagt: Dieses Denken selber, in dem sich geistig die äußere Welt spiegelt, ist nicht mehr irgend etwas, das an den Stoff gebunden ist.

Ich weiß: indem dieser Satz ausgesprochen wird, stößt er sogleich an unzählige Vorurteile unserer Zeit. Ich würde viele Stunden brauchen, wenn ich alle Einzelheiten hier anführen wollte, welche es völlig erhärten, daß, indem wir denken, wir nicht mehr weben im Stoffe, sondern uns bereits mit unserer Seele herausgehoben haben aus dem stofflichen Wirken, in dem die Seele ja dadurch steht, daß sie für ihre alltägliche Betätigung den physischen Leib als ihr

Werkzeug zu benützen hat. Es gehört zu den schwerwiegendsten Vorurteilen der neueren Weltanschauung, daß man die geistige Natur des Denkens selbst nicht erkennt, indem man dieses Denken geistig ins Auge faßt. Wer nicht nur in flüchtigem Rückblick auf den Erkenntnisakt, auf das Denken hinschaut, sondern sich in die Lage versetzt, gewissermaßen von dem Denkakt zurückzutreten, aber so, daß das Denken, das er im Erkennen pflegt, wie eine Art Erinnerungsvorstellung so, daß sie genau beobachtet werden kann, vor der Seele steht; wer also nicht verharrt im Denken, wo man es nicht erkennen kann, sondern wer gewissermaßen vom Denken zurücktritt, der erkennt, daß er, indem er denkt, so in diesem Denken lebt, wie – um diesen Vergleich, den ich hier schon öfter brauchte, noch einmal zu brauchen – man in sich lebt, wenn man vor einer Spiegelfläche steht. Die spiegelnde Fläche gibt einem ein Bild des eigenen Wesens zurück, man weiß aber ganz genau: Dieses eigene Wesen ist nicht im Spiegel drinnen, der Spiegel ist nur die Veranlassung, daß es mir zurückgeworfen wird. Indem ich mich spiegele, erfühle ich mein Wesen, und ich weiß, daß das Bild meines Wesens nur zurückgespiegelt wird. Ich würde dieses Bild nicht wahrnehmen, wenn der Spiegel nicht da wäre. Aber ich weiß, der Spiegel hat nichts zu tun mit diesem meinem Wesen, als daß er mir mein Bild zurückwirft.

Eine genaue, vorurteilslose Betrachtung des Denkens zeigt, daß dieses Denken so zu dem Gehirn als dem Leibeswerkzeug steht, daß dieses Gehirn, dieses Leibeswerkzeug, wie der Spiegel ist; allerdings nicht wie ein toter Spiegel, sondern wie ein lebendiger Spiegel, wie wir gleich hören werden. Denn dasjenige, was als Denken lebt und webt, vollzieht sich nicht da drinnen durch die Vorgänge des Spiegelns, sondern es vollzieht sich in dem seelischen Eigenwesen außerhalb des Leibes, und der Leib ist nur die Gelegenheit, daß mir das zum Bewußtsein kommen kann, was mir sonst nicht als Bild des Denkens zum Bewußtsein kommen würde. Und eine unbefangene Betrachtung dieses Denkens zeigt, daß der Mensch sehr in die Irre geht, wenn er dieses Denken selber als ein Produkt irgendwelcher Vorgänge im Leibe auffaßt. Auf diesen Irrtum soll hier zunächst durch einen Vergleich aufmerksam gemacht werden.

Wenn wir über einen Weg schreiten, der, sagen wir, erweichten Boden hat, so bleiben die Spuren unserer Tritte in diesem Boden zurück. Wir könnten nicht gehen, wenn der Boden uns nicht seinen Widerstand entgegensetzte, wenn wir nicht auf ihn treten könnten. Wir prägen dem Boden die Spuren unseres Gehens ein. Aber es wäre unsinnig zu glauben für den, der da hinterherkommt, daß die Trittspuren, die sich da eingeprägt haben in den Boden, durch Kräfte in der Erde selbst bewirkt worden wären. Nur derjenige weiß Bescheid über die Sache, der weiß: Es ist ein Wesen, das nichts mit der Erde zu tun hat, über die Erde hingeschritten, aber all das, was dieses Wesen vollbracht hat, drückt sich in der Erde ab.

So ungefähr stellt sich für den Betrachter, der sich erheben kann in die Selbstwahrnehmung des Denkens, das Verhältnis des Denkens in der Seele zu dem Nervenapparat dar. Der Nervenapparat muß da sein; die ganze Leibesorganisation muß da sein; die Seele könnte das Denken hier im Leben zwischen Geburt und Tod nicht entfalten, gerade so wenig, wie wir über einen Abgrund schreiten könnten, ohne einen Boden zu haben unter den Füßen. Die Seele würde dieses Weben im Gedanken nicht wahrnehmen, wenn ihr nicht gegenüberstände wie ein Boden dasjenige, worin sie einprägt, einwebt, was in ihr seelisch-geistig lebt. Dann kann der Physiologe, der Biologe kommen und kann nachforschen, wie alles dasjenige, was die Seele gewoben, was sie geprägt hat, was Vorgänge in ihr sind, wie das auch sich abprägt, abbildet in den Leibeswerkzeugen; dann kann er für alles Einzelne die richtige Anschauung entwickeln: daß alles das, was in der Seele lebt, nachweisbar ist im menschlichen Gehirn, im menschlichen Nervenapparat. Aber in die Irre würde man gehen, wenn man alles das, was im Denken lebt und webt, so erklären würde, als ob es gleichsam aufschießen würde aus den inneren Vorgängen des Gehirns, des Nervenapparates.

Die Wahrheiten, die ich also entwickele, können nicht im gewöhnlichen Sinne, wie man das heute will, durch eine leichtgeschürzte Logik belegt werden. Sie können sogar sehr leicht durch eine solche leichtgeschürzte Logik angegriffen, kritisiert werden. Aber derjenige, welcher sich hingibt den Methoden, die hier öfter geschildert worden sind als die Methoden der Geistesforschung, das heißt derjenige, der sich herbeiläßt, in seiner Seele völlig ruhig zu werden, so daß er dieses Zurücktreten vom Denken wirklich erleben kann, der kommt genau so, wie der Wissenschaftler der äußeren Welt zu seinen Ergebnissen kommt, durch die Betrachtung der Seele, die also auf das Weben und Wesen des Denkens gerichtet ist, zu diesen Wahrheiten als unmittelbar in der Erfahrung gegebenen. Diese Wahrheiten müssen erfahren, müssen erlebt werden, aber sie können erlebt werden dadurch, daß der Geistesforscher eben erst diejenigen inneren Methoden des Forschens entwickelt, die ich hier öfter dargestellt habe, die Sie auch dargestellt finden können in meinem Buche «Wie erlangt man Erkenntnisse der höheren Welten?» und in meiner «Geheimwissenschaft im Umriß» und nunmehr im Verhältnis zu der äußeren Wissenschaft in meinem letzten Buche «Vom Menschenrätsel». Wenn der Geistesforscher also dahin gelangt ist, die geistige

Natur des Denkens wirklich zu durchschauen, dann kann er auch aufsteigen zu weiteren Stufen des Erforschens der geistigen Welt. Denn dann kann er dasjenige, was sonst im Denken lebt und nicht erkannt wird, weiter ausbilden, so daß er sich gewissermaßen durch Entfaltung eines besonderen Innenlebens, das in jenen Büchern geschildert ist, ergeht in dem Denken, das unabhängig lebt von der physischen Welt. Es ist ein weiteres Ausbilden jener Unabhängigkeit des Denkens, welche man in seiner Wesenheit erkennen kann. Es ist gewissermaßen ein Hinnehmen desjenigen, was uns die Welt als erstes wirklich Geistiges gibt: des Denkens wie eine Grundlage, wie eine Wurzel, aus der man nun herauswachsen läßt all dasjenige, was durch weitere Meditation und Konzentration des Denkens, durch weitere in jenen Büchern geschilderte Methoden der Geistesforschung entwickelt werden kann. Dadurch aber, daß man nun nicht bloß das Denken anschaut als etwas, das uns gewissermaßen vom Stoffe losreißt, das unserer stofflichen Welt als unabhängig Geistiges gegenübersteht, sondern es weiterbildet in innerer Seelenarbeit, dadurch kommt man dazu, nun in einem intensiveren Sinne dasjenige zu erleben, was geradenwegs genannt werden kann das Leben im geistigen Menschen, unabhängig vom materiellen Menschen, das Sichlosreißen von alledem, was der Mensch als physisch-stoffliches Wesen ist. Dieses Heraustreten des Geistig-Seelischen aus dem physischen Leibe, das wird zur Wirklichkeit, indem der Mensch in der angedeuteten Weise das Denken weiter ausbildet.

Und dann kommt der Mensch dazu, nunmehr auch dasjenige für seine Erkenntnis – nicht für das Leben – in die Nacht hinuntersinken zu sehen, was Fechner die Tagesansicht nennt. Dadurch, daß der Mensch sich ganz einlebt innerlich-seelisch in das Leben und Weben des reinen sinnlichkeitsfreien Gedankens, verschwindet wirklich die äußere Welt der stofflichen Wirkungen, die uns zunächst umgibt. Dafür aber ist der Geistesblick des Menschen auf dessen eigene Wesenheit gerichtet, und der Mensch hat sich, während er sich sonst immer als Subjekt weiß, als das, in dem er lebt, nunmehr vor sich; er wird – wenn ich den Ausdruck gebrauchen darf – sich selber Objekt, er tritt von sich zurück.

Indem ich dieses ausspreche, darf ich hinweisen auf einen zweiten Geist des 19. Jahrhunderts, der, weil er nicht nur ein theoretisierender, sondern ein empfindender Denker und Wissenschaftler war, empfunden hat die eigentümliche Art des Denkens, und den dieses Denken dadurch getrieben hat, wirklich zu erfassen die stoff-freie Wesenheit dieses eigenen Denkens. Ich weise da Ihren Blick hin auf den ja weniger bekannten, aber wirklich, ich möchte sagen, die ganze Kraft des deutschen Denkens im 19. Jahrhundert in sich tragenden *Karl Rosenkranz,* der bis in die siebziger Jahre der Nachfolger, der spätere Nachfolger Kants auf dem Lehrstuhl der Philosophie in Königsberg war. Kants und Hegels Schüler war Karl Rosenkranz, aber ein Schüler, der in seinem ebenfalls sinnigen Geiste Erkenntnisfragen wirklich zu Lebensfragen, zu Schicksalsfragen zu machen wußte, und der es dahin gebracht hat, sich zu sagen: Du mußt in deinem Denken einen Punkt erreichen, wo du unabhängig bist von all der äußeren sinnlichen Welt, zu der du ja denkend erst den Zugang gewinnen willst. Und da kam Karl Rosenkranz der Gedanke eben des von der Außenwelt, von der Stoffeswelt unabhängigen Denkens. Und an der Art und Weise, wie Karl Rosenkranz über das Denken spricht, wenn es sich unabhängig weiß von der äußeren Welt, die sonst im Leben den Menschen hegt und trägt und stützt, aus dieser Art und Weise, wie Karl Rosenkranz von diesem Denken spricht, da sieht man, wie er gefühlt hat, was es heißt, einen Übergang zu machen aus der äußeren physischen Stoffeswelt zur geistigen Welt, was es heißt, deshalb, damit man erkennt, was der Geist ist, einmal wirklich abzusehen von all dem, was uns stofflich als Welt umgibt, und sich zurückzuziehen auf den reinen Gedanken von der Welt. Da findet sich dieser Gedanke, wenn er nicht jene Entwickelung durchmachen kann, die ich eben angedeutet habe, zunächst in seiner furchtbaren Leerheit. Denn im gewöhnlichen Leben sind wir gewöhnt, unsere Gedanken auf die Außendinge zu richten, die Außendinge, die durch die Sinne auf uns wirken, in unseren Gedanken abzubilden. Lassen wir nun die Außenwelt unberücksichtigt, wie das Karl Rosenkranz wollte, und ziehen wir uns dann in das Denken zurück, ohne daß wir auf Grund der Erkenntnis, daß dieses Denken leibfrei ist, es weiter entwickeln und aufsteigen zu einem Heraustreten aus dem Leibe, dann bleibt das Denken leer. Die äußere Welt ist aus ihm herausgeworfen; das Denken selber ist leer. Es hegt der Mensch einen Gedanken, der gleichsam in völliger Einsamkeit in seiner Seele nistet, als wenn die Welt nicht wäre. Von diesem Gedanken theoretisch zu sprechen, ist verhältnismäßig bedeutungslos. Aber für einen Erkenner, der das Erkennen als ein großes Lebensrätsel nimmt, als ein Lebensschicksal, ist dieser Gedanke nicht unbeträchtlich. Er wird zur inneren Qual der Seele, zum Fühlen der Einsamkeit, zum Fühlen der Verlassenheit der Seele gegenüber der äußeren Welt. Und Karl Rosenkranz spricht dieses Gefühl eines echten, nach lebendigem Erkennen trachtenden Denkers mit folgenden, ich möchte sagen, zu Herzen gehenden Worten aus:

«Die zerschmetterndste Vorstellung, die ich kaum auszudenken wage, und kaum auszudrücken vermag, ist die, daß überhaupt etwas ist. Es gähnt mich aus diesem Gedanken der absolute, der gestaltenleere Abgrund der Welt an.

Es wispert mir zu, wie der Verrat des Gottes. Es ergreift mich ein Bangen, wie in meiner Kindheit, wenn ich die Offenbarung Johannis las und Himmel und Erde darin zusammenbrachen. Da um mich herum dehnt sich die Welt in aller Breite, mit allem Trotz sinnlicher Virtualität» – das heißt Kräftewirkung – «und scheint meiner Vorstellung zu spotten. Sie zwingt mich in ihre Kreise, zwingt mich, ihren Ordnungen zu gehorchen, lacht meines Gedankens ihres Nichts als eines Hirngespinstes. Und doch ist dieser Gedanke, dieser widersinnig scheinende Gedanke, was nun sein würde, wenn diese Welt nicht wäre, ein Riese, der mit dem ganzen empirischen Dasein spielt.»

So fühlt wie vor einem Abgrund sich der Denker, der sozusagen vor dem Tore der Geisteswissenschaft steht, das heißt gerade hingelangt bis zu dem Gedanken, der die Sinnenwelt abgeworfen hat, aber vor dem Tore stehen bleibt und nicht eintritt in die Stätte der Geisteswissenschaft, wo der Gedanke nun wie eine Wurzel behandelt wird, aus der heraus durch die Entwickelung geistesforscherischer Methoden die ganze Pflanze jener Erkenntniskräfte entwickelt wird, die nun hineinschauen können in die geistige Welt. Man muß, um die Bedeutung der Geisteswissenschaft für das heutige Leben einzusehen, an solche Denker sich erinnern, die den Eingang in die Geisteswissenschaft noch nicht finden konnten, aber gerade aus dem naturwissenschaftlichen Zeitalter heraus empfanden, was in der Seele vorgeht, wenn sie sich aufschließen will die Pforte, wenn sie anlangt bei dem Denken, das für das äußere Leben und für die äußere Wissenschaft ein Schlußpunkt ist, das aber der Anfangs- und Ausgangspunkt ist für das wirkliche Erkennen der geistigen Welt.

Und zu diesen Denkern – ich wähle als Beispiele für die Vorläufer der Geisteswissenschaft, die ich hier meine, solche

Denker aus, welche nicht abstrakte Theoretiker waren, sondern denen das Streben nach der Erforschung der Rätsel des menschlichen Lebens tiefe Schicksalsangelegenheit ihrer Seele war – zähle ich auch *Gideon Spicker,* der so lange an der Hochschule in Münster Philosophie gelehrt hat, und der schon durch den Verlauf seines äußeren Lebens zeigte, wie ihm die Erkenntnis ein Lebensschicksal, eine Lebensangelegenheit war. Mit einer inbrünstigen Seele, die nach dem Erleben des Geistes trachtete, war Gideon Spicker – er beschrieb das selber in seinem schönen Buche, das 1908 erschienen ist: «Vom Kloster zum akademischen Lehramt» – Kapuziner geworden, Priester geworden; dann trieb ihn der Weg, den seine Erkenntnis nehmen mußte, dazu, aus dem Kloster fortzugehen und in die Philosophie sich zu vertiefen, um den Weg zu finden, der zum Einlaß in die geistige Welt führt. Da kam auch Gideon Spicker zu jenem Punkte, wo das Denken sich selbst überlassen ist, wo es vereinsamt dasteht, wenn es sich nicht so zu betätigen versteht, wie ich das angedeutet habe. Deshalb sagt Spicker von diesem Denken:

«Alle (Philosophien) ohne Ausnahme gehen von einem unbewiesenen und unbeweisbaren Satz aus, nämlich von der Notwendigkeit des Denkens. Hinter diese Notwendigkeit kommt keine Untersuchung, so tief sie auch schürfen mag, zurück. Sie muß unbedingt angenommen werden und läßt sich durch nichts begründen. Jeder Versuch, ihre Richtigkeit beweisen zu wollen, setzt sie immer schon voraus.» Und nun kommt jenes Wort, wo man sieht, wie in den Erkenntnissen seiner Seele er unmittelbar rührt an die Kräfte des Herzens. Gideon Spicker sagt weiter:

«Unter ihr gähnt ein bodenloser Abgrund, eine schauerliche, von keinem Lichtstrahl erhellte Finsternis. Wir wissen also nicht, woher sie kommt, noch auch, wohin sie führt.

Ob ein gnädiger Gott oder ein böser Dämon sie in die Vernunft gelegt, ist ungewiß.»

Spicker richtet also den Seelenblick auf dieses Denken. Er findet: Wenn wir nicht voraussetzen, daß das Denken in richtiger Weise uns über die Angelegenheiten der Welt aufklärt, wenn wir also nicht die Notwendigkeit des Denkens anerkennen in seiner Eigenart, dann können wir überhaupt in der Welt uns nicht zurechtfinden. Aber hinter dieser Notwendigkeit, meint Spicker, liegt der bodenlose Abgrund. Damit erweist auch Spicker, wie er vor dem Tore der Geisteswissenschaft steht, aber nicht hinein kann. Und unmöglich ist es nach seiner Anschauung, zu entscheiden, was eigentlich die von uns notwendig vorauszusetzende Richtigkeit in unsere Vernunft gelegt hat, ob ein gnädiger Gott oder ein böser Dämon.

Man muß das Denken schon so ernst nehmen, wenn man die ganze Bedeutung der Erkenntnis für das Leben ins Auge fassen will. Was kann ein solcher Denker, der so zu sprechen sich genötigt fühlt wie Gideon Spicker, was kann er nicht? Er kann nicht dahin gelangen, dieses Zurücktreten vor dem Denken zu bewirken, um dieses Denken anzuschauen, um dadurch die Überzeugung zu gewinnen, daß dieses Denken geistiger Natur ist. Denn dann stellt es sich, weil eben die Dinge, wenn man sie betrachtet, ihre Eigenart ergeben, in seiner Eigenart dar, wie es ist, und läßt uns nicht die Wahl zwischen dem gnädigen Gott und dem bösen Dämon, der es etwa in die Vernunft gelegt haben könnte.

Auf dem geisteswissenschaftlichen Erkenntnisweg kommt alles darauf an, sich bekannt zu machen mit der Natur des Denkens, dieses Denken nicht wie ein Letztes hinzunehmen, sondern es wie ein Erstes anzusehen, das uns weiterbringen soll.

Ich möchte hinweisen darauf, wie aus dem gewöhnlichen

Leben heraus der Mensch, wenn er nur eine intime Aufmerksamkeit auf gewisse feinere Erscheinungen des Lebens wendet, die Überzeugung gewinnen kann davon, daß das Denken nicht bloß in unserem Ich, in unserer Seele oder gar in unserem Gehirn lebt, sondern daß es ein wesentliches Dasein in der äußeren Welt hat, daß das Denken unter den schaffenden Kräften ein Mitwirkendes ist, daß es die Welt durchwebt und durchlebt; daß es nicht das Denken in uns ist, sondern daß wir mit unserer Seele in der von Gedanken durchwobenen Welt leben. Es bedarf noch gar nicht der Anwendung der Methoden der Geisteswissenschaft, gar noch nicht des lebendigen Eintretens in die geisteswissenschaftliche Forschung selber, um zu dieser Überzeugung zu kommen, sondern nur eines intimen Beobachtens gewisser Vorgänge. Da kann der Mensch, wenn er unter den diesen Dingen günstigen Verhältnissen einmal aufwacht, etwas wie eine dunkle Erinnerung an dasjenige bewahren, was, eben bevor er aufgewacht ist, vorgegangen ist. Da können, wie herüberfließend aus dem Schlafzustand in den Wachzustand, Gedanken sich hereindrängen in den Wachzustand, von denen der Mensch einsehen kann, daß er sie nie im Wachzustand würde gedacht haben, daß sie mit nichts zusammenhängen, was im Wachzustand gedacht werden kann. Ich kann auf diese Dinge nur hinweisen; würden wir mehr Zeit haben, so würden wir sehen, daß alle Einwände von Reminiszenzen, Erinnerungen und so weiter, die solche Vorstellungen sein könnten, wegfallen, wenn man die Untersuchung genauer anstellen würde. Dann aber, wenn man so findet wie eine innere Erfahrungswahrheit: «Du tauchst eigentlich auf mit deiner Seele aus dem webenden, lebendigen Denken», dann weiß man zugleich, wenn die Augenblicke günstig sind, ich möchte sagen, wenn die Seele gerade begnadet ist, so etwas wahrzunehmen: das, was da wie Gedankenwesenheit selber ist, das webt mit an dem eigenen und zwar jetzt leiblichen Wesen. Denn man wird gewahr: Womit man eigentlich im Schlafe gelebt hat, das sind die Vorgänge des Inneren, des Leibes selber. Diese Vorgänge – Sie können darüber nachlesen in meinem letzten Buche «Vom Menschenrätsel» –, die man im Schlafe erlebt, und die sich zuweilen in das Träumen hinaufheben, diese Vorgänge sind Bilder des inneren Erlebens des Leibes. – Hat man diese beiden Erkenntnisse: die Erkenntnis des selbständigen Webens der Gedanken in der Welt, der lebendigen Gedanken in der Welt, und des Webens der Gedanken an unserer eigenen Leiblichkeit, dann hat man auch einen in der Empfindung gegründeten Ausgangspunkt für ein inneres meditatives Arbeiten in seiner Seele, um nun aufzusteigen zu der Erkenntnis der geistigen Welt.

Die Erkenntnis der geistigen Natur des Denkens selber, die man im Wachzustand gewinnen kann, eine genauere, intimere Erkenntnis des Denkens, die man auf die zuletzt angedeutete Weise in besonders günstigen Lebensmomenten gewinnen kann, die unterstützt einen, nun wirklich die innere Seelenarbeit zu unternehmen, die der Geistesforscher zu unternehmen hat: Dieses Denken – um es noch einmal zu sagen – wie eine Wurzel zu betrachten, die nun entfaltet wird durch innere Seelenarbeit, auf die ich heute nur hinweisen kann, eine Wurzel, die endlich den Menschen dahin bringt, aus seinem Leibe mit seinem Geistig-Seelischen wirklich heraustreten zu können, und sich selber nun, wie er im Alltage ist, gegenüber zu haben, wie man sonst in der sinnlichen Anschauung die äußeren Dinge sich gegenüber hat. Dieses Heraustreten aus dem Leibe ist durchaus eine Wirklichkeit, die an den Menschen herankommt, wenn er gewisse Seelenübungen macht. Dann aber ist der Mensch nicht nur in der Lage, durch die Werkzeuge des Leibes die ihn umgebende Welt anzuschauen; eine andere Welt ist da, die nicht die Welt der Sinne ist, eine Welt des Geistes tritt nun auf. Indem der Mensch in diese andere Welt des Geistes eintritt, wird er nicht – das habe ich schon öfter erwähnt, es ist aber notwendig, es immer wieder und wieder zu sagen, weil gerade von dieser Seite her die meisten Angriffe kommen – ein Gegner der Naturwissenschaft, sondern im Gegenteil, alles dasjenige, was berechtigterweise die so bewundernswürdige neuere Naturwissenschaft hervorgebracht hat, das wird gerade, und intensiver, als die Naturwissenschaft es kann, bewiesen durch dasjenige, was geistiges Anschauen in der Welt findet.

Ich habe in meinem Buche «Vom Menschenrätsel» diese Anschauung, die der Mensch dadurch erringt, daß er sich bereit macht, sich von den Bedingungen der stofflichen Vorgänge loszureißen, das «schauende Bewußtsein» genannt, aus dem Grunde, weil ich anknüpfen wollte, wie in allen meinen geisteswissenschaftlichen Bestrebungen, an die Weltanschauung Goethes. In seinem schönen Aufsatz über «anschauende Urteilskraft» hat er hingewiesen darauf, wie der Mensch, wenn er zu einer das Geistige stützenden Erkenntnis streben will, dazu kommen muß, nicht bloß passiv die äußere stoffliche Welt aufzunehmen, sondern sich innerlich zu erkraften, um erkenntnismäßig dieses Geistige innerlich so zu erfassen, wie man von außen her die äußere sinnliche Welt durch die Sinne erfaßt. Und ich habe genannt dieses Leben im schauenden Bewußtsein ein Aufwachen aus dem gewöhnlichen Bewußtsein des Alltages und der gewöhnlichen Wissenschaft, das man vorstellen kann ähnlich dem Aufwachen aus der Traumeswelt in die Welt des gewöhnlichen wachen Bewußtseins. Und so wäre denn, um dasjenige auszudrücken, was er eigentlich sagen will, der Geistesforscher genötigt, auf drei Bewußtseinszustände hinzuweisen: Auf das träumende Bewußtsein, wo der Mensch ganz hingerichtet ist auf die Vorgänge seines eigenen Leibes, die ihm teilweise, möchte man sagen, entgegentreten, aber nicht wie sie sind, sondern in den webenden und lebenden Gedanken, die wie in einem imaginativen Leben offenbaren, was eigentlich innere Leibesvorgänge sind. Die Vorstellungen während des Traumlebens sind durchaus auf das leibliche Innere des Menschen gerichtet. Der Mensch ist gewissermaßen da in seine Haut eingeschlossen, und, wenn ich mich noch genauer aussprechen sollte, so könnte ich sagen: Es ist nicht beteiligt das eigentliche Bewußtsein des menschlichen Gehirns an den Bildern der Traumvorstellungen, sondern es ist die Seele zugewendet im Traume demjenigen, was, abgesehen von den Vorgängen des Gehirns, im Leibe vorgeht. Aber das prägt sich aus in den Bildern, die manchmal so farbenbunt und prächtig, manchmal so chaotisch vor die Seele treten. Wer nun auf diese Welt der Traumesvorstellungen sein forschendes Seelenauge richtet, der findet, daß im Grunde genommen die Vorstellungen selbst, wie sie im Traume auf- und abfluten – allerdings nur als Offenbarung des Innenlebens –, sich in ihrem Inhalte, in ihrer Wesenheit nicht unterscheiden von den Vorstellungen, die wir im Alltag haben.

Das Aufwachen ist etwas ganz anderes, ist eine Tat des Willens. Es ändert nicht die Natur der Vorstellungen, sondern der Mensch erkraftet sich in seinem Willen, setzt sich durch seinen Willen wirklich in ein Verhältnis zur äußeren Welt, die uns die Sinne offenbaren. Und dadurch bezieht er das, was sonst nur seinem Inneren zugewendet wäre, auf die äußere Welt. Er legt gleichsam über die Fläche des Außendaseins sein Denken, sein Vorstellen hinüber, weil er sich im Willen erkraftet hat, weil er sich eingeordnet hat in die äußere Welt mit seinem Vorstellen. Und Wachsein heißt:

durch den Willen das Vorstellungsleben mit dem ganzen Menschen einzuordnen in die Verhältnisse der äußeren Welt.

Im schauenden Bewußtsein wird bis zu einem gewissen Grade das wirklich zu einer Wahrheit, die man nur nicht mißverstehen darf, daß nun durchschaut wird, wie von einem höheren Gesichtspunkte aus diese äußere Sinneswelt wiederum nur eine Bilderwelt ist; wir nehmen sie in einer grob-stofflichen, derben Weise als eine letzte Wirklichkeit im gewöhnlichen Leben hin, wie wir im Traume unsere Traumeswelt als eine Wirklichkeit fühlen. Aber indem wir aus dem Traume erwachen, wird uns die Traumeswelt zu einer Bilderwelt. Und vom Gesichtspunkte des wachen Bewußtseins aus verstehen wir erst, die Traumeswelt in der richtigen Weise einzuordnen in die Gesamtwelt.

Tiefere Denker haben nun, indem sie in ihrer Seele eine Kraft nach der geistigen Welt hin fühlten, vergleichsweise, nicht um in irgendeiner falschen Asketik mißverständliche Vorstellungen aufzustellen, die Welt der Sinne in ihrer grob-stofflichen Wirklichkeit eine Welt der Bilder genannt, und sie mit dem Traume – nicht gleichgestellt, aber verglichen. Vor allen Dingen der große deutsche Denker *Fichte* hat in seiner Schrift über die Bestimmung des Menschen eine wunderbare Stelle, wo er sich ausspricht über das Leben und Weben desjenigen, was durch die Sinne gesehen wird. Da sagt Fichte:

«*Bilder* sind: sie sind das einzige, was da ist, und sie wissen von sich, nach Weise der Bilder; – Bilder, die vorüberschweben, ohne daß etwas sei, dem sie vorüberschweben: die durch Bilder von den Bildern zusammenhängen... Alle Realität verwandelt sich in einen wunderbaren Traum ohne ein Leben, von welchem geträumt wird, und ohne einen Geist, dem da träumt; in einem Traum, der in einem Traume von sich zusammenhängt.»

Nicht soll durch diese Worte der Mensch angewiesen werden, in mißverständlicher Weise die wirkliche Welt gering zu achten, in der seine Pflichten liegen, in der sein Leben zwischen Geburt und Tod sich abspielen muß, nicht soll der Mensch von dieser Welt hinweggelenkt, sondern darauf aufmerksam gemacht werden, daß man erwachen kann aus dem gewöhnlichen Bewußtsein – wie man aus dem träumenden Bewußtsein erwacht – zu einem höheren Bewußtsein in dem schauenden Bewußtsein. Und im schauenden Bewußtsein ordnet man die Bilder der Sinneswelt, die einen sonst umgeben, ein in die geistige Welt, die einem in der Weise nun erschlossen ist, wie das angeführt worden ist. Dann aber, wenn man also die geistige Welt in der Seele unmittelbar erlebt, dann erhält man einen neuen Gesichtspunkt über das Verhältnis des Geistes zum Stoff. Denn dann gelangt man dazu, an dem Menschen selbst, an sich selbst, dieses Verhältnis des Geistes zum Stoff zu schauen. Das erwachte schauende Bewußtsein, das gewissermaßen zurückgetreten ist von dem Menschen, und das, was der Mensch im gewöhnlichen Erkennen tut, von außen anschaut, dieses Bewußtsein stellt sich anders zu der Welt als die von Fechner genannte Nachtansicht. Dieses schauende Bewußtsein sagt sich: Gewiß, für all dasjenige, was der Mensch denkt und fühlt, worüber er sich freut, was er erleidet, gibt es zwischen Geburt und Tod im gewöhnlichen physischen Leben physische Vorgänge im Menschen. Der Mensch erlebt all dasjenige, was er seelisch erlebt, durch den Leib, der es ihm wie ein Spiegel zurückwirft, sonst würde er davon nichts wissen. Dazu ist der Leib da, daß der Mensch von ihnen ein Bewußtsein entwickeln kann. Aber indem der Mensch also zurücktritt und sich in wirklicher, nicht erträumter Selbstbeobachtung wirklich erkennt, da gelangt er schauend zu einer anderen Ansicht, als die Nachtansicht ist. Da kommt er dazu, sich zu sagen: Ja, damit ich die Farben der Welt sehe, müssen in meinem Nervenapparat, in meinem Leibeswerkzeug gewisse Vorgänge vorgehen; aber indem ich das Blau, das Rot sehe, indem ich den Ton C oder Cis höre, da sind die Vorgänge, auf die es ankommt, schon vor sich gegangen. Die Seele selbst in ihrem geistigen Weben und Leben, sie prägt dasjenige, was sie tut, in das, sagen wir, Gehirn ein; das Gehirn strahlt in die Seele, die innerhalb des Leibes ist, dasjenige zurück, was die Seele selbst eingeprägt hat. Und nachdem die Seele eine Prägung gemacht hat ins Gehirn, verwandelt sich das Gehirn in ein spiegelndes Wesen, strahlt zurück die Prägung. Und die Seele, indem sie nur sich selbst lebt, empfindet dieses Prägen als Rot und Blau, oder C oder Cis. Die Seele ist es, die schon am Gehirn gearbeitet hat, bevor sie wahrnimmt. Die ganze Wahrnehmung ist eine Spiegelung, die dadurch zustande kommt, daß die Seele, bevor die Wahrnehmung zustande kommt, bereits am Leibe arbeitete.

Da blickt man nun hinein in ein Wesen des Menschen, das man nicht erkennen kann mit dem gewöhnlichen Bewußtsein, das durchschaut werden kann nur mit dem schauenden Bewußtsein. Denn dem gewöhnlichen Bewußtsein enthüllt sich nur die Welt der Sinneswahrnehmung. Aber die gewöhnlichen Gedanken sind ja von der Sinneswahrnehmung abgezogen. Jetzt aber sieht man unter die Oberfläche der Sinneswahrnehmung; jetzt sieht man auf die Tätigkeit, die sonst unbewußt bleibt. Jetzt schaut man, wie die Seele in ein Verhältnis zum Stoffe tritt, wie Geist und Stoff zusammenwirken. Da allerdings stellt sich dieses Zusammenwirken von Geist und Stoff dem Schauenden in einer Weise dar, die zunächst frappierend, vielleicht sogar schockierend ist, es stellt sich so dar: Während der Mensch das durchlebt, was er durch die gewöhnliche physische Vererbung von Vater und Mutter erhält, lebt er in etwas, das sprießt und sproßt, das gewissermaßen in sich entfaltender Naturwirkung verläuft, das wie Entwickelung ist desjenigen, was aus irgendeinem Keim herausfließt und immer vollkommener und vollkommener werden will. Indem der Mensch beginnt, sein Seelisches zu entwickeln, das heißt, indem auf die geschilderte Weise die Seele als Geist in Beziehung, in Wechselwirkung tritt zum Stoff, der ihren Leib bildet, da vollführt die Seele im Vorstellen, im Empfinden, in dem ganzen gewöhnlichen seelischen Erleben fortwährend dasjenige, was ich nennen möchte Abbau. Wir können keine Empfindung, keine Vorstellung hegen, ohne daß dasjenige, was sonst sprießt und sproßt, bekämpft wird, zurückgedrängt wird, zerfallen gemacht wird von der Seele. Indem gewissermaßen die Seele das sprießende und sprossende Leben der Nerven zurückdrängt, bewirkt sie dasjenige, was dann spiegelt. Sagen wir, um vielleicht ein Unnötiges auszusprechen: Wenn die Seele Blau sieht, vollführt sie einen Prozeß, der aber eigentlich ein Zerstörungs-, ein Zerfallprozeß ist, in den Nerven. Dieser Prozeß bildet gleichsam die spiegelnde Fläche, die das Blau zurückstrahlt. So muß die Seele fortwährend das Stoffliche auflösen, zerfallen machen, das sich dann aber wieder herstellt entweder im gewöhnlichen Schlafe oder in dem Schlafe, der immer vorhanden ist, der auch das wache Leben begleitet, und wo das immer wieder hergestellt wird. Aber dasjenige, was sich enthüllt dem schauenden Bewußtsein in bezug auf das Verhältnis des Menschen zu Geist und Stoff, das zeigt uns, daß der Geist sich entwickelt, daß er zum Beispiel für den Menschen das geistige Bewußtsein entfaltet, indem eigentlich der Stoff fortwährend bekämpft wird, indem er fortwährend – wir können es geradezu aussprechen – zerstört wird.

So sieht man auf einen Prozeß, der sonst unter der Schwelle des Bewußtseins bleibt, einen Prozeß, den diejenigen, die auch in der älteren Form der Geisteswissenschaft sich genaht haben, wohl gekannt haben; daher haben sie das Treten an die Pforte der geistigen Erkenntnis ein «Treten an die Pforte des Todes» genannt. Man sieht, was man den Tod nennt, das ist nicht bloß der einmalige Vorgang, den der Mensch am Ende seines Lebens durchmacht, sondern der Tod ist dasjenige, was fortwährend wirksam ist im Menschen, so wirksam, daß fortwährend das Lebendige bekämpft wird, daß der Tod immer sich vollzieht, in kleinen Teilwirkungen sich vollzieht. Und gerade indem der Tod von der Geburt oder sagen wir der Empfängnis des Menschen an arbeitet, so aber, daß seine Wirkung immer wieder ausgeglichen werden kann, arbeitet Leben und Tod in dem Menschen fortwährend ineinander. Und indem das Physische in seinem Wachstum in dieser Weise bekämpft wird von dem Seelischen, entwickelt sich das Geistige.

Dies ist eine Wahrheit, die allerdings überraschend ist, wenn man sie in ihrer ganzen Bedeutung erkennt. Das Physische entwickelt sich, indem es sprießt und sproßt; aber alles Sprießende und Sprossende ist auch unterworfen einer rückläufigen Entwickelung, einem Verfall. Dieser Verfall zeigt sich immer – nur im beschleunigten Prozeß im Tode –, wenn Bewußtsein, Selbstbewußtsein, kurz, wenn Geistigkeit sich entwickeln soll, was sich immer durchsetzend zeigen muß das Stoffliche. – So blickt eigentlich das schauende Bewußtsein fortwährend auf die Mitwirkung des Todes. Und der Tod ist die Grundlage, aus der sich gerade das Geistige der menschlichen Seele entwickelt; indem das Seelische dem Leben entgegentritt, muß es, um zum Geiste zu kommen, mit dem Tod im Leben tätig sein.

Dann, wenn das schauende Bewußtsein diese innere Entdeckung gemacht hat, dann kann es, wenn die in den genannten Büchern geschilderten inneren Seelenmethoden fortgesetzt werden, weiter gelangen; dann kann es dahin gelangen, nicht nur im Geiste so sich zu wissen, daß es schaut, wie eigentlich die stofflichen Erscheinungen, die stofflichen Offenbarungen zustande kommen können, wie gewissermaßen der Tod wirkt in seinen Teilerscheinungen von Stunde zu Stunde, von Augenblick zu Augenblick, sondern es lernt die aus dem Leibe frei gewordene Seele nunmehr auch – und das liegt in geradem Fortschreiten in denjenigen Methoden, die angedeutet worden sind –, es lernt die Seele überblicken wie mit einem Blick dasjenige, was sich, nun nicht im Raume, sondern in der Zeit abspielt: Die Entfaltung des ganzen Lebens, wie da die Seele im Leiblichen arbeitet zwischen der Geburt oder Empfängnis und dem Tode. Natürlich nicht in den Einzelheiten – wie man nicht das Wetter überschaut für den kommenden Tag, wohl aber überschauen kann, daß die Sonne nach dem Untergehen am kommenden Tag wieder erscheinen wird. Dann wird die Seele so frei, daß sie sich nicht nur unabhängig weiß von der Leiblichkeit, sondern daß sie allmählich aufsteigt dazu, sich auch unabhängig zu wissen von dem gewöhnlichen physischen Leben, das zwischen Geburt beziehungsweise Empfängnis und dem Tode verläuft. Sie weiß sich dann in demjenigen Zustand, in dem sie war, bevor sie durch die Geburt oder durch die Empfängnis eingetreten ist in dieses physische Leben. So wie der Mensch im physischen Leben den Raum überwindet, so überwindet dann die Seele die Zeit; sie lernt von einem Punkte, der vor der Geburt und Empfängnis liegt, in dem sie sich wissend fühlt, das Leben überschauen; sie lernt dieses Leben als eine Einheit schauen, gewissermaßen das ganze Leben auf dem Hintergrund aber nun des dieses

Leben abschließenden Todes. So wie der Mensch mit dem schauenden Bewußtsein dasjenige, was er in seinen Sinnen erlebt, auf der Grundlage von Zerfall- und Abbauprozessen in seinem Leibe sieht, wie ich es geschildert habe, so sieht nunmehr dieses anschauende Bewußtsein, indem es sich nicht nur vom Leibe entfernt, sondern auch vom Leibesleben freigemacht hat, das Leben wie auf dem Hintergrund des Todes. Aber dieser Tod erscheint nun nicht bloß mit seiner Oberfläche, wie er dem äußeren physischen Leben erscheint, sondern diese Oberfläche erscheint wie durchsichtig, und hinter dem Tode erscheint das geistige Leben. So wie hinter dem Zerstörungsprozeß des Leibes das Leben und Weben der Seele im Leibe erscheint, so erscheint der Geist des Universums, in den der Mensch aufgenommen wird, wenn er durch die Pforte des Todes tritt, hinter der Oberfläche des Todes. Dieser Tod ist gleichsam die Oberfläche. Dieser Tod hat ein Inneres. Durch den Tod sieht der Mensch hinein in das Leben und Weben des Geistes im Universum.

Dann weiß sich der Mensch im Geiste stehend, und er weiß, wie er, nachdem er dieses Erdenleben zwischen Geburt und Tod durchlebt hat, wie er durch die Pforte des Todes schreitet, wie er aufgenommen wird von der geistigen Welt, so wie er bei dem gewöhnlichen Erwachen aufgenommen wird in seiner Seele von dem physischen Leibe. Er weiß, daß, wenn dieses Leibesleben von ihm abfällt, hinter der Pforte des Todes sich erhebt die geistige Welt. Er weiß, daß der Tod die Oberflächen-Erscheinung ist. Hinter dem Tod erscheint die geistige Welt; in der weiß sich der Mensch nun drinnen. Damit weiß der Mensch aber auch, daß dieses Leben, das er im Stoffe durchlebt, seinen Grund, seine Bedeutung für das ganze physische und geistige Leben, für das Gesamtleben des Menschen hat. Denn der Mensch weiß: Das, was er im Stoffe erlebt, bleibt in seinem Bewußtsein, und dieses Bewußtsein bleibt ihm – so wie die Gedanken in der Erinnerung des gewöhnlichen Lebens bleiben –, wenn er durch die Pforte des Todes geschritten ist. Das Leben, das er im Leibe durchgemacht hat, lebt in seiner Seele weiter, und durch diese Rückschau auf dasjenige, was er sonst in seinem Leibe erlebt hat, bildet er sich die vorbereitenden Kräfte für nächste Erdenleben. Und so lernt der Mensch überschauen dasjenige, was man wiederholte Erdenleben nennen kann – eine Wahrheit der Geisteswissenschaft, von der dann im nächsten Vortrag gesprochen werden soll, wo von dem Schicksal der Seele gesprochen werden soll, und wo von dem, wozu ich heute gelangt bin, der Ausgangspunkt genommen werden soll. Ich will nur hinzufügen, daß der Mensch auf diese Weise durchaus nicht das Erdenleben als wesenlos, als bedeutungslos ansehen lernt. Sondern weil dasjenige, was er durchmachen muß, was er in sich aufnimmt in diesem Erdenleben, hineingetragen werden muß durch die Pforte des Todes in die geistige Welt, wo es wie eine Gesamterinnerung als Kraft in seiner Seele lebt, um durch die Ewigkeiten zu gehen, um neue Erdenleben zu zimmern, so lernt der Mensch durch die Geisteswissenschaft leben in der geistigen Welt. Und indem er also leben lernt in der geistigen Welt, zeigt sich, daß diese Erkenntnis noch eine andere Bedeutung hat:

Gustav Theodor Fechner knüpft an die Betrachtung, die er über sein Sitzen im Rosental in Leipzig gemacht hat, noch eine andere an. Er sagt, er habe einmal mit demjenigen Wesen, das so viele Jahre mit ihm das Leben geteilt hat – er war damals in Saßnitz auf Rügen – einen Spaziergang nach Stubbenkammer durch die dort so wunderbaren Waldungen machen wollen; aber dasjenige Wesen, das mit ihm durch das Leben gegangen ist, das Leid und Freude mit ihm geteilt hat, wurde so müde, daß sie nicht mehr gehen konnte, und sie sagte: Ich muß dich allein gehen lassen, aber es wird ja bald eine Zeit kommen, wo du viel wirst ohne mich gehen müssen. Da sagte Fechner: Ach, vielleicht wird die Zeit auch so kommen, daß du ohne mich wirst gehen müssen. Aber denken wir nicht daran! – Und er ging durch die lauschigen Wälder auf dem Wege von Saßnitz nach Stubbenkammer, wo die Sonne durch die belaubten Bäume durchschien, wo alles schön und großartig war. Da bot sich ihm, wie er nicht dachte an das, was er «Nachtansicht» nannte, die ganze Schönheit der äußeren sinnlichen Welt dar. Da sagte er dann zum Schluß etwas, was so tief zu Herzen gehen kann: Die Wahrheit zeigt sich da auch in ihrer Schönheit. Und man ahnt, daß diese Sinneswelt, in der Seele die Seele kennenlernt, Seele der Seele nahetritt, nicht dazu da ist, um ausgelöscht zu werden von der finsteren und tonlosen Stoffeswelt, in die der Mensch verfallen müßte, wenn all dasjenige, was er als Farbe und Ton erlebt, nur wie ein Schein herausleuchten würde aus solcher immer-dauernden Nacht; sondern es ahnt der Mensch, wie diese Sinneswelt zwar die Schicksale zwischen den Menschen spinnt, aber sie so spinnt, daß, wenn diese Sinneswelt hinweggenommen wird, dann der Mensch die letzten Schranken fallen sieht, die Seele von Seele trennen, so daß er hoffen darf: Wenn die Leibeshüllen abgeworfen sind, wird Seele mit Seele in inniger Gemeinschaft leben. – Da erweitert sich das wissenschaftliche Anschauen bei Fechner zur Vermutung, zur verstärkten Vermutung von dem Zusammensein der Seelen in der geistigen Welt, nachdem sie durch die Pforte des Todes geschritten sind.

Durch die Geisteswissenschaft wird Fechners Vermutung, man darf sagen, zu einer Gewißheit, die nicht gesucht wird –

denn die Geisteswissenschaft darf nicht nach Gefühlen gehen –, die aber als objektive Wahrheit sich ergibt. Der Mensch weiß sich in der geistigen Welt; er weiß, daß diese leibliche Hülle ihn zwischen Geburt und Tod umgibt, damit er in die geistige Welt hineinbringen kann, was er nur in dieser Hülle sich aneignen kann. Er weiß, daß das Leben in dieser physischen Welt da ist, daß Seele an Seele gebracht wird, daß aber mit dem Wegfall der Hülle wirklich Seele zu Seele in ein Verhältnis tritt, das rein geistig ist. So lernt sich der Mensch mit dem Menschen kennen, mit allem, was ihn umgibt, in der Sinneswelt stehend als in einer Vorstufe zur geistigen Welt; er lernt die Notwendigkeit der physischen Welt kennen, aber er lernt auch die Wirklichkeit der geistigen Welt kennen. Und das, was Fechner ahnte, was er vermutete, was er ersehnte, was er mit den besten Geistern des naturwissenschaftlichen Zeitalters von der zur Geisteswissenschaft entwickelten Naturwissenschaft erhofft, das soll die Geisteswissenschaft erfüllen. Und so möchte man, daß Geisteswissenschaft wahr machte das Fechnerwort, das aber nicht bloß aus seiner Seele, das aus vielen hoffenden, Geisterkenntnis hoffenden Seelen herausgesprochen ist:

«In der Tat ist mein Glaube, daß, so sicher als auf die Nacht der Tag, auf jene Nachtansicht der Welt dereinst eine Tagesansicht folgen wird, die, statt sich in Widerspruch mit der natürlichen Ansicht der Dinge zu stellen, vielmehr damit unterbauen, und darin den Grund zu einer neuen Entwickelung der Dinge finden wird. Denn, schwindet jene Illusion, welche den Tag in Nacht verkehrt, so wird natürlicherweise alles Verkehrte, was damit zusammenhängt, und es ist viel, mit schwinden müssen, und die Welt in neuem Zusammenhange, in neuem Lichte, unter neuen positiven Gesichtspunkten erscheinen.»

Indem Fechner seinen vermutenden Blick nach dieser

Welt richtet, für die wir Erfüllung erhoffen durch die Geisteswissenschaft, spricht er davon, wie er sich wirklich am Ausgangspunkte fühlt, nicht am Ende. Und, ich möchte sagen, er sagt dann, wie die Geisteswissenschaft vorahnend, bekräftigend:

«Nun ist Klarheit das Letzte in diesen Dingen, das Letzte aber wird auch die Klarheit sein.»

Und die Klarheit für das geistige Leben, und damit die Sicherheit im Geiste, will Geisteswissenschaft der Menschheit bringen.

SCHICKSAL UND SEELE

Berlin, 17. Februar 1917

Die Frage nach dem Wesen des menschlichen Schicksals, die zweifellos für jeden Menschen im Mittelpunkt nicht nur des seelischen, sondern des gesamten Lebens steht, ist zugleich eine solche, an welche die verschiedenen Philosophien, die doch in der mannigfaltigsten Weise nach der Lösung der Weltenrätsel gerungen haben, nur wenig herangetreten sind. Man findet, wie diese Philosophien die Rätsel der Natur, die Rätsel der menschlichen Seele, den Zusammenhang der stofflichen Welt mit der geistigen Welt, die Eigentümlichkeit der geistigen Welt selber erforschen wollen, wie sie aber zumeist haltmachen gerade vor dieser so hervorragenden Lebensfrage nach dem menschlichen Schicksal.

Unter den wenigen philosophischen Denkern, welche ihr Denken heranzubringen versuchten an die Schicksalsfrage, ist *Schopenhauer*. Man mag nun zu Schopenhauer stehen wie man will, man mag, was er als Ergebnisse seiner Weltanschauung dargelegt, zugeben oder ablehnen, das eine wird man gerade ihm nicht absprechen können: daß er versuchte, sein philosophisches Denken unmittelbar an das Leben heranzubringen, es so zu gestalten, daß die Fragen, die dem Menschen entgegentreten im Alltag, wirklich eine Lösung finden können. Und so war er es auch, der nicht nur versucht hat, über das Schicksal im allgemeinen sich Gedanken zu machen, sondern sogar eine interessante Abhandlung geschrieben hat über den Zusammenhang der auf den ersten Augenblick zufällig im menschlichen Lebenslauf sich folgenden Ereignisse, die in diesen Lebenslauf bestimmend eingreifen. Allein es ist merkwürdig, daß selbst Schopenhauer, der in bezug auf manche seiner Gedanken so kühn war, gerade im Beginn seiner Abhandlung über den Schicksalszusammenhang der menschlichen Lebensverhältnisse sagt, daß man die Meinungen, die er ausspricht, nicht allzu ernstlich nehmen, sondern mehr eben als Meinungen ansehen solle, weil er durchaus nicht, wie in bezug auf seine übrigen philosophischen Aufstellungen, in bezug auf diese Schicksalsfragen seiner selbst in seinem Denken ganz sicher sei. Und man kann sagen, daß gerade an der Art und Weise, wie ein solcher ins Leben hineinschürfender Denker Schicksalsfragen sich vorlegt und zu lösen versucht, sich zeigt, daß diesen Fragen eigentlich nur ein solches Forschen nahekommen kann, welches aufsteigt – wie ich vorgestern hier ausgeführt habe – von dem gewöhnlichen Bewußtsein des Alltags und der gewöhnlichen Wissenschaft zu dem, was damals genannt wurde das schauende Bewußtsein. Ich erlaubte mir zu sagen, daß dieses sich ebenso zu dem gewöhnlichen Bewußtsein verhält, wie das gewöhnliche Bewußtsein zu dem vom Traum erfüllten Bewußtsein, und daß der Mensch aufwachen kann aus dem gewöhnlichen Bewußtsein zu dem schauenden Bewußtsein, wie er aufwacht aus dem träumenden Bewußtsein zu dem gewöhnlichen Bewußtsein, durch das er sich einordnet den Dingen der sinnlichen, der stofflichen Welt um ihn herum. Wer sich wirklich zu nähern versucht den tiefen Fragen nach der Wesenheit des menschlichen Schicksals, der verspürt, daß diese Wesenheit an das menschliche Erkennen nur herankommt, wenn dieses Erkennen selber sich – wie es vorgestern charakterisiert worden ist – aus der Welt der stofflichen Vorgänge heraus zu erheben vermag in das unmittelbar geistige Erleben.

Es ist interessant, wie Schopenhauer den Traum zu Hilfe

ruft in seiner eigentümlichen Art, um der Schicksalsfrage nahezukommen. Er sagt: In der Traumeswelt, die scheinbar chaotisch ist, folgen Vorstellungsbilder auf Vorstellungsbilder, welche gewisse Widersprüche zeigen können, gerade so, wie das Leben sie zeigt, nur daß das Leben sie intensiver, stärker an den Menschen heranbringt. Dann aber zeigt sich gewissermaßen die Auflösung der Traumeswidersprüche im wachen Bewußtsein, wenn diese Widersprüche sich zusammenfügen. Und da macht Schopenhauer besonders aufmerksam auf den ja sehr bekannten Typus der Traumeswelt, auf den sogenannten Examenstraum, wo der Mensch alle Schrecknisse im Traum durchlebt, die ihn überkommen können, wenn er sich selber im Traume gefragt sieht um dieses oder jenes, und nun die Prüfung nicht bestehen kann, nicht antworten kann. Ein anderer kommt im Traume, der dann die Antwort gibt. Schopenhauer macht gerade auf diesen Traum aufmerksam. Er sagt: Also hat sich – im Traume – das Ich des Menschen selber gefragt. Aber es ist doch natürlich, daß auch derjenige, der dem Träumenden erschienen ist als der Wissende, er selber ist, dieser Träumende; er war also imstande, selber diese Antworten zu geben. Und erwacht der Mensch, meint Schopenhauer, dann sieht er, daß sowohl der Wissende wie der Nichtwissende er selber ist; es fügt sich das Ganze in die Einheit der Persönlichkeit zusammen. Das wache Bewußtsein zeigt, daß dasjenige, was gespalten war im Traum, eine Wesenheit ist. Allein gerade an der Art und Weise, wie Schopenhauer dieses Beispiel verfolgt, zeigt sich so recht deutlich, wie er als bloß denkender Philosoph, nicht als schauender Philosoph, zwar dazu kommen kann, gewisse Beobachtungen über das Seelenleben zu machen, aber nicht dazu, diese Beobachtungen zu wirklichen Ergebnissen zu bringen. Greifen wir dieses Beispiel auf und versuchen wir im späteren Verlauf des Vortrages gerade auf dieses Beispiel aus der Traumeswelt hinzudeuten von dem Gesichtspunkte des schauenden Bewußtseins.

Das Schicksalsrätsel gehört eben zu denjenigen Lebensrätseln, welche sich dem alltäglichen Denken, das sich ausgebildet hat an der äußeren stofflichen Welt, nicht ergeben, mit denen dieses Denken nichts anzufangen weiß. Im Grunde genommen zeigt sich diesem Denken der Verlauf des menschlichen Schicksals mehr oder weniger als eine Summe von Zufälligkeiten. Und wenn sich auch Notwendigkeiten, innere Zusammenhänge ergeben, so ist es doch so, daß der Mensch im gewöhnlichen Bewußtsein niemals sicher sein kann, ob dasjenige, was er wie eine planmäßige Einheit in seinem Schicksal, seinem gesamten Lebensschicksal erblickt, auf einem objektiven inneren Wirklichkeitszusammenhang beruht, oder ob es bloß von der Phantasie in den ganzen Lebensverlauf hineinversetzt ist als Idee eines Planes.

Nun kann man sich nicht dem Bereich des menschlichen Lebens nähern, in dem das Schicksal in seiner wahren Gestalt erscheint, so daß es in seinem Leben und Weben durchschaut werden kann, wenn man nicht das Leben der Seele etwas näher verfolgt, wie es sich entwickeln muß, wenn es aus dem gewöhnlichen Alltagsbewußtsein des Wachens aufsteigt in das schauende Bewußtsein. Dann aber zeigt sich, daß man mit diesem Gange des inneren Seelenlebens des Menschen zugleich der so tief einschneidenden Schicksalsfrage nahekommt. Ich habe vorgestern bereits darauf aufmerksam gemacht, daß der Ausgangspunkt der Geistesforschung sein muß das innere Erleben des Denkens. Aber ich habe ausdrücklich hervorgehoben, daß dieses Denken nicht nur durch Sinnen vertieft werden muß, sondern daß es wirklich durch Zurücktreten des Menschen vor seinem eigenen Erkenntnisakte angeschaut werden muß, dann aber, indem es angeschaut wird, innerlich erkraftet, entwickelt werden muß. Ich habe das Bild gebraucht, daß das Denken, wie man es gewöhnlich im Leben hat, gewissermaßen als die Wurzel angesehen werden muß, aus der durch Seelenübungen herausgetrieben werden der Stamm und die Blätter der ganzen geistigen Erkenntnispflanze. Ich habe aufmerksam gemacht, daß diese Seelenübungen, die rein innere Vorgänge der Seele sind, die der Mensch vorzunehmen hat, nicht willkürliche sind, sondern daß sie methodische, systematische innere Seelenarbeiten darstellen, die keineswegs zurückstehen, in bezug auf innere Systematik, hinter demjenigen wissenschaftlichen Arbeiten, das sich auf die äußere Welt bezieht. Nur arbeitet der Naturforscher im Laboratorium mit äußerlichen Werkzeugen. Der Geistesforscher arbeitet mit dem, was seine Seele erlebt, indem er es nicht so läßt, wie es im gewöhnlichen Leben erlebt wird, sondern es bearbeitet, umwandelt, vorwärtsbringt bis zu jenem Punkte, den ich charakterisiert habe dadurch, daß ich sagte: Wird das Denken also entwickelt, so gelangt der Mensch dazu, sein seelisches Leben herauszuheben aus dem Leben der Stofflichkeit, der Leibesvorgänge. Der Mensch gelangt dazu, durch Entwickelung, innere Bearbeitung seines Denkens, sich selber – insofern er der Welt der stofflichen Vorgänge angehört – so gegenüberzutreten, wie man im gewöhnlichen Leben den sinnlichen Dingen gegenübertritt. So daß man sich selber als Sinnesmensch Objekt wird, während man gewissermaßen einzieht in den eigentlichen Geistesmenschen, der sonst immer im Menschen steckt, der aber durch solche seelische Übungen herausgezogen wird aus dem Leibesleben. Diese inneren seelischen Arbeiten können hier nicht im einzelnen beschrieben werden. Sie sind ausführlich dargestellt in «Wie erlangt man Erkenntnisse der höheren

Welten?» und «Geheimwissenschaft» und in anderen Büchern, die Sie in diesen angegeben finden. Das Wichtige nun, was für unsere heutige Frage in Betracht kommt, ist dieses, daß zum Eindringen in die hinter der physisch-sinnlichen Welt liegende geistige Welt jenes gewissermaßen persönliche Denken nicht hinreichend ist, das man geübt hat in der äußeren stofflichen Welt, das man dadurch gelernt hat, daß man die Dinge der äußeren stofflichen Welt vergleicht, daß man nach ihren Zusammenhängen forscht und so weiter. Dieses Denken steht – das zeigt sich dem schauenden Bewußtsein – in einem viel zu unmittelbaren Zusammenhang mit dem seelisch-leiblichen Menschen, um eindringen zu können in die wirkliche geistige Welt. Der Mensch selbst, indem er im gewöhnlichen Leben ein Denker ist, benützt dieses Denken ausschließlich in Anwendung auf die sinnliche Welt. Dieses Denken kommt, so wie es zum Gebrauche in der sinnlichen Welt an seiner Subjektivität, an seiner Persönlichkeit haftet, nicht aus der Sinneswelt, in der der Mensch steht, heraus, kann nicht in die geistige Welt eindringen. Der Denkübungen sind viele vorzunehmen, um das zu erreichen, wovon gesprochen werden soll, aber eine charakteristische möchte ich herausgreifen: Es handelt sich darum, das Denken gewissermaßen loszulösen von seiner gewöhnlichen Wesenheit, seinen gewöhnlichen Bedingungen. Wenn man einen Gedanken faßt, so ist er zunächst gar nichts anderes als das, was mit der physisch-sinnlichen Welt in Zusammenhang steht. Und man mag sich noch so sehr anstrengen: Wenn man nur bei der Denkarbeit bleibt, die sich im gewöhnlichen Leben entwickelt, ist das Denken zu schwach, zu kraftlos, zu wenig energisch, um in die geistige Welt einzutreten. Man muß gewissermaßen erst von dem gewöhnlichen Leben das Denken loslösen, damit man dann mit seiner Individualität in das losgelöste Denken hineinschlüpfen und sich so aus dem Leibe herausziehen kann.

Wie kann man es nun machen, daß man sein Denken gewissermaßen von seinem gewöhnlichen Wesen loslöst? Das kann man dadurch zustandebringen, daß man gewisse Gedanken – es kommt gar nicht darauf an, welche Gedanken das sind, am besten bildhafte Gedanken, die man leicht überschaut, bei denen man sicher ist, daß man sie in dem Moment, wo man sie hegt, wirklich bildet, so daß sie nicht Reminiszenzen sein können von Erlebnissen – in energischer Meditation, in energischer Konzentration durchdenkt. Solch eine Übung muß allerdings oftmals gemacht werden. Dadurch aber, daß man solche Übungen wiederholt, daß man immer wiederum auf denselben Gedankenkomplex zurückkommt, löst man aus dem Bereiche des gewöhnlichen Lebens diesen Denkkomplex heraus, man übergibt ihn der Welt, man läßt ihn mit sich selbst leben. Wenn ich heute einen bestimmten Denkkomplex habe, mich ganz in ihn vertiefe, dann von ihm abkomme, das gewöhnliche Leben verfolge, dann ist er nicht etwa völlig vernichtet, dann lebt er weiter, und er kann nach einiger Zeit heraufgeholt werden und wiederum in mein Bewußtsein gebracht werden. Das Leben, das er so weiterlebt, das lebt er gewissermaßen ohne meine Persönlichkeit, die unmittelbar an das stofflich-leibliche Leben gebunden ist. Das Denken ist der geistigen Welt übergeben. Den Gedanken hat man hineinfließen lassen in das geistige Leben, und er wird wiederum aus demselben herausgezogen. Wenn man die nötige Geduld und Ausdauer hat, bringt man es dahin, nach verhältnismäßig langer Zeit – es können Tage, Wochen, Monate, Jahre sein – einem Gedanken wieder zu begegnen, den man also losgelöst hat aus dem Bereich des subjektiven Lebens, den man dem unbekannten Weltenwirken übergeben hat, so daß er ohne uns fortfließt. Wenn man dann gewahr wird, was er geworden ist, ohne daß unsere an die Leiblichkeit gebundene Seele eingegriffen hat, dann macht man an dieser Gedankenbegegnung nach und nach jene bedeutsamen Erlebnisse durch, die es einem zur inneren Gewißheit bringen, daß man in dem Gedankenleben als in einem Geistigen lebt. Daß man sich jetzt dem Gedankenleben, das sich also zuerst losgelöst hat von uns, selber übergibt, mit dem losgelösten Gedankenleben selber von den stofflich-leiblichen Vorgängen loskommt – eine Begegnung eines Gedankenkomplexes mit anderen Gedankenkomplexen, die oftmals nach Jahren eintreten kann, mit jenen Tatsachen, die zwischen den Gedanken verlaufen –, das sind die für die nächste Stufe der Geist-Erkenntnis wichtigsten inneren Erlebnisse.

Man kommt dadurch in die Lage, in einen neuen Lebensbereich einzutreten, welcher uns so vorkommt, als ob, gerade so wie im physischen Leben die Augen dem Leibe eingeprägt sind zum physischen Anschauen, sich der Seele «geistige Augen» – um diesen Goethe-Ausdruck zu brauchen – eingeprägt haben, die nun eine neue Welt um sich herum schauen. Der Mensch erwacht wirklich aus seinem gewöhnlichen Bewußtsein zu einer neuen Welt. Ebenso, wie sonst die farbenbunte, die tönende Welt, die wärmende Welt um uns herum ist, ist jetzt eine ätherisch-geistige Welt um uns herum. Dadurch aber, daß wir diese geistige Welt kennenlernen in ihren mannigfaltigsten Erscheinungen, lernen wir auch etwas an uns selber kennen, das wir eigentlich auf eine andere Art nicht kennenlernen können, als auf den Wegen, die beschrieben worden sind. Wir lernen dasjenige kennen, das ich mir erlaubt habe in einem Aufsatz, der kürzlich in der Vierteljahrsschrift «Das Reich» erschienen ist, den Bildekräfteleib des Menschen zu nennen. Dieser Bildekräfteleib ist im Menschen ebenso wie der physische

Menschenleib. Wie dieser physische Menschenleib mit seinem Leben verläuft in physischen und chemischen Prozessen, so trägt der Mensch in sich, diesen physischen Menschenleib durchdringend, in dem Leben zwischen Geburt und Tod diesen Bildekräfteleib. Ich nenne ihn so aus dem Grunde, weil wir, wenn wir ihn schauen, wenn wir wirklich hinausdringen über die bloß stofflichen Vorgänge, dann gewahr werden, daß ebenso, wie in dem physischen Leib die physischen und chemischen Kräfte die Vorgänge dieses physischen Leibes bewirken, der Mensch getrieben wird zwischen Geburt und Tod durch die Kräfte dieses Bildekräfteleibes, welche da sein müssen, damit das Wachstum verläuft, damit eine Entwickelung verläuft, damit der Mensch hinübergetragen wird von Tag zu Tag, von Jahr zu Jahr, wie sie verfließen zwischen Geburt und Tod.

Allerdings muß man sich Verschiedenes aneignen, will man auf diesen Gebieten nicht straucheln. Denn was so von der Geistesforschung gesagt wird, es sind wahrhaftig nicht Phantasien, es sind Wirklichkeiten, wie die derbsten Wirklichkeiten der äußeren physischen Welt, ja intensivere Wirklichkeiten. Aber gar sehr steht entgegen aus der Welt des gewöhnlichen Bewußtseins erstens die Tatsache, daß der Mensch für die Auffassungsweise der gewöhnlichen Welt kaum in der Regel so ehrlich und wahr gegen sich selber ist, wie er sein muß, wenn er in diesen Dingen wirklich Fortschritte machen will. Und das zweite ist, daß die Art des Anschauens, des Wahrnehmens, eine ganz andere ist, wenn man hinausdringt aus der Welt seines bloß sinnlichen Wahrnehmens und des Bloß-über-die-Sinnenwelt-Denkens zu diesem schauenden denkerischen Erleben; denn es ist kein bloßes Denken mehr, es ist ein denkerisches Erleben. Man muß zu einer anderen Art des Sichverhaltens zu sich in der Seele kommen, um Fortschritte zu machen. Man muß gewissermaßen in die Lage kommen, den Augenblick zu erfassen – so möchte ich es nennen. Im gewöhnlichen Bewußtsein haben wir Zeit, den Gedanken da zu lassen im Bewußtsein, wenn wir dieses oder jenes auffassen wollen. Wenn wir aber zum denkerischen Erleben, zum Erleben des anschauenden Denkens aufrücken, müssen wir in die Lage kommen, dasjenige, was herauserglänzt, heraus sich offenbart aus der geistigen Welt – also zunächst aus dieser Welt des Bildekräfteleibes –, rasch im Augenblick zu erfassen. Ich möchte sagen, jene Auffassungsweise, die wir sonst als die Auffassungweise der Reflexakte bezeichnen, die muß sich vergeistigend unseres Seelenlebens bemächtigen. Wir brauchen nicht erst lange einen Gedanken zu fassen im Bewußtsein, wenn zum Beispiel eine Fliege uns ins Auge fliegen will, sondern wir schließen das Auge rasch. Wie wir da die Geistesgegenwart haben, im Augenblick das Richtige zu treffen, so müssen wir innerlich mit der Seele im Augenblick dasjenige erfassen, was aus der geistigen Welt herausblitzt und nur dadurch in die persönlichen Gedanken hereingebracht werden kann, daß es stark erfaßt wird, aber im Augenblick erfaßt wird. Dieses Üben der Geistesgegenwart für das Erfassen, das gehört zu dem Wichtigsten, das sich der Geistesforscher aneignen muß. Eignet er es sich nicht an, so kann es kommen, daß die Dinge, die er beobachtet – wie es vielen geht, die Versuche machen auf diesem Gebiet – in dem Augenblick, wo er aufmerksam wird, wo er sie gewahr wird, auch schon wiederum verflogen sind, so daß sie wie nicht da gewesen sind.

So kommt der Mensch zunächst zu der Erkenntnis seines Bildekräfteleibes, ohne den der physische Leib in jedem Augenblick ein Leichnam wäre, so wie er ein Leichnam wird, wenn dieser Bildekräfteleib ihn verläßt, das heißt, wenn der Mensch durch die Pforte des Todes geht. Um aber in die wirkliche geistige Welt, in eine, ich möchte sagen, selbständige geistige Welt einzudringen – denn die geistige Welt des Bildekräfteleibes ist ja an den physischen Stoffesleib gebunden, bleibt immer bei ihm zwischen Geburt und Tod –, muß man jene Seelenentwickelung, jene seelische Selbsterziehung, von der ich gesprochen habe, noch weitertreiben. Und da kommt es darauf an, nun für das innere Weben der Gedanken und Vorstellungen, die man ja schon bis zu einem Grade selbständig gemacht hat auf der ersten Stufe des Übens, die ich eben beschrieben habe, noch etwas ganz Besonderes einzuführen.

Soll man charakterisieren, was nunmehr in das anschauend erlebte Denken eingeführt werden muß, so könnte man es in der folgenden Weise charakterisieren: Im gewöhnlichen Denken, das wir im Alltag und in der gewöhnlichen Wissenschaft brauchen, bewegen wir uns von einem Gedanken zum anderen hin, so daß wir uns beherrschen lassen von der Logik, von dem Zusammenhang der Gedanken. Wir versuchen im wesentlichen durch innere Logik zu einem richtigen Denken zu kommen. Das genügt nicht für das geistige Erkennen. Das einfache, logische Fügen eines Gedankens an den anderen, und Nachsehen, ob ein Gedanke mit dem anderen in einem logischen Widerspruch oder Einklang steht, das genügt nicht für das schauende Bewußtsein. Da muß vielmehr etwas eintreten, was sich vergleichen läßt mit dem Leben, das wir sonst in der Außenwelt führen auf den verschiedensten Gebieten. Leicht läßt es sich charakterisieren auf moralischem Gebiete. Wie verhalten wir uns als Menschen auf moralischem Gebiet? Da können wir versucht sein, diese oder jene Handlung zunächst in Gedanken uns vorzustellen; aber wir werden nicht jede Handlung ausführen, die wir uns vorstellen können, die veranlaßt ist durch diese oder jene Begierde oder Affekte, sondern indem wir eine Handlung, ich möchte sagen, in der Absicht haben, oder nicht bis zu der Absicht, sondern nur bis zur Vorstellung gebracht haben, sagen wir uns: diese Handlung soll vollzogen werden, oder sie soll nicht vollzogen werden. Die Kräfte des Seelenlebens, die uns dazu verleiten, diese Handlung zu vollziehen, die sollen bekämpft werden. Als moralische Menschen stehen wir in einem Leben des Kampfes drinnen. Das innere und äußere Leben mag die Intentionen geben zu den mannigfaltigsten Handlungen: wir vollziehen sie nicht alle. Wir wissen, sie sind uns erlaubt, aber wir dürfen sie uns nicht gestatten. Wir stehen nicht bloß in einem logischen Einklang oder Widerspruch, sondern wir stehen in einem Zusammenhang der Wirklichkeit, und wir gestatten uns die eine Handlung nicht, gegenüber der anderen, die vollzogen werden muß.

Mit diesem sich von einem bloß logischen Zusammenhang sehr wohl unterscheidenden realen Zusammenhang der Handlungen läßt sich das vergleichen, zu dem jetzt das Denken aufrücken muß. Der Geistesforscher muß dazu kommen, indem er gewissen Gedanken sich hingibt, die vielleicht geeignet sind, die Welt in der einen oder anderen Weise zu erklären, sich vielleicht anderen Gedanken hinzugeben, die gewisse Dinge von der einen oder anderen Seite beleuchten. Dann aber muß der Mensch in seinem Leben nicht bloße Logik in seinen Gedanken suchen, sondern die Gedanken müssen in der Seele aufleben so, daß der eine Gedanke nicht nur dem anderen logisch widerspricht, sondern den anderen vernichtet. Dieses innere Leben, das ein äußeres Bild im moralischen Sollen oder Nichtsollen hat, das ergibt sich. Gewisse Gedanken verbieten sich, bekämpfen einander; eine lebendige Wechselwirkung der Gedanken tritt ein in dem Leben der Gedanken, in dem man lebendig drinnensteht. Es ist im ganzen gerade darauf der größte Wert zu legen, daß man, wenn man, wie geschildert, fortschreitet im Seelenleben, zu einer Stufe des denkerischen Anschauens kommt, wo die Gedanken zu innerem Leben übergehen und sich dadurch in ihrer Vielfältigkeit zeigen, aber so, daß gewissermaßen der eine den anderen verschluckt, aufzehrt, aus jedem einzelnen ein lebendiges Leben kommt. Ich will ein Beispiel anführen, indem ich wieder an Schopenhauer anknüpfe. Schopenhauer bleibt bloßer Denker, er steigt nicht auf zum schauenden Bewußtsein, und wir wissen ja: Schopenhauer ist ein Ankläger des Lebens. Er hat ja wie zu einem Geleitspruch seines Lebens denjenigen gemacht: «Das Leben ist eine mißliche Sache. Ich habe mich entschlossen, es damit hinzubringen, daß ich über das Leben nachdenke.» Und wohl die meisten der Zuhörer werden wissen, wie scharfe Anklagen Schopenhauer gegen das Leben als solches gerichtet hat. Da findet sich denn einmal eine besonders bezeichnende Stelle. Da sagt er: Das Leben könnte eigentlich gar nicht in Wirklichkeit eine theoretische Frage sein, wenn es nicht praktisch wertlos wäre. Denn würde das Leben, so wie es uns praktisch entgegentritt, seinen Wert unmittelbar darbieten, so würde der Verstand nichts mehr zu tun haben, es würde ihm nicht einfallen, irgendwie nach Rätseln zu forschen, er würde sich nicht verwundern über das Leben und nicht dazu kommen, nach den Rätseln und nach den tieferen Gründen des Lebens zu forschen, er könnte auch nicht in gewisse Zweifel kommen; er könnte nicht nach einem Zweck fragen, da der Zweck ihm unmittelbar entgegentreten würde. – Man kann allerdings sagen: Für jemand, der das Leben in seiner Vielseitigkeit betrachtet, wird dieser Gedanke, den Schopenhauer anführt, als ein einseitiger erscheinen. Aber für Schopenhauer ist er sogar ein solcher, in dem er ganz gefangen ist, in dem er drinnen lebt. Wer die Vielseitigkeit des Lebens ins Auge faßt, der wird sagen: Nun, wie Schopenhauers Seele durch ehrliche, aufrichtige Gedanken dazu getrieben wird, so das Leben anzuschauen, daß dieser Gedanke vor seine Seele tritt, so könnte auch ein anderer Gedanke vor eine Menschenseele treten, der, ich möchte sagen, das Leben gerade entgegengesetzt ansieht. Zum Beispiel könnte gesagt werden: Wenn das Leben so wäre, daß es gar nichts zu fragen gäbe, so würde es dem Verstand keine Möglichkeit geben, sich zu entwickeln. Der Mensch würde verurteilt sein, in sich untätig zu sein, wie mit gelähmtem Verstand durch das Leben zu gehen. Denn das Leben brächte ihm auf dem Präsentierteller das schon entgegen, was es ist. Gerade solches Leben wäre ja nichtig, weil es den Menschen innerlich ertötet. – Sie sehen also klar den der Schopenhauerschen Weltanschauung entgegengesetzten Gedanken. Würde es niemandem einfallen können, über das Leben nachzudenken, so müßte das Leben nichtig sein; würde der Zweck des Lebens einem unmittelbar entgegentreten, so würde alles Streben aufhören müssen, und das Leben des Menschen wäre zwecklos.

Mit derselben innerlichen Kraft, durch dieselbe innere Seelenhingabe an die Wirklichkeit kann einem dieser dem Schopenhauerischen Gedanken entgegengesetzte Gedanke kommen. Solche Gedanken, welche das Leben in der verschiedensten Weise beleuchten – und alle solchen Gedanken sind in einer gewissen Weise berechtigt, so wie die verschiedenen photographischen Aufnahmen eines Hauses oder eines Baumes verschieden ausfallen, und alle im Grunde genommen berechtigt sind, aber das Haus oder der Baum doch nur durch Zusammenfassen aller einzelnen Aufnahmen gegeben ist –, treten gerade dem, der seelische Übungen als Geistesforscher macht, von allen Seiten entgegen. Aber sie treten in das geschilderte Wechselspiel zueinander; der eine

Gedanke vernichtet den anderen teilweise oder ganz. Und man ist mit seiner Seele hingegeben diesem inneren Leben, einem Leben, das man sonst nicht haben kann in dieser inneren Seelenintimität, wenn man sich nicht vorbereitet hat dadurch, daß man also nicht dem gegenwärtigen den vergangenen Gedanken entgegenstellt, wie ich es beschrieben habe, sondern dem gegenwärtigen Gedanken den gegenwärtigen, daß man die Gedanken ihr Leben aneinander entfalten läßt, und selber hingegeben ist an dieses Entfalten. Und indem man also an diesen Gedankenkampf und die Gedankenharmonie – denn beides ist es zugleich – hingegeben ist, dadurch kommt man in einem noch intensiveren Maße los von dem gewöhnlichen Leben im stofflichen Leibe.

Und nunmehr gelangt man in eine selbständige Geisteswelt, die also nicht wie diejenige Welt, in der der Bildekräfteleib ist, an den menschlichen physischen Leib gebunden ist, sondern die völlig unabhängig ist vom menschlichen physischen Leibe. Und jetzt lernt man erst erkennen eine Erscheinung des gewöhnlichen Lebens, die bedeutungsvoll ist, die aber eigentlich nur von dem Gesichtspunkte, der jetzt geschildert worden ist, wirklich beobachtet werden kann, so daß die Beobachtung zu Ergebnissen führt: das ist die Welt des Schlafes.

Indem der Mensch einschläft, hört sein gewöhnliches Leben des Tages auf; indem er aufwacht, beginnt es wieder. Für das schauende Bewußtsein zeigt sich, daß der Mensch in selbständiger geistiger Wesenheit vom Einschlafen bis zum Aufwachen außerhalb seines physisch-stofflichen Leibes ist. Nur ist sein Bewußtsein im gewöhnlichen Leben so wenig kraftvoll, daß er, wenn er so selbständig außerhalb des physischen Leibes ist, dasjenige, in dem er jetzt ist, und auch die geistige Umgebung, in der dieses lebt, nicht wahrnehmen kann. Denn das gewöhnliche Bewußtsein ist nur so geübt, daß es durch das Werkzeug des physischen Leibes die äußeren physischen Gegenstände wahrnehmen kann; es ist nicht so erkraftet, daß es am Geiste selber jenen inneren Widerstand finden kann, der ihm dann diese Geist-Erlebnisse spiegelt. Dieses Erkraften aber ist für die Seele eingetreten durch die Übungen, die ich in meinen Büchern näher beschrieben habe, und so kann der Mensch dazu kommen, daß er erkennen lernt, was das eigentlich ist, in dem er sich außerhalb seines Leibes vom Einschlafen bis zum Aufwachen befindet. Das wird für ihn jetzt nicht die leere Welt, die sonst für ihn verläuft vom Einschlafen bis zum Aufwachen, sondern es wird eine erfüllte Welt, die mit dem schauenden Bewußtsein wirklich erfahren, erlebt wird. Der Mensch ist jetzt nicht nur sich selber gegenüber als seinem Bildekräfteleib, sondern er ist jetzt wirklich so, daß er sein Seelisches schaut, dasjenige schaut, was ihn nicht nur, sein Wachstum bewirkend, durchdringt, sondern ihn so durchdringt, daß es, wie ich es vorgestern geschildert habe, an diesem physischen Leib und auch an dem Bildekräfteleib arbeitet, um alle die seelischen Erlebnisse hervorzurufen, die mit Hilfe des physischen und Bildekräfteleibes erlebt werden. Aber der Mensch kennt das jetzt auch, was so im physischen Leibe arbeitet und im Bildekräfteleib als selbständige geistige Wesenheit, die in der geistigen Welt wurzelt und selber darinnen lebt, und die rhythmisch abwechseln muß zwischen dem Versenktsein in den physischen Leib und dem selbständigen Leben in der geistigen Welt zwischen Einschlafen und Aufwachen. Indem der Mensch dem schauenden Bewußtsein entgegenbringen kann durch die Stufe der Erkenntnis, die ich geschildert habe, das, was außerhalb des Leibes erlebt werden kann, erlebt er das Seelisch-Geistige. Aber er lernt jetzt auch erkennen, was er unbewußt durchmacht in der Zeit vom Einschlafen bis zum Aufwachen. In diesem unbewußten Erleben sind rein geistige Erlebnisse, die der Mensch durchmacht, während der Körper seine rein organischen, physikalischen Prozesse durchmacht, durch die er gewissermaßen das ausbessert, was die Seele verbraucht während des täglichen Arbeits- und Erkenntnislebens. Es sind geistige Prozesse, die die Seele durchlebt, und diese geistigen Prozesse kommen nur zum Bewußtsein, wenn dieses Bewußtein so weit erwacht ist. Aber es kann im träumenden Bewußtsein das geschehen – und geschieht in jedem Traum –, daß das, was in der rein geistigen Welt durchlebt wird zwischen Einschlafen und Aufwachen, hinuntergespiegelt wird in den physischen und Bildekräfteleib. In dem Momente des nicht genug starken Schlafes, des Aufwachens, da wird es hineingespiegelt, und da tritt es dann durch den Bildekräfteleib, wie eben die Traumesbilder, in Spiegelung vor die Seele. Es ist gewissermaßen das rein geistige Leben, das sonst für das gewöhnliche Bewußtsein unbewußt bleibt, wenn der Mensch träumt, in die intensive Traumesphantasie umgesetzt. Das, was die Traumesbilder darbieten, ist so nicht eine Wirklichkeit, sondern es sind Bilder, die wahre geistige Wirklichkeit verändernde Bilder; aber sie sind veranlaßt durch das Wirken der geistigen Wirklichkeit auf den physischen Leib und Bildekräfteleib. Da kann dann der Mensch, indem er also das schauende Bewußtsein entwickelt, auch kraftvoll zurückblicken auf das, was sonst vorgeht während seines Schlafes. Und von diesem Gesichtspunkte aus gelangt man jetzt zu einer ganz anderen, und jetzt erst wahrhaftigen Erklärung dessen, was Schopenhauer nur als Beobachtung hinstellen kann, aber ohne zu einem Ergebnis zu kommen.

Nehmen wir wiederum auf von diesem Gesichtspunkte aus diesen sogenannten Examenstraum, wo also der Mensch sich spaltet in bezug auf sein Ich in zwei Teile, von denen der eine eine Antwort geben kann, der andere nicht. Schopenhauer kommt nur bis zu der abstrakten Auskunft: Wenn der Mensch aufgewacht ist, merkt er, daß diese beiden Traumpersönlichkeiten eine sind. Er kommt bis zu jener abstrakten Einheit, an der alle Abstraktlinge ein solches Gefallen haben. Derjenige aber, der mit dem schauenden Bewußtsein den ganzen Vorgang durchdringt, der lernt erkennen, daß das seelisch-geistige Wesen, das den Menschen begleitet von der Geburt bis zum Tode, es ist, was da angeschaut wird, daß das selbständige geistige Leben angeschaut wird, das ja, nur unterbewußt oder unbewußt, dem Traumesleben und auch dem Schlafesleben zugrunde liegt. Und so stellt sich dar, daß der Mensch, indem er vor sich hat sich selber als den Nichtwissenden, der auf die Fragen keine Antwort geben kann, da einmal sich anschaut in einer Lebenszeit, wo er noch nicht Antwort geben konnte; und dann schaut er sich an in dem anderen, der die Antwort geben kann, in einem späteren Lebensaugenblick, wo er eben schon Antwort geben kann. Er hat diese beiden Lebensaugenblicke vor sich: Einmal, wo er noch nicht Antwort geben konnte, und dann, wo er Antwort geben kann. Er schaut sich also zweimal an.

Sehen Sie, da haben wir konkret herausgearbeitet, wozu Schopenhauer, da er nicht schauender Philosoph war, nicht kommen konnte. Er wußte nicht, inwiefern sich des Menschen Ich gespalten hat in den jüngeren Menschen, der noch nicht Antwort geben konnte, und in den älteren, der schon Antwort geben konnte. Und warum geschieht diese Spaltung? Sie geschieht, weil tief im Untergrunde der Seele das lebt, wovon wir sagen können: der Mensch ist in einen fortwährenden Kampf hineingestellt, in ein fortwährendes Ringen. Ein inneres Ringen war es, wodurch der Mensch gekommen ist von dem Nichtwissen, das nicht Antwort geben konnte, zu dem Wissen, das Antwort geben konnte auf die Fragen. Im äußeren Leben verläuft dieses Ringen so, daß man ihm nicht viel Aufmerksamkeit zuwendet. Man läßt es gewissermaßen aus der Alltagsaufmerksamkeit fallen. Aber in den Tiefen der Seele, da stellt dieses Ringen eine Summe von Kräften dar. Man hat innerlich unterbewußt arbeiten müssen, um aus dem Nichtwissen in das Wissen hineinzukommen. Dieses Ringen, das sonst unter der Schwelle des Bewußtseins verläuft, lebt aber in der Seele. Denn in der Seele ist wahrhaftig viel mehr als dasjenige, dessen sich die Seele gewöhnlich bewußt ist. Und wenn die Seele ihre Aufmerksamkeit abwendet von der äußeren Welt, an die sie sonst gefesselt ist, dann tritt ihr das entgegen; aber sie hat jetzt für das gewöhnliche Bewußtsein keine Möglichkeit, das in seiner Wahrheit aufzufassen. Denn sie ist ja nicht gewöhnt, dieses Ringen wahrzunehmen. Sie wendet ihm, wie gesagt, im gewöhnlichen Bewußtsein keine Aufmerksamkeit zu. So tritt dieses innere Bewußtsein zwar in der Seele auf im Schlafe, im Traume, aber es bildet sich ab, indem es zwei Bilder zeigt: den nichtwissenden und den wissenden Menschen, zwischen denen das Ringen liegt und tätig war. So hätte Schopenhauer, wenn er zum konkreten schauenden Bewußtsein aufgerückt wäre, diese interessante Tatsache des Examenstraumes auffassen müssen. Dann hätte er auch einsehen müssen, daß da etwas sich hineinwebt in diese Welt des Traumes, was durch das ganze Leben hindurch auf dem Grunde der Seele pulst, und was zusammenhängt mit einem tiefinnerlichen Ringen und Kraften in der Seele. In der Außenwelt zeigt sich dieses nicht. Der Mensch würde beirrt werden, wenn er fortwährend dieses Ringens vor seinem seelischen Auge hätte. Er muß sich hineinstellen in die äußere Welt, muß sich einordnen in die äußere Welt. Aber es verläuft vieles, während er sich also in die Welt einordnet, in seiner Seele. Während er aus einem Nichtwissenden, der nicht Antwort geben kann, zu einem Wissenden wird, der die Fragen beantworten kann, verläuft eben sehr vieles in der Seele. Und das webt und lebt, während der Mensch der äußeren Wirklichkeit abgewendet ist. So zeigt sich gewissermaßen das, was der Mensch nun äußerlich im wirklichen Leben durchmacht, was er für die Welt der Arbeit, für die Welt der anderen Menschen wird, für die Welt, in der er nützlich, wertvoll sein soll dadurch, daß in seinem inneren Leben geheimnisvolle Vorgänge des Ringens stattfinden.

Nun, ich sagte schon vorgestern: Vergleichsweise, nicht mit einem gewissen mißverständlichen asketischen Nebensinn, zeigt sich für den, der das Leben durchschaut, auch dasjenige, was in der Sinnenwelt ausgebreitet ist, als eine Summe von Bildern. Ebenso wie der Traum eine Nachbildung ist des äußeren physischen Lebens, so ist dieses äußere physische Leben eine Nachbildung eines geistigen Lebens, zu dem der Mensch durch das schauende Bewußtsein aufwacht, in das er sich hineinlebt.

Ich habe in meinen verschiedenen Schriften den ersten Standpunkt der geistigen Erkenntnis, durch den der Mensch dazu gelangt, am Menschen selber den Bildekräfteleib wahrzunehmen, die imaginative Erkenntnis genannt. Ich bitte, sich nicht an diesem Ausdruck zu stoßen. Es ist sehr leicht, sich daran zu stoßen, weil man gewöhnlich dasjenige dabei denkt, was im gewöhnlichen Leben darunter vorgestellt wird. Man braucht sich aber nicht daran zu stoßen, es ist nur das gemeint, was charakterisiert ist. Dieses imaginative Erkennen stellt sich in Bildern dar, aber in Bildern, die nicht bloße Phantasiebilder sind, sondern die auf eine Wirklichkeit hinweisen.

Dasjenige Denken aber, das sich so vor die Seele stellt, daß man es vergleichen kann mit dem äußeren Wechselleben im Moralischen, das nannte ich in meinen Schriften die inspirierte Erkenntnis, weil da ein selbständiges Geistiges vor die Seele tritt, in dem die Seele nun lebt. Der Begriff der Inspiration – von dem man nur allen Aberglauben fernhalten muß – ist durchaus anwendbar auf jenes innere Wahrnehmen einer geistigen Welt, das jetzt eintritt, wenn die Seele sich erhoben hat zu einem solchen Erkennen. Durch die inspirierte Erkenntnis gelangt sie dazu, nicht nur für das gewöhnliche Leben die Bedeutung des Träumens, des Schlafes einzusehen, sondern nun wirklich das selbständige Geistesleben so zu überschauen, daß sie sich Vorstellungen machen kann über das geistige Leben, das außerhalb des Lebens zwischen Geburt und Tod verläuft. Die Seele gelangt dazu, die selbständige Geisteswelt in die Vorstellungen über jenes Leben hereinzunehmen, in dem die Seele lebte, bevor sie durch die Geburt oder Empfängnis heruntergestiegen ist in die physische Welt. Die Seele gelangt dazu, sich Vorstellungen zu machen, wie das Leben verfließt, wenn sie durch die Pforte des Todes gegangen ist. Der Mensch – ich habe schon vorgestern darauf hingedeutet, und es wird Gegenstand der weiteren Vorträge sein – erlebt wiederholte Erdenleben, und so erlebt er auch eine Zeit, die verfließt zwischen dem Tode und einer neuen Geburt. In dieser Zeit, die wesentlich länger dauert als das Leben zwischen Geburt und Tod, lebt die Seele in einer rein geistigen Welt; aber in dieser hat sie die Kräfte, mit denen sie sich selbst durchdringt, die so um sie herum sind, wie hier die Kräfte der physischen Welt. Aus dieser Welt heraus holt sie die Kräfte, mit denen sie sich selber durchdringt, und die sie in das hineinträgt, was ihr durch die Vererbung von Vater und Mutter, Großvater und Großmutter und so weiter aus der Welt der physischen Stofflichkeit entgegengebracht wird. Indem der Mensch aber in diese Welt hineinschaut, schaut er auf die Grundkräfte, auf die, ich möchte sagen, richtunggebenden Kräfte seines inneren Schicksals. Denn dasjenige, was wir, aus der Seele heraus veranlagt, dem Leben entgegentragen, so daß wir in einer gewissen Weise sind, und dadurch dieses oder jenes erfahren, das wirkt unser inneres Schicksal. Das wird aber nicht bloß durch die Erziehung, die ja die Dinge herausholt aus der menschlichen Individualität, aber nur das, was in ihr liegt, herausholen kann, das wird nicht bloß durch das äußere physische Leben im Menschen ausgebildet, das trägt der Mensch durch die Empfängnis oder Geburt herein aus der Zeit vor der Geburt, aus dem Leben in der geistigen Welt, in der es das schauende Bewußtsein schaut. Und so sehen wir auf die Gründe für das innere Schicksal des Menschen, zu dem die Kräfte gebildet werden zwischen dem Tod und einer neuen Geburt. Da sehen wir auf all das, was aus dem Inneren der Seele heraus unser Schicksal bestimmt. Sind wir dazu veranlagt, besonders zu sinnen, so kann uns das Leben in gewissen Lagen schwerfallen. Diese Veranlagung zum Sinnen, wir bringen sie aber mit aus dem Leben, das verflossen ist zwischen dem letzten Erdenleben und dieser Geburt. Dadurch, daß wir dieses Leben durchleben, dadurch durchweben wir die physische Stofflichkeit, die uns durch die Empfängnis oder Geburt gegeben wird, mit all den Kräften, die von innen heraus unser Leben schicksalsmäßig gestalten.

Dazu kommt nun dasjenige, was von außen herein das Leben schicksalsmäßig gestaltet. Denn das Gesamtschicksal des Menschen fließt ja zusammen aus der Art und Weise, wie wir selbst unsere Kräfte der Außenwelt entgegentragen: ob wir stumpf diese Kräfte ihr entgegentragen, und nur durch die stumpfen Kräfte etwas erfahren, oder ob wir die Kräfte energisch der Außenwelt entgegenbringen und dadurch anders unser Leben hinbringen. In hundertfältiger Weise gestaltet sich so das von innen heraus sich formende Schicksal; und in dem, was äußere Schicksalsschläge sind, die in Leid und Freude, in Lust und in Schmerz bestehen, in ihnen besteht der andere Teil des Schicksals, der sich zusammenwebt zu dem gesamten Schicksalsverlauf mit dem, was von innen kommt. Auch zu dem Begreifen desjenigen, was von außen her am Schicksal webt, gelangen wir nur, wenn wir Einlaß gewinnen durch das schauende Bewußtsein in die geistige Welt.

Dazu muß nun noch ein Drittes kommen. Um das zu erforschen, reichen die beiden Erkenntnisarten nicht aus. Dazu muß kommen die intuitive Erkenntnis. Ich gebrauche dieses Wort jetzt aber nicht in dunkel symbolischem Sinne, sondern in dem Sinne, wie ich es charakterisieren will. Ich habe zwei Stufen des Aufrückens in geistiger Erkenntnis dargestellt. Die eine Stufe wurde dadurch herbeigeführt, daß das Denken sich selbständig erlebt in den Gedanken, und gewissermaßen das, was zwischen den Gedanken ist, wenn sie sich selbst überlassen werden, erlebt wird. Dann treten die Gedanken in ein inneres Wechselspiel, es werden die Gedanken zu dem inneren Schicksal, und dadurch fangen wir an, das Schicksal zu begreifen, das in der geistigen Welt veranlagt ist. Nun kann aber ein Weiteres dadurch eintreten, daß man all die inneren Prüfungen der Seele, die man durchmacht, wenn man dasjenige erlebt, was ich so als diese beiden Stufen des lebendigen Erkennens geschildert habe, daß man das innerlich wahr, innerlich ehrlich durchlebt. Denn gar groß sind ja die Versuchungen, die den Menschen auf diesem Gebiet dazu verführen, unaufrichtig gegen sich selbst zu sein, sich einzureden, man erlebe wirklich dieses oder jenes. Allein nicht durch einen logischen, nicht durch irgendeinen dialektischen Beweis läßt sich klarlegen, wodurch man zur Wirklichkeit kommt. Die eben charakterisierte Aufrichtigkeit und Wahrhaftigkeit gegen sich selbst muß da sein. Sonst aber kann man nur sagen: Man erlebt eben die Wirklichkeit durch unmittelbare Erfahrung; da läßt sich nichts beweisen. Geradeso, wie man niemandem beweisen kann, der es abstreiten will, daß es einen Walfisch gibt, wie der Walfisch nur durch die Erfahrung bewiesen werden kann, so läßt sich auch für geistige Erlebnisse nur durch das schauende Bewußtsein beweisen, daß sie da sind. Durch das schauende Bewußtsein kann man sich so klar sein, daß man es mit einer geistigen Wirklichkeit und nicht mit einer Phantasieschöpfung zu tun hat, wie man sich in der Sinnenwelt klar sein kann, ob man ein Tier aus Papiermaché oder ein lebendiges Tier vor sich hat. Wie man da nicht zu beweisen braucht, sondern durch unmittelbare Erfahrung sich überzeugt, so überzeugt man sich auch von der geistigen Wirklichkeit durch innere Erfahrung.

Dann aber, wenn man immer weiter und weiter schreitet, wenn man wirklich in innerer Geduld und Ausdauer die genannten Übungen fortführt, gelangt man dazu, daß von einem bestimmten Punkte ab dieses erlebte Erkennen selbst Schicksal wird, ein Schicksalsereignis wird. Da muß man eben wirklich so aufrichtig sein und sich klar sein, wie wenig das gewöhnliche, oftmals so theoretisierende, bloß logische Erkennen eigentlich für die meisten Menschen ein Schicksalserlebnis ist. Wie wenig! Man erkennt, weil man die Sehnsucht hat dazu; aber dieses Erkennen trägt man doch mit sich wie etwas, was neben dem Leben einherläuft. Aber wenn der Mensch als Geistesforscher so weiterschreitet, wie ich das geschildert habe, dann kommt eben ein Augenblick – er mag früher oder später kommen, er wird kommen –, wo das Erkennen selbst ein Schicksal wird, wo man so innerlich durchkraftet ist durch den Geist, daß man durch den Geist selber im geistigen Universum steht, wo das ein solches inneres Ereignis wird, daß es trotz aller inneren Aufrichtigkeit und Wahrhaftigkeit das wichtigste Ereignis wird. Man darf sagen: dieses bedeutet etwas in das Leben sehr tief Einschneidendes. Man erlebt gewiß als Mensch – Sie wissen es alle – einschneidende Schicksalserlebnisse, die oftmals das ganze Dasein in andere Bahnen führen, Erlebnisse, die die Seele tief aufrütteln, Erlebnisse erhabenster Freude, Erlebnisse tiefster Tragik. Aber es kann und muß, wenn wirklich geistige Erkenntnis als Forschung erreicht werden soll, doch möglich sein, daß die Erkenntnis selbst an den Menschen so herantritt, daß sie Schicksalserleben wird: ein solches Schicksalserlebnis, gegenüber dem die anderen Schicksalserlebnisse, mögen sie noch so bedeutend sein, ein wenig sich in den Schatten stellen. Die größte Wendung, der größte Einschlag des Lebens, er kann und er muß für den wahrhaft geistig Erkennenden so kommen, daß von einem gewissen Momente ab er sich so erkennend im Geiste weiß, daß dieses Schicksalserlebnis alle anderen Schicksalserlebnisse übertönt. Und der Ton, der von diesem Schicksalserlebnis kommt, er tönt dann so in der Seele, daß man nunmehr weiß, wo die Kräfte weben in der geistigen Welt, welche den Lebenslauf – für viele scheinbar zufällig – so zusammenstellen, so durchdringen, daß nicht nur in dem, was von innen heraus sich formt, Plan und Zusammenhang ist, sondern auch diejenigen Ereignisse, die in der Außenwelt sind, entweder zusammenhängen oder so an uns herantreten, daß sie wiederum die Grundlage bilden für Zusammenhänge, die sich dann im nächsten Erdenleben abspielen. Denn es hängt ja beim geistigen Erkennen sehr viel davon ab, daß man das wirklich durchleben kann, was als Wirkung herauskommt.

Dadurch, daß man solch ein Erlebnis, wie ich es jetzt als Schicksalserlebnis des Erkennens, und früher als Erlebnis des erkennenden Bewußtseins geschildert habe, durchlebt, daß man nicht nur es anschaut, sondern die Wirkungen in der Seele hat, und die Seele dadurch umgeartet wird – dadurch wird die Seele eine schauende Seele. Jetzt gelangt sie dazu, nicht nur hineinzuschauen in das Leben, das zwischen dem Tod und einer neuen Geburt verfließt, sondern sich Vorstellungen zu bilden über Kräfte, die aus früheren Erdenleben herkommen. Diese Kräfte, die herüberwirken aus früheren Erdenleben, leben wieder auf in diesem Erdenleben, und sie weben sich wiederum zusammen mit dem, was als Neues in unser Leben eintritt, sie leben sich zusammen zu einem Gesamtschicksal, das von außen sich seine Kräfte bildet und das wiederum die Grundlage bildet für die folgenden Erdenleben. Und so stellt sich dasjenige, was aus dem Inneren kommt, als die Wirkung dar des Lebens, das zwischen Tod und neuer Geburt verläuft. Das dagegen, was von außen kommt, stellt sich so dar, daß herüberwirken die Grundlagen, die in früheren Erdenleben gelegt sind.

Ich weiß sehr wohl, wie sehr das heutige Bewußtsein, das mit Recht sich an der naturwissenschaftlichen Weltanschauung herangebildet hat, solchen Vorstellungen widerstrebt, wie sie jetzt über das äußere und innere Schicksal gegeben worden sind. Es wird noch lange brauchen, bis man, ich möchte sagen, durch immerwährende Wiederholung denen, die da glauben, aus einer naturwissenschaftlichen Überzeugung heraus dieser geisteswissenschaftlichen Anschauung widerstreben zu müssen, klarmachen kann, daß diese geisteswissenschaftliche Überzeugung in vollem Einklang steht mit alledem, was durch die Naturwissenschaft heute in so bewundernswürdiger Weise an die Oberfläche des menschlichen Denkens gebracht worden ist. Denjenigen, die vom Standpunkte einer festgegründeten naturwissenschaftlichen Weltanschauung der Geisteswissenschaft widerstreiten, kann man immer nachweisen, daß sie eigentlich nicht wissen, wovon sie reden, weil sie nicht die Geduld und Ausdauer haben, sich wirklich in die Geisteswissenschaft einzulassen.

Betrachten wir gerade zum Schluß dasjenige, was sich uns als allgemeine Grundlage für die Schicksalsfrage der menschlichen Seele darstellt, im Zusammenhang mit gewissen naturwissenschaftlichen Gedanken der Gegenwart. Da wird mancher kommen und sagen: Diese Naturwissenschaft hat es endlich dazu gebracht, durch sorgfältige Forschung klarzulegen, wie gerade im physischen Vererbungszusammenhang Kräfte liegen, die uns formen, die an unserem Schicksal mitarbeiten. Und weit ist die Naturwissenschaft schon gekommen auf diesem Gebiet. Und da kommt nun solch ein Geistesforscher und sagt gegenüber dem, was der Naturforscher nachgewiesen hat als aus der physischen Vererbung stammend, es sei das innere Schicksal bedingt durch das, was in der rein geistigen Welt sich abspielt zwischen dem Tod und einer neuen Geburt. Beide Dinge stehen aber völlig miteinander im Einklang; nur muß man sich klar sein darüber, daß man ausbilden muß zu demjenigen Denken, das ein bloß logisches Denken ist, das wirklichkeitsgemäße, auch das geistig-wirklichkeitsgemäße Denken. Auf dieses habe ich in meinem neuesten Buche «Vom Menschenrätsel» besonders hingewiesen, ich will es heute nur entwickeln mit Bezug auf diesen Gedanken. Logisches Denken ist meist damit zufrieden, daß Gedanken sich miteinander vertragen. Aber logisch miteinander verträgliche Gedanken können nur scheinbar miteinander verträglich sein. Wenn man außerhalb der Wirklichkeit steht und auf die bloße Logik sieht, kann es durchaus sein, daß der Schein trügt, daß die Logik einen Einklang vorzaubert, während die Wirklichkeit ihr widerstreitet. Schopenhauer spottet selber einmal darüber, wie Gedanken ganz miteinander übereinstimmen können, und doch die Wirklichkeit ihnen widerstreitet, indem er darauf hinweist, wie Franz I. von Frankreich denselben Gedanken zu haben behauptete wie Karl V. Er sagte: «Ich habe ja denselben Gedanken, ich will ganz dasselbe wie mein lieber Bruder Karl V.» Da beide dasselbe wollten, schienen ihre Gedanken gleich zu sein. Ob sie aber zusammenstimmten? Sie wollten nämlich beide Mailand erobern! Die Wirklichkeit rektifiziert den Gedanken. Das ist sehr auffallend, in die Augen springend. Aber wo man sonst in einer ähnlichen Weise am Schein des Einklanges hängt und nicht die Gedanken, sei es in die physische oder in die geistige Wirklichkeit, hinuntertauchen, da merkt man es oftmals nicht. Und so merkt man nicht, wie der Gedanke, den ich eben entwickelt habe über die Kräfte des inneren Schicksals, sehr wohl vereinbar ist mit dem Gedanken der physischen Vererbung. Da sehen wir, wie aber gerade dem richtigen Tatbestand gegenüber eigentlich das Weltanschauungsdenken recht unlogisch wird. Es ist ja sehr interessant, wenn man verfolgt, mit welcher wissenschaftlichen Klarheit der Vererbungsgedanke begründet worden ist, von dem Pflanzenreich angefangen, durch die Mendelschen Resultate, bis hinauf in die Familienforschung, wo gezeigt wird, daß sich in der Familie gewisse Kräfte und Fähigkeiten – nun, meinetwegen forterben. Ein solches Buch über Familienforschung und Vererbungslehre, wie das von *Robert Sommer* erschienene, ist ja außerordentlich interessant; noch interessanter ist das, was er 1908 hat folgen lassen über Goethe im Lichte der Vererbung. Denn man kann natürlich sehr schön darstellen, wie das, was bei Goethe hervortrat als diese oder jene Kraft seines Geistes, nach der einen Seite schon veranlagt war, die eine bei diesem Vorfahr, die andere bei einem anderen, die dritte bei einem dritten; und so sind sie alle zusammengeflossen in einem Nachkommen und sie zeigen sich zuletzt in ganz besonders genialer Ausbildung. Nun ja, das hat dazu geführt, daß die Vererbungslehre von Gregor Mendel, die auf wissenschaftlich richtigen Tatsachen beruht, die mit Bezug auf die Vererbung bei Pflanzen und Tieren außerordentlich tiefsinnig ist, daß man diese Idee der Vererbung einfach in das Geistige überträgt und sagt: Die besonderen Begabungen stehen immer am Ende einer Abstammungslinie, sind also von der Abstammungsströmung durch Vater und Mutter, durch Großvater und Großmutter hindurch vererbt. Ich habe schon öfter auch hier darauf aufmerksam gemacht, daß dieser Gedanke nicht sehr wirklichkeitsgemäß und logisch ist. Denn wollte man wirklich zeigen, daß die Eigenschaften von einem Menschen auf den Nachkommen übergehen, dann müßte man zeigen, daß der Vorfahr die betreffenden Eigenschaften hat, daß sich beim Nachkommen die Eigenschaften zeigen, die schon beim Vorfahren waren. Das ist aber nicht wunderbarer, der Gedanke ist nicht tiefer als der, daß ein Mensch, der ins Wasser gefallen ist, naß ist. Er ist durchgegangen in der physischen Vererbung durch die Vorfahrenströmung, also bringt er durch die Vererbung besondere Eigenschaften mit sich.

Aber es ist nicht zu leugnen, daß sich sehr früh in der Vorfahrenreihe die Veranlagung zeigt zu dem, was bei dem Nachkommen zuletzt herauskommt. Dieser Gedanke ist, äußerlich-physisch angeschaut, durchaus zu halten; aber für das schauende Bewußtsein zeigt sich das Folgende: So wie hier diesen physischen Menschenleib die Seele durchdringt, wie die Seele im physischen Menschenleibe wirkt und lebt, so ist auch all dasjenige, was in unserer Umgebung lebt, von Seelisch-Geistigem durchflossen und durchwoben. Alles, was im Physischen geschieht, ist durchdrungen von Seelischem, so wie mein Finger und mein Arm von Seelischem durchdrungen ist und nicht ein bloß Physisches ist. Überall ist Seelisches. Und so durchdrungen ist auch das Physische, das herunterströmt vielleicht von einem Menschen im 14. Jahrhundert durch einen Nachkommen im 15., 16. Jahrhundert bis hinein ins 20.: da leben sich die physischen Vorgänge fort; ihnen fließen parallel geistige Vorgänge. Die geistige Welt ist nicht etwa in einem Wolkenkuckucksheim abgesondert von der physischen Welt; sie durchdringt die physische Welt. Und da, wo die physischen Vererbungsvorgänge sich abwickeln durch die Jahrhunderte hindurch, da geschieht auch Geistiges. Da ist die geistige Welt. Und die Seele des Menschen, der in einem bestimmten Zeitpunkt geboren wird, sie ist lange schon mit den Vorgängen, die sich in der Vorfahrenreihe abspielen, verbunden. Grob gesprochen: Wird ein Mensch im 20. Jahrhundert geboren von einem Vater und einer Mutter, die wiederum abstammen von Eltern, die im 19. Jahrhundert geboren sind und so weiter herauf, so kommen wir durch Jahrhunderte hindurch; da geht die Vererbungsströmung, die schließlich zu dem Menschen, den wir im Auge haben, herunterströmt. Aber die Seele ist schon seit Jahrhunderten tätig in dem, was die Menschenpaare zusammenführt. Was geschieht zwischen den Menschen und sich dann ausprägt in der Vererbung, das wirkt, während hier die physische Vererbung vor sich geht, herein aus der geistigen Welt, so daß immer der richtige Vater zur richtigen Mutter geführt wird. Da wird vorbereitet das, wozu die Seele strebt, damit sie dann geboren werde in dem Nachkommen.

Da haben Sie den Gedanken so gefaßt, daß alles zusammengefaßt ist. Alles geschieht in der physischen Vererbung, aber die Seele ist immer dabei; die Seele gesellt sich schon Jahrhunderte vorher in die Strömung von einem Menschenpaar zu Nachkommen und immer wieder Nachkommen. So bewirkt die Seele selbst dasjenige, was in der Vererbungsfolge das vorbereitet, was sie dann wird, und was endlich heute zum Ausdruck kommt. – Für die heutige Weltanschauung, für die heutige Vererbungstheorie, ist dieser Gedanke vielleicht noch grotesk. Er kann auch nur dadurch erlangt werden, daß man sich auf dem heute geschilderten Wege Vorstellungen über die geistige Welt bildet; aber er wird sich schon im Laufe der Zeit einleben.

Und jetzt will ich auch noch – wenn es auch wegen der Kürze der Zeit nur ganz kurz geschehen kann – in gewisser Weise schildern, was wir, grob gesprochen, nennen könnten die Technik des äußeren Schicksals, nachdem ich die Technik des inneren Schicksals im Zusammenhang mit der Vererbung besprochen habe. Dies, was unter Menschen sich abspielt im gewöhnlichen Leben, was ein Mensch dem anderen zufügt, was ein Mensch dem anderen sagt, was ein Mensch durch den anderen erlebt dadurch, daß Gefühle in ihm hervorgerufen werden durch die Worte und Taten des anderen, daß er selber zu diesen Worten und Taten veranlaßt wird, das alles ist nur die eine Seite dessen, was zwischen den Menschen geschieht. Und dasjenige, was im Bewußtsein lebt in dem Verhältnis der Menschen zu der übrigen Umgebung, ist auch nur eine Seite. In der menschlichen Seele lebt eigentlich mehr als das, dessen sie sich bewußt ist. Und so spielt sich auch unendlich viel mehr ab zwischen zwei Menschen, die im Leben zusammen sind, als das, was im Bewußtsein des einen oder des anderen Menschen sich abspielt. Und so zwischen allen Menschen, die sich begegnen. In den tiefen Untergründen des Bewußtseins spielt sich gar vieles ab. Das bleibt in diesen Untergründen, tritt auch manchmal herauf. Da ist ein abwechselndes Herauftreten und wiederum Zurückwogen, aber auch ein vollständiges Bleiben im Unterbewußten. Aber was in den Tiefen der Seele abläuft, was nicht im Bewußtsein erlebt wird, nur im Unterbewußten, es ist deshalb doch in der Seele und wirkt in der Seele. Um das Beispiel zu vereinfachen: Wir treten einem Menschen entgegen, wir erleben in bewußter Weise etwas mit ihm, aber gerade dadurch erleben wir auch noch etwas Tieferes, etwas Tieferes wird noch in der Seele angeregt. Es lebt bei uns weiter, lebt in ihm weiter. Das wirkt weiter und wird durchgetragen durch die Pforte des Todes, das wird innerhalb der geistigen Welt in dem Leben zwischen dem Tod und einer neuen Geburt weiter ausgebildet zur Vorbereitung für ein neues Erdenleben. Alles dasjenige, was also gerade in den Tiefen der Seele durchlebt wird, es wird so durch die Pforte des Todes getragen, daß ich diese Art etwa damit vergleichen kann, daß ich sage: Es gibt, wie Sie alle wissen, im äußeren physischen Dasein die Möglichkeit, einen Raum luftleer zu machen, wenn man Luft auspumpt aus einem Raum. Wenn man dann irgendwo öffnet, dann dringt die äußere Luft in diesen luftleeren Raum ein. Der Raum, der leer ist, der kann keine Kräfte entwickeln; aber gerade die Außenwelt dringt in ihn ein, das Äußere dringt in ihn ein. Wäre er voll, so würde das Äußere nicht eindringen können, aber das Äußere dringt gerade dadurch ein, daß es zuströmen muß durch seine Leere. Indem wir dasjenige, was in unserer Seele, also in dem Unterbewußten veranlagt wird im weiteren Umkreis des bewußten Seelenlebens, durch die Pforte des Todes tragen, daß es in unserer Seele oftmals als Glücksgefühl lebt, erzeugt es gewissermaßen einen leeren Raum in der Seele, vergleichsweise selbstverständlich gesprochen, das Physische ins Geistige umgesetzt; denn so stellt es sich dem schauenden

Bewußtsein dar. Mit dieser Leerheit lebt der Mensch zwischen dem Tod und einer neuen Geburt und tritt wiederum damit durch die Geburt in ein neues Erdenleben. Und so trägt er in dieses neue Erdenleben als Folge der früheren Erdenleben einen leeren Raum – vergleichsweise gesprochen. Durch diesen seelisch leeren Raum zieht er die entsprechenden Verhältnisse der Außenwelt an sich heran. Dadurch kommen die Wesen und die Schläge des äußeren Schicksals heran; dadurch findet er ein Menschenwesen, das er in einem Leben kennenlernte, wieder, tritt wiederum mit ihm zusammen. Er zieht es dadurch heran, daß dasjenige, was seine Vollheit in der Seele war, Leerheit wurde, die saugend ist für gewisse Ereignisse. Und geradeso wie der luftleere Raum die Luft anzieht, so zieht eine durch gewisse Ereignisse erreichte Leerheit gewisse Erlebnisse wieder heran. Das ist, ich möchte sagen, grob ausgedrückt, die Technik, wie das eine Erdenleben in das andere hereinwirkt.

Ich habe mich bemüht, Ihnen heute vor die Seele zu führen eine Anzahl Beobachtungen und Ergebnisse der Geisteswissenschaft, die im allgemeinen zusammenhängen mit dem menschlichen Schicksal und seinen Rätseln. Dieses Allgemeine kann die Grundlage werden, um Beobachtungen anzustellen auch über einzelne Schicksalsfragen. In einer so schicksaltragenden Zeit muß auch dieses naheliegen. Daher werde ich im nächsten Vortrag gerade über einzelne solcher Schicksalsfragen sprechen, auf der Grundlage der allgemein-menschlichen Schicksale, die Bedeutung einzelner Schicksalsschläge, freudvoller, leidvoller Schicksalsschläge für das unmittelbare Leben, sein Glück, seinen ganzen Verlauf darzustellen versuchen.

Gerade an der Schicksalsfrage zeigt sich etwas, was ich noch erwähnen will, weil es sehr wichtig ist und verkannt wird auch von denjenigen, die wohlwollend der Geisteswissenschaft gegenüberstehen. Man glaubt sehr leicht, den Einwand machen zu können: Ja, was bedeutet denn diese Geisteswissenschaft für diejenigen, die nicht selber Geistesforscher werden können? – Das beantwortet sich am besten damit, daß für den Geistesforscher selber die Geistesforschung ein Schicksal ist. Sie ist für ihn das, was ich mehr oder weniger geschildert habe; aber was das Leben fordert, das wird das geistige Erlebnis erst dadurch, daß man all dasjenige, was der Geistesforscher findet, herüberbringt in die Gedankenwelt, die jetzt bloß befruchtet wird, nur nicht von der äußeren sinnlichen Wirklichkeit, sondern von der inneren geistigen Wirklichkeit. Und diese Gedankenwelt, die kann jeder Mensch dann aufnehmen, wenn er sich ihr nur vorurteilsfrei hingibt. Es ist wirklich nicht richtig, wenn gesagt wird, nur dem Geistesforscher liegen die Geheimnisse der geistigen Welt klar. Daß sie heute so wenigen Menschen klarliegen, das kommt daher, daß heute verhältnismäßig viele Menschen nur Empfänglichkeit haben für solche Gedanken, die aus dem äußeren Leben hergenommen sind. So glaubt man dem Chemiker, wenn man auch nicht seine Versuche kennt, durch die er gewisse Ergebnisse zustandebringt, so glaubt man den Astronomen, wenn man auch nicht alle intimen Beobachtungen kennt, die er machen muß. Man glaubt daran, weil man sich vorurteilslos den Gedanken hingibt, die in der Forscherstube, in der Klinik, im Laboratorium, auf der Sternwarte sich ergeben, und man wendet die forscherischen Ergebnisse im Leben an; das Leben wird von ihnen befruchtet. Man kann in die Gedanken hereinbekommen das, was der andere erforschen muß.

Heute ist die Zeit noch nicht da, aber sie liegt nicht allzu ferne, wo die Menschen ihre Gedanken hinlenken werden auf das, was gewissermaßen in dem geistigen Laboratorium des Geistesforschers vorgeht und zu Ergebnissen führt aus Beobachtungen heraus. Das hängt nur ab von einer gewissen Umänderung der Denkgewohnheiten. Die Menschen haben sich auch an die Kopernikanische Weltanschauung gewöhnen müssen, da werden sie sich auch gewöhnen an die Ergebnisse der Geistesforschung. Dann, wenn man die Gedanken hat, in die der Geistesforscher seine Ergebnisse prägt, dann genügen diese Gedanken, obwohl heute bis zu einem gewissen Grade jeder so weit Geistesforscher werden kann, daß er sich von der Wahrheit der geistigen Welt überzeugen kann, auch von einzelnen Tatsachen der geistigen Welt. Um aber eine voll gegründete Überzeugung haben zu können, braucht man nicht selber Geistesforscher zu sein, sondern nur unbefangen, vorurteilslos, nicht getrübt durch die materialistisch-naturwissenschaftlichen Begriffe der Gegenwart, dem gegenüberzutreten, was sich als Ideenwelt ausbreitet, die das Ergebnis dieser geisteswissenschaftlichen Beobachtungen des Geistesforschers ist. Und hat man das nur einmal wirklich gedacht, dann hat man in diesem Denken dasjenige, was aus der geistigen Welt zunächst für das Leben gebraucht wird. Was für das Leben im allgemeinen gebraucht wird, kann durch ein gedankliches Durchdringen der Geistesforschung erkannt werden. Damit die Geistesforschung fortschreiten kann, müssen gewisse Menschen selber Forscher werden, sich einlassen auf die geistige Welt und sich ihre Seele ausbilden durch jene Methoden, die so innere geistige sind, wie die Methoden des Chemikers, des Physiologen, des Biologen äußere sind. Und in der Zukunft werden Menschen – das ist nicht schwer zu erlangen für die gesunde Seele – sich das aneignen, was als ein gewisser Grundstock der Geisteswissenschaft gelten kann, und was dahin führt, daß man sich bestimmt davon überzeugen kann, daß die Ergebnisse der Geistesforschung der Wirklichkeit entsprechen. Das kann heute auf der gegenwärtigen Stufe der Menschheit durch Berücksichtigung dessen, was Sie in meinen Büchern dargelegt finden, erreicht werden. Aber immer wiederum muß betont werden, daß der Einwand nicht gelten kann: Ich sehe nicht hinein in die geistige Welt, daher hat das keinen Wert, was der Geistesforscher darstellt! – Bei vorurteilslosem Denken kann man finden: Wenn das in Gedanken gegossen wird, was der Geistesforscher gibt, kann in diesen Gedanken ein Lebensgut gewonnen werden, das, in die Seele gelegt, diese Seele wirklich so weiterführt, daß selbst solche Dinge allmählich verständlich werden, welche sonst selbst dem philosophischen Verständnis, wie wir gesehen haben, trotzen, wie die philosophisch so wenig bearbeitete Rätselfrage nach dem menschlichen Schicksal.

Es zeigt sich nun auf einer viel höheren Stufe vor dem geistigen Anschauen, daß wirklich auch mit Bezug auf das Schicksal der Vergleich fortgesetzt werden kann, den ich vorgestern gebraucht habe: Wir haben das träumende Bewußtsein und können es mit dem gewöhnlichen Bewußtsein vergleichen. Im Traume erlebt der Mensch etwas, was einem Schicksal ähnlich sieht, in solchen Träumen, wie ich sie im Sinne Schopenhauers dargestellt habe. Der Mensch klärt sich auf über diesen Traum, wie er zusammenfließt in das Leben, das erlebt wird in der äußeren physisch-sinnlichen Welt, wenn er aufwacht aus dem Traumbewußtsein in das gewöhnliche Bewußtsein. – Wacht der Mensch aber auf aus dem gewöhnlichen physischen Bewußtsein in das schauende Bewußtsein, dann hellt sich auf, was unser Leben durchfließt, tragisch oder freudig, erhebend oder niederschlagend, leidvoll oder freudvoll. Das, was so unser Leben durchfließt, das klärt sich auf, das gewinnt solchen Zusammenhang, wie der Traum gewinnt, wenn wir aufwachen und uns eingliedern in die physische Wirklichkeit. So wie das scheinbare Zusammenhängen des Traumes der physischen Wirklichkeit weicht beim gewöhnlichen Aufwachen, so weicht dasjenige, was wie der Schicksalstraum, der freudvoll oder leidvoll, schicksaltragend das menschliche Leben durchsetzt, das klärt sich auf in einer höheren, im Geistigen waltenden Wirklichkeit, wo der Mensch nun als geistiger Mensch wacht und lebt; das klärt sich auf in der geistigen Welt. Wir erleben unser Schicksal, weil es der Spiegel ist, den wir erleben müssen, während wir in der geistigen Welt als Geistesmensch unser Leben durchmachen durch viele Stufen hindurch, und weil wir durch dasjenige, was wir im Schicksal erleben, von Lebensstufe zu Lebensstufe eilen. Denn schließlich ist doch für eine tiefere Auffassung alles Leben, im Leibe, im Geiste, durch viele geistige und physische Leben, alles Leben ist in Vervollkommnung. Es strebt nicht nur der Mensch, solange er lebt, es strebt ein jedes Wesen; die ganze Welt strebt, das ganze Universum strebt von Vollkommenheitsstufe zu Vollkommenheitsstufe. Und ein tiefes Gefühl von dem Ziel des Lebens und Werdens enthüllt sich einem erst, wenn der Mensch aufwacht aus seinem Leben in der physischen Welt, der stofflichen Vorgänge, zu einem Leben im Geiste, einem geistigen Leben auf der Erde, wo sich gegenüber dem Abbild der Vollkommenheit hier im Physischen das Urbild aller Vervollkommnung im Geistigen zeigt.

SEELENUNSTERBLICHKEIT, SCHICKSALSKRÄFTE UND MENSCHLICHER LEBENSLAUF

Berlin, 1. März 1917

Was es schwer macht, der Geisteswissenschaft, so wie sie hier gemeint ist, mit dem vollen Verständnis nahezukommen, das ist, daß sie nicht nur in anderer Weise als das gewöhnliche Bewußtsein denken muß über gewisse Lebensrätsel – über Lebensrätsel, von denen sehr viele Menschen glauben, daß sie dem menschlichen Erkennen überhaupt nicht zugänglich seien, manche sogar, daß sie außerhalb des Wirklichen liegen –, sondern daß sie zu einem Denken kommt, das in seiner Art, in seiner ganzen Form anders ist als das Denken des gewöhnlichen Bewußtseins. Zu einem Denken kommt Geisteswissenschaft, das in der Art, wie das in den beiden letzten Vorträgen, die ich hier gehalten habe, angedeutet worden ist, erst aus dem gewöhnlichen Bewußtsein heraus entfaltet werden muß, wie die Blüte aus der Pflanze, die noch nicht blüht, entfaltet werden muß. Man kann aber sagen, daß die Entwickelung der menschlichen Geisteskultur im neunzehnten Jahrhundert und bis in unsere Zeit herein zu vielen Ideen und Vorstellungen gekommen ist, welche auf dem Wege sind zu dieser Geisteswissenschaft. Wenn auch die entsprechenden Bestrebungen innerhalb der neuzeitlichen Geistesentwickelung von dieser Geisteswissenschaft radikal abweichen, so erheben sie doch Forderungen für die Erkenntnis gewisser Lebensrätsel und Welträtsel, welche sich auf dem Wege nach der Geisteswissenschaft hin bewegen. Und da darf insbesondere auf eine Idee hingewiesen werden, welche innerhalb gewisser Kreise, nicht nur derjenigen Kreise, in denen sie *Eduard von Hartmann,* der bekannte Philosoph, populär gemacht hat, sondern auch innerhalb anderer wissenschaftlicher Kreise in der letzten Zeit viel gepflogen worden ist, ich meine die Idee, die Vorstellung des Unbewußten oder auch, wie man vielleicht besser sagen würde: des Unterbewußten im menschlichen Seelenleben.

Sehen wir, was eigentlich mit diesem Unbewußten oder Unterbewußten gemeint ist. Wenn es auch die verschiedensten Leute in der verschiedensten Weise ausdeuten, zuletzt kommt das Gemeinte doch darauf hinaus, daß in den Tiefen der Menschenseele etwas ruht, was seinem Wesen nach eigentlich die Grundlage dieser Menschenseele ausmacht, was aber nicht mit dem gewöhnlichen Bewußtsein des Tages, auch nicht mit dem gewöhnlichen Bewußtsein der Wissenschaft erreicht werden kann. So daß man also sagen kann: Diejenigen, die vom Unterbewußten oder Unbewußten in der menschlichen Seele sprechen, die sprechen so davon, daß man sieht, sie sind überzeugt, daß das eigentliche Wesen der Seele mit alledem nicht erfaßt werden kann, was der Mensch in seinem gewöhnlichen Denken, Empfinden, in dem Durchdringen seiner Willensimpulse in das alltägliche und auch in das gewöhnliche wissenschaftliche Bewußtsein hereinbringen kann. Man kann sagen, soweit, wie diese Vorstellung hier eben charakterisiert worden ist, kann Geisteswissenschaft mit ihr im Grunde genommen übereinstimmen. Allein es ist schon einmal das Schicksal der Geisteswissenschaft, die hier gemeint ist, daß sie mit mancherlei Weltanschauungsrichtungen von einem gewissen Gesichtspunkte aus übereinstimmen muß, daß sie aber gerade die Wege, welche diese Weltanschauungsrichtungen andeuten, in einer anderen Weise einschlagen muß, als diese es tun. Und da kommen wir gleich auf etwas, was nun die Vertreter des

Unterbewußten oder Unbewußten meinen, worin sich aber die Geisteswissenschaft von ihnen grundsätzlich unterscheiden muß. Diese Vertreter des Unbewußten meinen, das, was so unbewußt für das gewöhnliche Bewußtsein unten in den Tiefen der Seele ruht und das eigentliche Wesen der Menschenseele ausmacht, das müsse auch unter allen Umständen unterbewußt oder unbewußt bleiben, das könne nie heraufrücken in das gewöhnliche Bewußtsein. Daher ist auch Eduard von Hartmann, der, wie gesagt, das Unbewußte am meisten populär gemacht hat im letzten halben Jahrhundert, der Anschauung, daß man durch unmittelbares Wissen, durch Erleben, durch Beobachten über das Wesen der Seele ebensowenig wie über das Wesen der Natur selber etwas erfahren könne. Er meint, daß man auf das Unbewußte oder Unterbewußte nur schließen kann, über dasselbe nur Hypothesen aufstellen kann, daß man aus den Beobachtungen, die sich aus der gewöhnlichen Welt ergeben, aus den Erlebnissen des Alltags oder der Wissenschaft solche Schlüsse ziehen könne, und dann hypothetisch sich Vorstellungen bilden könne, wie es in der Welt des Unbewußten oder Unterbewußten aussieht. In diesem Punkte kann Geisteswissenschaft nicht mitgehen. Und daß sie das nicht kann, das werden diejenigen verehrten Zuhörer, die bei den letzten Vorträgen waren, aus ihnen haben entnehmen können. Denn es wurde da charakterisiert, wie Geisteswissenschaft gerade zu der Erkenntnis kommt, daß allerdings dieses Unbewußte oder Unterbewußte für das gewöhnliche Wissen unten ruht in den Tiefen der Seele, daß es aber unter gewissen Umständen heraufgeholt werden kann. Es kann heraufgeholt werden, wenn dasjenige Bewußtsein zur Entwickelung kommt im Menschen, das man, wie ich gezeigt habe in meinem Buche «Vom Menschenrätsel», das schauende Bewußtsein nennen kann, in weiterer Ausbildung des Goethe-Wortes «anschauende Urteilskraft». Goethe hat mit diesem Worte über die «anschauende Urteilskraft» eine bedeutungsvolle, eine schwerwiegende Anregung gegeben. Diese Anregung konnte in seiner Zeit einfach deshalb, weil die Geisteswissenschaft nicht so weit war wie jetzt, nicht voll ausgebildet werden. Aber Geisteswissenschaft betrachtet es als ihre Aufgabe, nicht im Nebulosen, im Schwärmerischen allerlei Phantasiegebilde zu erzeugen, sondern auf ernstem wissenschaftlichem Boden gerade das auszubilden, wozu Goethe die Anregung mit seinem sehr bedeutungsvollen Worte von der anschauenden Urteilskraft gegeben hat. Die Art und Weise, wie die menschliche Seele zu dieser anschauenden Urteilskraft oder zum schauenden Bewußtsein kommt, ist ausgeführt in meinem Buche «Wie erlangt man Erkenntnisse der höheren Welten?» oder in anderen meiner Bücher, auf die ich hier verweisen muß. Das aber, was dieser anschauenden Urteilskraft zugrunde liegt, wird von einem gewissen Gesichtspunkte aus, hoffe ich, insbesondere im heutigen Vortrag zum Vorschein kommen.

Ist Geisteswissenschaft so genötigt, die Wege, welche die Vertreter des Unbewußten einschlagen wollen, auf andere Weise als sie selber zu gehen, so ist sie auf der anderen Seite in vollem Einklange gerade mit den naturwissenschaftlichen Ergebnissen der neueren Zeit. Und auch da ist sie in der Lage, den Weg, den diese naturwissenschaftliche Forschung einschlägt, nun wiederum in einer anderen Weise zu gehen als diese selber; gerade deshalb in einer anderen Weise zu gehen, weil sie mehr in Übereinstimmung mit der Naturwissenschaft ist, als die naturwissenschaftliche Anschauung oftmals mit sich selbst.

Was nun die Frage des eigentlichen Seelenwesens betrifft, so geht ja die naturwissenschaftliche Auffassung dahin, daß dieses Seelenwesen, wie es der Mensch erlebt in seinem gewöhnlichen Bewußtsein, durchaus abhängig ist von der menschlichen Leibesorganisation. Und ich habe es hier oftmals angedeutet, daß es ein vergebliches Bemühen wäre, sich von irgendeinem Standpunkte aus gegen diese Anschauung der Abhängigkeit des Seelenlebens, wie es der Mensch erfährt, von der Leibesorganisation zu wehren. Nichts scheint klarer, wenn auch die Naturforschung auf diesem Wege noch vieles wird durchzumachen haben, als daß sie in feiner Weise, wenn auch die Hauptsachen längst bekannt waren, dargelegt hat, wie der Verlauf des ganzen menschlichen Lebens klar zeigt diese Abhängigkeit der Seele in ihrer Entwickelung von der Leibesorganisation. Man braucht – und es könnte auf viele feinere Tatsachen hingewiesen werden – nur zu sehen, wie von der Kindheit an der Mensch sich organisch als Lebewesen entwickelt, und wie mit dieser Entwickelung ganz parallel geht die seelische Entwickelung, wie mit der Ausbildung der Organe, welche die Naturwissenschaft mit einem gewissen Rechte zuschreibt dem Seelenleben als dessen Werkzeuge, auch dieses Seelenleben wächst. Und wenn man die Tatsache hinzunimmt, daß durch die Untergrabung der Gesundheit oder des organischen Zusammenhanges gewisser Leibesteile das Seelenleben untergraben wird, so ergibt sich aus dem allem, wie recht die naturwissenschaftliche Weltanschauung auf diesem Gebiet hat. Sie kann uns außerdem auch zeigen, wie wiederum mit der allmählichen Abnahme der Kräfte, welche den menschlichen Leib durchdringen, mit dem Altern, diese Seelenkräfte genau parallel der Leibesorganisation zurückgehen. Gegen diese Anschauung, die von der naturwissenschaftlichen Weltanschauung vorgebracht wird, könnte im Grunde genommen nur der Dilettantismus irgendeinen Einwand machen. Diejenigen, welche glauben, daß Geisteswissenschaft nicht rechne mit den Ergebnissen der Naturwissenschaft, die beurteilen eben nicht diese Geisteswissenschaft, wie sie hier gemeint ist, an sich selbst, sondern das falsche Bild, das sie sich aus ihrer Phantasie von ihr zimmern, und das sie dann wenig übereinstimmend finden mit den ihnen mit Recht wahr scheinenden naturwissenschaftlichen Ergebnissen der neueren Zeit. So steht Geisteswissenschaft durchaus auf dem Boden der naturwissenschaftlichen Ergebnisse. Aber hinzufügen möchte ich zu dem, daß Geisteswissenschaft in einem noch viel tieferen Sinne gerade durch ihre Erkenntnisse mit diesen Ergebnissen im Einklang steht, als das die Naturwissenschaft selber ausführen kann. Das kann sich insbesondere zeigen, wenn man zu einer Seelenerlebensrichtung blickt, welche von vielen Menschen verwechselt wird mit dem, was hier als Geisteswissenschaft gemeint ist. Alle möglichen unklaren mystischen Vorstellungsarten und Erlebnisse der Menschen müssen ja aufrücken, wenn man Geisteswissenschaft kritisiert, und man verwechselt dann diese Geisteswissenschaft mit diesen unklaren, verworrenen mystischen Schwärmereien.

Wenn man sich gerade vom Gesichtspunkte der Geisteswissenschaft eingehender namentlich beschäftigt mit dem, was durch die verschiedenen Zeitalter Mystik genannt worden ist, so zeigt sich – nicht bei allem, aber bei vielem – etwas sehr Bemerkenswertes. Man kann zu den geschätztesten Mystikern kommen und bei ihnen klar sehen, wie die neuere naturwissenschaftliche Weltanschauung recht hat, wenn sie diesen mystischen Bestrebungen oftmals keinen sehr großen Erkenntniswert für die eigentlichen Seelen- und Menschheitsrätsel beilegt. Interessant, außerordentlich anziehend ist gewiß dasjenige, wenn man es richtig betrachtet, was Mystiker erlebt haben. Und nicht gegen das Studium, gegen die objektive, gute Betrachtung der mystischen Erlebnisse verschiedener Zeiten soll hier etwas eingewendet werden, sondern mehr gegen das Prinzipielle der Sache; das soll einfach charakterisiert werden. Mystiker versuchen, was ja wiederum ein richtiger Weg auch im Sinne der Geisteswissenschaft ist, wie ich sie eben vorhin charakterisierte, durch das, was sie nennen «Vereinigung der Seele mit dem Weltengeiste oder mit dem Göttlichen» – wie man es eben bezeichnen will –, ein tieferes Erleben durchzumachen, ein solches Erleben, das sie hinwegführt über die äußere sinnliche Wirklichkeit, sie eins sein läßt mit dem Geistig-Göttlichen, das sie gewissermaßen aus dem Vergänglichen in die Sphäre des Ewigen hineinhebt. Aber wie versuchen sie das zumeist? Nun, wenn man wirklich die mystische Entwickelung studiert, so findet man: Sie versuchen es auf dem Wege, daß sie das gewöhnliche alltägliche Bewußtsein verfeinern, daß sie es in einer gewissen Weise auch vertiefen, durchwärmen, durchglühen mit allerlei Innerlichkeit, aber daß sie doch bei diesem gewöhnlichen Bewußtsein verbleiben. Nun weiß Geisteswissenschaft gerade aus ihren Erkenntnissen, daß die naturwissenschaftliche Anschauung richtig ist, daß dieses gewöhnliche, alltägliche Bewußtsein ganz und gar abhängig ist von seinen Werkzeugen, von dem Leibesleben. Vertieft man also im mystischen Sinne das gewöhnliche, das alltägliche Bewußtsein, macht man es noch so innerlich und fein, aber bleibt man in demselben stehen, dann erreicht man auch nichts anderes als etwas, was abhängig ist von der Leibesorganisation. Man kann Mystiker finden, welche durch hohe poetische Schönheit, durch wunderbaren Schwung der Phantasie, durch eine merkwürdige Intuition für allerlei weltabgewandte Dinge das menschliche Herz erheben und die menschliche Seele erquicken, daß sie geradezu, ich möchte sagen, durch diese Dinge einen in Erstaunen versetzen. Aber man muß zuletzt aus diesem Staunen immer wieder aufwachen mit der Empfindung: ja, was ist denn das Ganze doch anderes als ein zwar intimeres, oftmals, möchte man sagen, raffiniertes Vorstellen und Denken, das an die Leibesorganisation gebunden ist; nur jetzt nicht so gebunden ist, wie der Mensch im Alltage an sie gebunden ist, sondern mit feineren, raffinierter ausgebildeten Kräften der Leibesorganisation im Zusammenhang steht. Man kann liebenswürdige, achtunggebietende Mystiker finden, von denen man doch sagen muß: ihre mystischen Erlebnisse sind nichts anderes als verfeinerte, oder sagen wir, vergeistigte Leidenschaften, Affekte, Gefühle, die aber doch ähnlich sind den Leidenschaften, den Affekten, den Gefühlen des gewöhnlichen Lebens. Solche Mystiker haben nur ihre Leibesorganisation durch allerlei asketische Mittel oder durch allerlei Anlagen dahin gebracht, daß diese Leibesorganisation vielleicht nach ganz anderen Richtungen hin sich zum Empfinden bringt, als es bei gewöhnlichen Menschen der Fall ist, aber es ist zum Schluß doch die Leibesorganisation. Oftmals sieht man den schwungvollsten Ausführungen und Ergüssen solcher Mystiker es an, daß sie zwar abgekehrt sind von dem gewöhnlichen Sinnesleben des Tages, von dem Stehen in der äußeren Welt, daß sie aber in dieses Sinnesleben, in das gewöhnliche Leidenschaftsleben und Affektleben, nur vergeistigend, das hereingebracht haben, was ihr Vorstellen zu erleben vermag. – Daher wird der naturwissenschaftlich Denkende mit einem gewissen Recht die Erlebnisse solcher Mystiker abnorm nennen, weil sie vom gewöhnlichen Erleben abweichen; er wird sie vielleicht ungesund nennen, aber er wird recht haben auch damit, daß er sagt: sie beweisen gar nichts gegen die Abhängigkeit des menschlichen Seelenlebens von der Leibesorganisation, wenn es in noch so mystisch-verfeinerter Weise auftritt. Es ist gewissermaßen die Leibesorganisation nur trainiert worden, damit das, was sonst in brutaler Sinnlichkeit auftritt, in geistigen Bildern, in Metaphern, in Symbolen sich in der Seele äußert, hinter welchen Bildern, Metaphern, Symbolen der Kenner aber doch nichts anderes als einen verfeinerten Ausdruck des gewöhnlichen Leidenschaftslebens zu finden vermag.

Demgegenüber steht nun, was Geisteswissenschaft sagt, wobei sie mit den Bekennern zum Unterbewußten oder Unbewußten sich völlig klar darüber ist: Wenn man das gewöhnliche Bewußtsein auch noch so mystisch verfeinert, wenn man noch so sehr dieses gewöhnliche Bewußtsein «vergeistigt» – wie man es oftmals nennt –, so daß es ein Gefühl der Vereinigung mit dem Geiste bringt, innerhalb dieses gewöhnlichen Bewußtseins kommt man nicht in diejenige Sphäre, die man eigentlich aufsucht, wenn man von den tieferen Seelenrätseln des Menschen sprechen will. Namentlich zeigt gerade die geschulte Beobachtung des Geistesforschers, daß auch alles, was der Mensch im gewöhnlichen Erleben in seiner Seele haben kann und bewahren kann, was er zur Erinnerung macht, an die Leibesorganisation gefesselt ist. So daß mit alledem, was der Mensch in sich erlebt, wenn er sich in seine Erinnerungen vertieft, er nicht aus dieser Leibesorganisation herauskommt, und man darf sagen: Eine wirkliche geisteswissenschaftliche Selbstbeobachtung zeigt gerade, daß, je treuer von der Erinnerung die Erlebnisse behalten werden, um so mehr die Tätigkeit der Erinnerung an diese Leibesorganisation gebunden ist. – Daher muß die Geisteswissenschaft zu völlig anderen Methoden greifen, als sie das gewöhnliche Bewußtsein entwickelt. Selbst wenn dieses gewöhnliche Bewußtsein eine besondere Treue für die Erinnerung aufbringt dadurch, daß die Leibesorganisation gut funktioniert und die Erlebnisse nach langer Zeit treu wieder heraufgeholt werden können: Geisteswissenschaft muß andere Methoden einschlagen als diejenigen, die das gewöhnliche Bewußtsein kennt. Und ich habe schon auf das, was als Beobachtung gerade des Denkens sich ergibt, in den letzten Vorträgen hingewiesen und will das nur von einem anderen Gesichtspunkte aus wiederholen.

Das gewöhnliche Denken, so sagte ich, ist zwar der Ausgangspunkt für alles geisteswissenschaftliche Forschen, und nur der findet diesen Ausgangspunkt, welcher durch eine wahre Beobachtung dieses Denkens schon sich klarmacht, wie eben wahr und wirklich ist, daß dieses Denken bereits über das Sinnlich-Physische hinausführt, daß es selbst schon ein Geistiges ist. Aber stehenbleiben kann man auf diesem Punkte nicht. Stehenbleiben kann man nicht dabei, anzuerkennen, daß dieses Denken, so wie es sich im gewöhnlichen Leben ergibt, ein Letztes ist. Selbst dann ist es kein Letztes, wenn es scheinbar am meisten sich vergeistigt hat, nämlich in den Erinnerungsvorstellungen. Daher sagte ich: Alles dasjenige, was der Mensch denken, fühlen und wollen kann im gewöhnlichen Leben, führt nicht zu einer Erkenntnis des Wesens der Seele, wenn es beobachtet, wenn es erlebt wird. Vielmehr – das ist nur eine von den vielen Maßnahmen, die im intimen Seelenleben durchgemacht werden müssen, andere finden Sie in den genannten Büchern – muß der Mensch sein Denken so entwickeln, sein Vorstellen so entfalten, daß er mit seiner Persönlichkeit, oder sagen wir mit seiner Subjektivität, nicht mehr bei diesem Denken dabei ist; denn er ist solange dabei, als das Bewußtsein das gewöhnliche ist, und da wirkt seine Leibesorganisation mit. Bringen wir es mit unserem Denken nur so weit, daß sich Vorstellungen entwickeln und Vorstellungen gesucht werden, welche behalten werden können und wieder auftauchen, so bringen wir es doch nur zu dem, was durch die Werkzeuge der Leibesorganisation zustande kommt. Man muß deshalb, wie ich mich ausdrückte, dieses Denken so entwickeln, daß man nicht mehr bei dieser Entwickelung dabei ist. Dazu bedarf es aber, daß man die Geduld, die Ausdauer hat, nicht zu glauben, daß die großen Weltenfragen im Handumdrehen entschieden werden können, daß man jedesmal nur daranzugehen braucht, um hinter diese Weltenrätsel zu kommen oder darüber sich eine Meinung zu bilden; dazu bedarf es etwas ganz anderen. Dazu bedarf es der Geheimnisse des ganzen menschlichen Lebenslaufes. Es bedarf der Geduld, solche inneren Methoden auszubilden, deren Leben nicht in einem Augenblick hereingenommen werden kann, sondern die sich nur entwickeln können, wenn man sie der Entwickelung, die sie im Laufe des menschlichen Lebens erfahren können, überläßt.

Ich habe angedeutet, daß man dies «meditatives Leben» nennt, wenn man gewisse Vorstellungen, am besten solche, die man genau überschauen kann, damit nur ja nicht irgendwelche unbewußte oder sonstige Reminiszenzen des Lebens dabei auftauchen, in seine Seele, in sein Bewußtsein hereinbringt, diese Vorstellungen wirklich nach allen Seiten mit ruhendem Bewußtsein durchlebt. Wenn man nun nicht bloß beobachtet, wie im gewöhnlichen Bewußtsein diese Vorstellungen, so wie sie sind, wiederum in die Erinnerung hereingebracht werden können, nicht bloß darauf achtet, wie sie, wie man sagen könnte, treu ihrer eigenen Gestalt bleiben, sondern wenn man dazu greift, diese Vorstellungen gewissermaßen aus dem gewöhnlichen Bewußtsein dadurch herauszulassen, daß man bei ihrer Entwickelung nicht mehr dabei ist. Man wird nämlich immer finden, wenn man nur dabei Ausdauer und Geduld genug hat, daß die Vorstellungen hinabtauchen in die Untergründe des menschlichen Bewußtseins, wo man, wie man trivial sagen könnte, nichts mehr von ihnen weiß; dann wird man erfahren können, wie sie wieder heraufauchen in die Erinnerung. Mit alledem kann zunächst die Geistesforschung nichts anfangen. Aber ein anderes findet statt. Für den, der im Sinne der genannten Bücher sein inneres Seelenleben entwickelt, zeigt sich, daß die Vorstellungen, auf denen das Bewußtsein in entsprechender Weise geruht hat, zwar ebenso wie die anderen nach Monaten, Jahren wieder heraufkommen als Erinnerung, aber diese Vorstellungen begegnen ihm so wieder, wie sie gerade eine treue Erinnerung nicht zeigt, sondern so, daß sie jetzt nicht sein leibliches, sondern sein seelisches Leben gestaltet haben so, daß sie es auf einem gewissen Gebiete zu einem anderen gemacht haben. Diese Vorstellungen tauchen also nicht herauf in derselben Form, in der wir sie heruntergelassen haben in das Unterbewußte, sondern sie tauchen herauf und kündigen sich so an, daß man sich sagen muß: Sie haben nicht in dem, was dein Persönliches ist, sondern in dem, was unter dem bewußten Persönlichen ist, gewirkt, sie haben da ihre Kraft entfaltet und erscheinen jetzt in einer wesentlich anderen Gestalt. Man kann daher sagen: Wenn sich die Vorstellung, die man gehabt hat, die man treu behalten hat, die man treu wiedererweckt hat, wieder begegnet mit dem, was aus ihr geworden ist, ohne daß wir mit unserem Bewußtsein dabei waren, mit dem, was sich aus ihr ergeben hat dadurch, daß sie ohne uns in irgendwelchen Untergründen gearbeitet hat, so zeigt diese Begegnung der Vorstellung des gewöhnlichen Bewußtseins mit der Vorstellung, die heraufrückt aus dem Unterbewußten, diese so verändert, daß man ihr ihre Wirkungskraft ansieht für das menschliche Seelenleben. Diese Begegnung zeigt, wie der Mensch in einem noch völlig anderen Lebensgebiet drinnensteht als dem der physisch-sinnlichen Wirklichkeit, wie wirklich in den Untergründen des Seelenlebens ein für das gewöhnliche Dasein Unbewußtes oder Unterbewußtes lebt, wie es aber heraufgeholt werden kann durch entsprechende Methoden, und anders, als dies bei der gewöhnlichen Erinnerung ist, in das Bewußtsein hereindringt.

Geisteswissenschaft steht also auf dem Standpunkt, daß durch entsprechende Behandlung unseres Seelenlebens das Unbewußte in das Bewußte heraufrücken kann, aber erst heraufrücken soll, wenn es im Unbewußten seine Arbeit, seine Entfaltung erreicht hat. Dadurch aber kommt Geisteswissenschaft zu dem, was man das schauende Bewußtsein nennt. Denn es wird wirklich etwas durchgemacht, was sich vergleichen läßt mit dem Übergehen des gewöhnlichen Traumlebens zum wachen Bewußtsein. Im Traumleben, was erfahren wir da? Wir erfahren die inneren subjektiven Bilder, die wir, während wir träumen, für Wirklichkeit halten. Indem wir aufwachen, wissen wir durch die unmittelbare Berührung mit der äußeren Wirklichkeit, daß der Traum uns nur Bilder gebracht hat, und zwar Bilder – das zeigt sich der genaueren Beobachtung –, die aus unserem organischen Innern aufsteigen, die zwar dieses organische Innere in Symbolen zeigen, aber eben aus uns aufsteigen. Und niemand wird versucht sein zu glauben, daß einem im Traum ein Bewußtsein davon aufgehen könne, was der Traum eigentlich ist; niemand kann träumen, was der Traum ist. Dagegen wenn man aus dem Traum herausrückt ins gewöhnliche Bewußtsein und vom gewöhnlichen Bewußtsein aus den Traum sich zu erklären versucht, so kommt man zu seiner phantastisch-chaotisch-bildhaften Natur. Ebenso ist es, wenn man in der geschilderten Weise von dem gewöhnlichen zum schauenden Bewußtsein aufrückt. Da kommt man, ebenso wie aus dem Traum heraus in die physisch-sinnliche Wirklichkeit, aus der äußeren physisch-sinnlichen Wirklichkeit in die – das Wort ist anfechtbar – höhere, geistige Wirklichkeit. Man erwacht in eine andere Welt hinein, in eine Welt, die jetzt ebenso Licht wirft auf die gewöhnliche physisch-sinnliche Welt, wie die Welt des gewöhnlichen Bewußtseins Licht wirft auf die Traumeswelt. In dieser Weise gelangt Geisteswissenschaft dazu, nicht nur anders zu denken über die Welten- und Seelenrätsel, sondern vor allen Dingen gelangt sie zu der Erkenntnis, daß, um in die geistigen Welten einzutreten, erst aus den Tiefen der Seele ein anderes Bewußtsein herausgeholt werden muß, als das gewöhnliche Bewußtsein ist. Nun kann ich heute nur gewisse Ergebnisse und deren Betrachtung herbringen, aber es ist ja in vielen Vorträgen hier mancherlei Begründendes über diese Ergebnisse gesagt worden und es ist in der betreffenden Literatur zu finden.

Schon mit Bezug auf, ich möchte sagen, das allernächstliegende Wissenschaftliche muß nun, ebenso wie sie mit der Naturwissenschaft einverstanden ist, diese Geisteswissenschaft auch wieder von der bloßen Naturwissenschaft abweichen. Diese Geisteswissenschaft, so wie sie heute auftreten will, steht voll auf der Grundlage desselben wissenschaftlichen Gewissens, derselben wissenschaftlichen Gesinnung wie die Naturwissenschaft der neueren Zeit. Aber sie kann nicht bei solchem Denken stehenbleiben, wie es die Naturwissenschaft entwickelt. Daher wird, so wie die Dinge heute liegen, der Geisteswissenschaftler vor allen Dingen dann eine gute Grundlage haben, wenn er sein Denken, sein Vorstellen, sein Empfinden über die Welt entwickelt hat an den allerstrengsten naturwissenschaftlichen Vorstellungen, und diese sind heute diejenigen, die möglichst viel von Mathematik durchdrungen sind, die Vorstellungen des Physikalischen, des Chemischen, des Mechanischen sogar. Es wird einmal anders sein, wenn die biologischen Wissenschaften, die Physiologie, in ihrer Art ebensoweit sein werden wie die unorganischen Naturwissenschaften sind. Allein der Geistesforscher kann nicht dabei stehen bleiben, so über die Welt zu denken, wie Naturwissenschaft über die Welt denkt. Er kann nur sein Denken gewissermaßen in Zucht nehmen, indem er es schult an dem strengen Denken der Wissenschaft. Und wenn er sich selbst erzogen hat, ich möchte sagen, sich nichts anderes im Denken zu gestatten, als was vor der denkerischen Gesinnung der Naturwissenschaften bestehen kann, so wird er als geisteswissenschaftlicher Forscher den besten Boden geschaffen haben. Daher stellt es sich auch heraus, daß diese Geisteswissenschaft in ihrem Wesen vielfach verglichen werden muß mit dem, was mit dem Aufschwung der neueren naturwissenschaftlichen Denkweise eingetreten ist. Ich habe öfter darauf aufmerksam gemacht, wie mit der kopernikanischen Weltanschauung die Menschen mit Bezug auf die äußere Welt haben umdenken lernen müssen, wie das, was Kopernikus geltend gemacht hat, den Menschen zunächst absurd erscheinen mußte, weil es ja den Aussprüchen der äußeren Sinneswelt widersprach. Wenn gerade gegen Geisteswissenschaft eingewendet wird, daß sie den Aussagen der äußeren Sinneswelt widerspricht, dann muß man immer wieder darauf aufmerksam machen, daß ja gerade zum Beispiel die Astronomie durch Kopernikus dadurch ihre großen Fortschritte errungen hat, daß sie nicht bei dem geblieben ist, was die äußeren Sinne zeigen, sondern daß sie kühn darüber hinweggeschritten ist, indem sie gerade das, was die äußeren Sinne zeigen, für Schein genommen hat. Würde man den inneren Nerv eines solchen Umschwunges gerade auf naturwissenschaftlichem Gebiet erkennen, dann würde man viel weniger, wie es heute eben doch noch durchaus vorkommt, unverständige Einwände gegen Geisteswissenschaft vorbringen. Aber heute will ich noch einen anderen Punkt vorbringen, in dem diese Geisteswissenschaft sich ähnlich erkennen muß dem Fortschreiten der Naturwissenschaft in der kopernikanischen Weltanschauung. Kopernikus mußte das Denken über die planetarische Welt, man möchte sagen, völlig auf den Kopf stellen, um Rechnung zu tragen dem, dem Rechnung getragen werden mußte. Hier steht die Erde ruhend, die Sonne kreist herum – so sagte den Leuten das gewöhnliche sinnliche Bewußtsein. Wenn auch die kopernikanische Weltanschauung manche Berichtigung erfahren muß, wenn wir weiterkommen wollen, können wir nicht so denken, daß wir uns vorstellen, wie die Erde in dem Mittelpunkt des Planetensystems steht und die Sonne darum herumkreist; sondern wir müssen die Tatsache, welche sich als Scheintatsache den Sinnen darbietet, völlig auf den Kopf stellen: wir müssen die Sonne in den Mittelpunkt des Planetensystems stellen und die Planeten um die Sonne herumkreisen lassen. Man weiß, wie von gewissen Kreisen die kopernikanische Weltanschauung lange nicht angenommen worden ist. Nur weil sie heute so gewohnt geworden ist, denkt man nicht mehr nach über das Groteske, als das sie hat erscheinen müssen vielen Menschen, denen sie von anderen Gesichtspunkten her vor Augen getreten ist. Man mußte ja völlig neue Vorstellungen ausbilden; man mußte sich gewöhnen, andere Vorstellungen zu haben als diejenigen, die man durch Jahrhunderte gehabt hatte für das gewöhnliche Denken.

Nun ist es auf dem Gebiete der Geisteswissenschaft etwas schwieriger, das Analoge gerade auf ihrem Gebiet zu durchschauen, aber eben nur aus dem Grunde, weil sie heute sich in der Lage befindet, in der sich die kopernikanische Weltanschauung zur Zeit ihres Auftretens befunden hat. Die Vorstellungen, die die Geisteswissenschaft entwickeln muß, sind eben heute ganz ungewohnt, und sie müssen mit Bezug auf einen gewissen Punkt im menschlichen Seelenleben, ich möchte sagen, einen ähnlichen Weg machen, wie ihn die kopernikanische Weltanschauung gemacht hat. Was scheint für das gewöhnliche Seelenleben, für die gewöhnliche Beobachtung klarer zu sein – so klar, wie für den Sinnenschein die Tatsache, daß sich die Sonne um die Erde dreht –, als daß der Mensch mit seiner Seele geboren wird, seinen Lebenslauf durchmacht, daß sich seine Seele oder sein Ich im Verlauf dieses Lebens nach und nach, dieses Leben begleitend, ändert, daß sie, wenn der Mensch 7, 13, 15, 18, 20, 25 Jahre alt wird, als Seele begleitet hat diesen durch die Jahre hingehenden Lebenslauf. Gewissermaßen wie schreitend durch das Leben von der Geburt bis zum Tode sieht man das Seelenwesen, so wie wenn es mitginge. Geisteswissenschaft zeigt es völlig anders. Geisteswissenschaft zeigt die merkwürdige Tatsache – in den folgenden Vorträgen soll das weiter ausgeführt werden –, daß das, was wir Seelenwesen nennen, an das sich die Vorstellung über Unsterblichkeit knüpft, gar nicht in dem gewöhnlichen Sinne den Lebenslauf mitmacht. Geradesowenig wie die Sonne in dem gewöhnlichen Sinne in ihrem Himmelslauf um die Erde zieht, geradesowenig macht das menschliche Ich oder die menschliche Seele den Weg von der Geburt bis zum Tode durch. Also die Sache ist völlig anders. Nur weil man auf diese Weise nicht gewohnt ist, zu beobachten, sieht es anders aus. Die Sache verhält sich ganz anders:

Wir erinnern uns im späteren Leben bis zu einem gewissen Punkte zurück, der einige Jahre nach unserer Geburt liegt. Bis zu diesem Punkte geht allein in seiner Entwickelung das Ich oder Seelenwesen mit. Dann bleibt es – wenn ich den Ausdruck gebrauchen darf, er ist richtig – in der Zeit stehen, bleibt so in der Zeit stehen, wie die Sonne im Raum, und der Lebenslauf nimmt das Ich nicht mit, sondern bewegt sich, ebenso wie die Planeten um die Sonne, weiter, indem das Ich oder die Seele ruhend bleibt in dem

Punkte, den ich angedeutet habe. Der Lebenslauf strahlt dasjenige, was in ihm verfließt, zurück auf die ruhend gebliebene Seele. Die Vorstellung ist nur deshalb so schwierig, weil es eben leichter ist, das Ruhen im Raum vorzustellen, als das Ruhen in der Zeit. Aber wenn man bedenkt, daß für gewisse Kreise erst im Jahre 1827 die kopernikanische Weltanschauung annehmbar geworden ist, so kann man ja auch voraussetzen, daß sich die Geisteswissenschaft Zeit lassen kann, bis die Menschen dazu kommen, sich vorstellen zu können, daß ebenso ein Ruhen in der Zeit möglich ist wie ein Ruhen im Raume. Man kann sagen: die Seele bleibt eben in sich selber ruhend zurück, und das Leben läuft bis zum Tode weiter, indem die Erlebnisse nur zurückstrahlen auf dasjenige, was in dem genannten Zeitpunkte zurückbleibt. Damit aber hängt etwas anderes zusammen: daß das, was wir eigentlich Seelenwesen nennen, gar nicht heraustritt in diejenigen Ereignisse und Tatsachen, die mit dem Leibesleben zusammenhängen, daß die Seele in ihrer eigentlichen Wesenheit im Geistigen drinnenbleibt. Sie tritt deshalb nicht in den gewöhnlichen Lebenslauf ein, weil dieser Lebenslauf eben einströmt in das sinnlich-physische Geschehen. Die Seele bleibt zurück, hält sich zurück im Geistigen. Nun verläuft das gewöhnliche Bewußtsein durchaus mit dem gewöhnlichen Lebenslauf, mit dem gewöhnlichen Hinströmen des Lebens zwischen Geburt und Tod; es verläuft darinnen so, daß es erscheint in Gemäßheit der Leibeswerkzeuge. Aber das Tiefere, das wahre Seelenwesen, das ergießt sich als solches nicht in dieses Leibeswesen, sondern bleibt im Geistigen stehen. Damit aber ist schon gegeben, daß ein Wissen, eine Erkenntnis von diesem Seelenwesen gar nicht erlangt werden kann im gewöhnlichen, von der äußeren Welt abhängigen Lebenslauf, sondern daß dieses Wissen, diese Erkenntnis nur erlangt werden kann, wenn in der geschilderten Weise das Bewußtsein sich selber ausschaltet, wenn – um eben dieses eine Beispiel noch einmal zu wiederholen – der im Bewußtsein gebliebene Gedanke dem unterbewußt arbeitenden Gedanken nun begegnet. Dann aber tritt das Bedeutungsvolle ein, daß allmählich dieses unterbewußte Arbeiten über den gesamten menschlichen Lebenslauf, sofern er durchlaufen ist, sich ergießt, und daß der Mensch sich in seinem inneren Erleben wirklich weiß am Ausgangspunkte seines Erdenlebens, vor der Grenze, bis zu der die Erinnerung reicht, sich drinnenstehend weiß im geistigen Leben, aber herausgehoben aus der Zeit, in welcher das gewöhnliche Bewußtsein verläuft. Daher kann keine Mystik, die so ist, wie ich es vorhin charakterisiert habe, die ebenso tief in das Bewußtsein, das in der Zeit verläuft, hineinbringen will ein feineres Erleben als das gewöhnliche, das Seelenwesen erreichen. Sondern dieses Seelenwesen kann nur erreicht werden, wenn die Zeit als solche überwunden wird, wenn die Seele hinaufrückt in dasjenige Gebiet, das vor dem Eintreten in die Erinnerung auftaucht, vielleicht besser gesagt: Wenn der Mensch mit seinem inneren Erleben hinaufrückt über diesen Zeitpunkt, die Seele entwickelt, um da die Seele erst zu finden, wie sie in ihrer inneren Wesenheit ist.

Dies alles sind schwierige Vorstellungen, aber das Schwierige liegt nicht darin, daß die menschliche Seele sie nicht vollziehen könnte, sondern nur darin, daß die Menschen sich im Laufe der Jahrhunderte gewöhnt haben, eben anders zu denken. Der Mensch muß also nicht, indem er geisteswissenschaftliche Methoden entwickeln will, im Sinne der gewöhnlichen Mystik durch das gewöhnliche Bewußtsein eine Vereinigung mit dem Geistigen suchen, sondern dasjenige, was er sucht, muß ihm Objekt sein; er muß sich ihm nahen mit dem Bewußtsein, daß es eigentlich etwas dem gewöhnlichen Leben Fremdes ist, daß es stehen geblieben ist, bevor dieses gewöhnliche Seelenleben eingetreten ist. Dann, wenn der Mensch so sein inneres Seelenwesen erkennt, dann hat er im Grunde genommen erst die Seele so, daß er jetzt weiß: Diese Seele hat mitgearbeitet, indem sie durch die Geburt geschritten ist mit den Kräften, die sie auch vorher schon im Geistigen hatte, an der Ausgestaltung des gesamten Lebens bis in die Leibesorganisation hinein, indem sie ihre Kraft vereint mit dem, was der Mensch durch die physische Vererbung erlangt hat. Der Mensch gelangt auf dieses Weise hin zum Unsterblichen der Seele.

Die Frage nach dem Unsterblichkeitsrätsel verändert sich für die Geisteswissenschaft gegenüber der Gestalt, die man dieser Frage sonst gibt. Man denkt immer, wenn man diese Frage aufwirft, man könne sie beantworten, wenn man sie so stellt: Ist nun die Seele mit ihrem gewöhnlichen Denken, Fühlen und Wollen so, daß sie irgend etwas davon als Unsterbliches bewahrt? So wie dieses Denken, Fühlen und Wollen im gewöhnlichen Leben ist, ist es gerade dadurch, daß es sich der Leibeswerkzeuge bedienen muß. Wenn diese Leibeswerkzeuge abgelegt sind, indem die Seele durch die Pforte des Todes schreitet, hört auch die Form des Denkens, Fühlens und Wollens selbstverständlich auf für ein inneres Erleben, welches vom gewöhnlichen Bewußtsein erreicht werden kann. Dagegen lebt in jedem Menschen das, was eben für die gewöhnliche Seelenbeobachtung verborgen ist, so wie die Dinge verborgen sind, die erst durch die Naturwissenschaft über die Natur erkundet werden können, was aber in der skizzenhaft angedeuteten Weise erreicht werden kann, und was stehen bleibt gewissermaßen vor dem Tore der Erinnerung. Das kann die Ereignisse des gewöhnlichen Lebenslaufes aufnehmen, indem es sie zurückstrahlt. Und wenn dann das, was in diesem gewöhnlichen Leben drinnensteht, was an die Leibeswerkzeuge gebunden ist, dem Menschen genommen wird, indem er durch die Pforte des Todes schreitet, wird dasjenige, was niemals aus der geistigen Welt herausgeschritten ist, eben auch durch die Pforte des Todes schreiten. Das, was sich hindurchträgt, das hat sich nicht entwickelt innerhalb des gewöhnlichen Bewußtseins, sondern das hat sich entwickelt im Unterbewußten, das eben nur heraufgebracht werden kann auf die geschilderte Weise.

So verändert sich die angedeutete Frage für die Geisteswissenschaft so, daß der Geistesforscher vor allen Dingen den Weg zeigt, wie das wahre Seelenwesen gefunden wird, und indem er diesen Weg zeigt, stellt sich durch die Art und Weise, wie dieses wahre Seelenwesen ist, dessen Unsterblichkeit als eine Wahrheit heraus. Wie man nicht zu beweisen braucht, daß die Rose rot ist, wenn man jemand hingeführt hat zu der Rose, und er sie vor sich hat, so braucht man nicht zu beweisen durch allerlei Hypothesen, Schlußfolgerungen, daß das Seelenwesen unsterblich ist, wenn man den Weg zeigt, wodurch der Mensch das Seelenwesen so findet, daß er sieht: es arbeitet das Sterbliche aus sich heraus, es ist der Erzeuger des Sterblichen, das Sterbliche ist seine Offenbarung – wenn man die Unsterblichkeit als eine Eigenschaft dieses Seelenwesens aufzeigen kann, so wie man die Röte als eine Eigenschaft der Rose aufzeigt. Darauf kommt es gerade an, daß sich die Fragestellung völlig verändert, wenn Geisteswissenschaft in ihrer wirklichen Gestalt an dieses Seelenrätsel herangeht.

Es wird das, was damit nur skizzenhaft angedeutet worden ist, sich ein wenig durch eine Seitenbeleuchtung, möchte man sagen, klären, wenn man einen Blick wirft auf etwas, was im menschlichen Leben eine so bedeutungsvolle Rolle spielt, was aber, wie schon oftmals gesagt, für die meisten Philosophen der denkerischen, der wissenschaftlichen Betrachtung völlig unzugänglich erscheint: wenn man einen Seitenblick wirft auf das, was man das menschliche Schicksal nennt. Das menschliche Schicksal erscheint ja in der Aufeinanderfolge der Begebenheiten, die den Menschen treffen, vielen wie eine reine Summe von Zufälligkeiten; es erscheint vielen wie eine vorausbestimmte Notwendigkeit, wie eine Notwendigkeit der Vorsehung. Alle diese Vorstellungen aber nähern sich dem Schicksalsrätsel wiederum vom Standpunkte des gewöhnlichen Bewußtseins aus. Und wenn diese Vorstellungen auch noch so mystisch vertieft sind, man kommt solchen Rätseln durch diese Vorstellungen nicht näher. Daher habe ich das letztemal gerade mit Bezug auf die Schicksalsfrage gezeigt, wie man sich überhaupt erst vorbereitet in der rechten Weise, an diese Frage nach dem menschlichen Schicksal heranzutreten. Es muß das noch einmal von einem gewissen Gesichtspunkte aus wiederholt werden, damit über die Frage nach den Schicksalskräften genauer gesprochen werden kann. Ich sagte: Gibt sich der Mensch als Geistesforscher in seinem Inneren gewissen Entwickelungen hin, deren eine Art ich gezeigt habe in der Entwickelung des Denkens, so bedeutet diese innere Entwickelung für ihn ein wirkliches Sichherausheben aus dem gewöhnlichen Bewußtsein; nicht eine mystische Vertiefung dieses gewöhnlichen Bewußtseins bloß, sondern ein Sichherausheben, ein Aufsteigen zu dem, was in das gewöhnliche Bewußtsein gar nicht hereintritt. Dann gehört viel Geduld und Ausdauer dazu, um diese innere Entwickelung immer weiter und weiter zu führen. Sie braucht das äußere Leben nicht im geringsten zu beeinträchtigen. Diejenigen Menschen sind schlechte Geistesforscher, welche durch die Geistesforschung für das gewöhnliche Leben unbrauchbar, unpraktisch werden. Sie zeigen, daß sie im Grunde genommen noch durchaus materialistisch gesinnte Naturen sind.

Denn wer aus dem gewöhnlichen Leben herausgerissen wird, wer aus dem festen Drinnenstehen im Leben, aus des Lebens Pflichten und Aufgaben, kurz, aus der Lebenspraxis gerissen wird durch eine Art von Geistesforschung, der zeigt, daß er das Wesen wahrer Geistesforschung nicht begriffen hat; denn diese verläuft im Geistigen, in dem, was mit dem gewöhnlichen Leben in unmittelbarer Art durchaus nicht in Widerstreit kommen kann. Und wer da glaubt, daß er, nun, sagen wir, sich in die geistige Welt hinaufhungern kann, oder durch ein anderes äußeres, materielles Mittel in die geistige Welt hinaufkommen kann, der zeigt eben, daß er, trotzdem er den Geist sucht, ganz von materialistischen Vorstellungen durchdrungen ist. Aber wenn der Mensch den Weg wahrer Geistesforschung oder auch nur wahrer Geisteswissenschaft geht, indem er durchdringt, in seine Seele aufnimmt, was die Geistesforschung zutage fördert, dann wird im rechten Zeitpunkte das, was der Mensch da innerlich erlebt, für ihn nach und nach zu einer inneren Schicksalsfrage, zu einer inneren Schicksalswendung. Er erlebt ein inneres Durchdrungenwerden, welches ihn in die Sphäre des Geistigen hineinträgt, so lebendig, so intensiv, daß dieses Erlebnis, das ganz ohne Beeinträchtigung des äußeren Erlebens vor sich geht, zu einer Schicksalswendung wird, die größer, bedeutungsvoller ist als jede noch so bedeutungsvolle Schicksalswendung des äußeren Lebens. Ja gerade darin zeigt sich das Bedeutsame des Drinnenstehens in der Geisteswissenschaft, daß diese also für den Menschen zu einer Schicksalswendung werden kann. Nicht abgestumpft für die anderen Schicksalswendungen braucht dadurch der Mensch für seine Seele zu werden; voll empfinden kann der Mensch, was als äußere Schicksale, nicht nur von ihm, sondern auch von anderen, verläuft, wenn er also die höhere Schicksalswendung auch erlebt hat, die rein innerlich verläuft. Wer stumpf wird für das äußere Leben und äußere Schicksal, wer etwa gar sein Mitleid und Mitgefühl für die äußere Welt und die Menschen abstumpfen würde dadurch, der ist nicht auf dem rechten Wege. Aber wer sich, wie es bei der guten Erziehung schon sein kann, beim vollen Drinnenstehen im sozialen Leben in einer geistigen Welt stehend findet, bei dem kann es doch sein, daß ein Zeitpunkt eintritt, in dem er, nachdem er innerlich den Weg zu dem, was nicht eingeht in die sinnliche Welt, gefunden hat, dieses innere Erlebnis als eine Schicksalswendung empfindet, die größer und eindringlicher ist als die furchtbarste Schicksalslage oder die freudigste Schicksalswendung, die ihn sonst im Leben treffen kann. Daß aber eine solche Schicksalswendung eintreten kann, das vertieft das Gemüt, verinnerlicht die menschliche Seele; das stattet sie aus mit Kräften, die zwar immer in der Seele ruhen, die aber gewöhnlich nicht heraufgebracht werden.

Zu einem wird die Seele vor allen Dingen zubereitet: Indem die Seele also ein Schicksal erlebt hat rein innerlich, so daß sie diesem Schicksal, nur jetzt mit den innerlich erlebbaren Seelenkräften gegenübersteht, wird der Mensch so intim bekannt mit der größten Schicksalswendung, daß er einen Erkenntnismaßstab gewinnt für das äußere Schicksal. Man braucht ja – trivial gesagt – für alles im Leben einen Maßstab. Den Maßstab für die Schicksalsbeurteilung, man erlangt ihn dadurch, daß man nicht betrachtet zunächst bloß durch allerlei Spekulation, durch Phantasterei, die dunklen Schicksalsverläufe, sondern daß man betrachtet einen so hellen Schicksalsverlauf, wie man ihn dadurch durchmacht, daß man Schritt für Schritt in seinem inneren Seelenleben so die Kraft entwickelt hat, daß man alles mit angesehen hat. Man sieht: So ist es durch Jahre geworden, so haben wir uns allmählich eine innere, wahre, ohne Selbsttäuschung errungene Überzeugung von der geistigen Welt, in der wir leben und weben und sind, geschaffen, da waren wir dabei bei der Schicksalswendung, da tritt sie uns nicht entgegen als etwas, was dunkel bleibt, und woran wir nur uns freuen oder leiden können, sondern da tritt sie uns in heller innerer Klarheit entgegen. Und wenn wir also die Kräfte, die uns in heller innerer Klarheit entgegentreten, entwickelt haben in der Seele, dann erst vermögen wir das, was dunkel bleibt, mit innerem Lichte zu beleuchten, dann vermögen wir die Hergänge des äußeren Schicksals auch zu betrachten. Diese Hergänge des äußeren Schicksals, sie sind dunkel für das gewöhnliche Bewußtsein. Aber das gewöhnliche Bewußtsein ist ja für die Betrachtung der Schicksalsfrage gerade dadurch zum schauenden Bewußtsein geworden, daß es eine solche Schicksalswendung eintreten läßt. Für die Schicksalsfrage hat sich dieses Bewußtsein zum schauenden Bewußtsein gemacht. Dadurch erlangt man überhaupt erst das, was nötig ist, um nun an die Schicksalsfrage so heranzutreten, daß sie in dem Sinne, wie es sein soll, eine gewisse Aufklärung erfahren kann. Dadurch zeigt sich aber, daß, soviel man auch das Schicksal mit dem gewöhnlichen Bewußtsein betrachtet, alles Konstatieren über dieses Schicksal gewissermaßen hypothetisch oder eine leere phantastische Annahme bleibt. Denn es zeigt sich gerade, daß das Schicksal so, wie es außen für das gewöhnliche Bewußtsein auftritt, nur in seiner Offenbarung auftritt, in seinem Hineinragen in das gewöhnliche Bewußtsein, daß aber dieses Schicksal im Unterbewußten an der menschlichen Seele arbeitet, so daß diese menschliche Seele, die niemals aus der geistigen Welt, wie ich angedeutet habe, heraustritt, im Unterbewußten im Schicksalsstrome lebt. So lebt sie im Schicksalsstrome, daß sich dem gewöhnlichen Bewußtsein ihr Verstricktsein mit dem Schicksal so wenig zeigt, wie sich dem Träumer das zeigt, was ihn als physische Wirklichkeit in der äußeren Welt umgibt.

Wenn das schauende Bewußtsein sich übt, die Bewußtseinskräfte zu entwickeln, die hierfür nötig sind, dann gelangt man dazu, mit ganz anderen Geistesaugen – um den Goetheschen Ausdruck zu gebrauchen – auf die Schicksalsfrage hinzuschauen. Die Seele gelangt dann dazu, die Zusammenhänge, die verstrickt sind in dem, was wir eine Schicksalswendung nennen, ganz anders zu betrachten, als man sie im gewöhnlichen Bewußtsein betrachtet. Man erkennt erst, auf was man die Aufmerksamkeit richten muß in der Schicksalsfrage, wenn man also durch das innere Ergriffensein von einer rein geistigen Schicksalswendung dazu vorbereitet ist. Nehmen wir irgendeine Schicksalswendung, die leicht im äußeren Leben uns entgegentreten kann. Als typisch für das, was im äußeren Leben uns entgegentritt, könnte man etwa das Folgende erzählen – es ist durchaus möglich, daß es auf diese Art zum Beispiel sich abspielt –: Ein Mensch ist voll vorbereitet, sagen wir, für irgendeinen äußeren Beruf, für eine äußere Arbeit. Seine Anlagen zeigen, daß er dieser Arbeit voll gewachsen sein könnte, daß er der Welt, der Menschheit viel nützen könnte durch die Verrichtung seiner äußeren Arbeit. Die Sachen sind gewissermaßen so weit gediehen, daß der Posten schon ausersehen ist, auf den der betreffende Mensch kommen soll. Alles ist vorbereitet, der Mensch selbst ist vorbereitet, diejenigen Menschen, welche ihm den entsprechenden Posten geben können, sind aufmerksam geworden für das, was er leisten kann; alles ist vorbereitet. Da, gerade, ich möchte sagen, bevor diesen Menschen die Urkunde trifft, daß er auf den Posten versetzt wird, tritt irgend ein Unfall ein, durch den er unfähig wird, diesen Posten auszufüllen. – Da haben wir eine typische Schicksalswendung. Ich will nicht sagen, daß dieser Mensch, den ich meine, gleich mit dem Tode abgehen müsse, aber er wäre unfähig, in dem gewöhnlichen Lebensverlauf, das, was gut vorbereitet war von allen Seiten, wirklich zu erlangen. Den Menschen trifft ein Schicksalsschlag.

Nun, wenn man so den menschlichen Lebenslauf betrachtet im gewöhnlichen Bewußtsein – wenn man auch glaubt, man mache es anders –, da macht man es doch so, daß man das betrachtet, was irgendeiner Tatsache im Lebenslauf vorangegangen ist. Man betrachtet die Welt ja so, daß man immer Wirkung an Ursache und wiederum Wirkung an Ursache reiht, daß man immer von dem Späteren auf das Frühere zurückgeht. Jetzt, wenn der Mensch vorbereitet ist zum Erkennen dieser Schicksalswendung, die uns etwas lehren kann, jetzt zeigt es sich, daß wir es zu tun haben bei jener Schicksalswendung mit einem Zusammenströmen von zwei Reihen. Hier in dem angeführten typischen Beispiel haben wir es auf der einen Seite damit zu tun, daß der Mensch etwas geworden ist, wodurch er auch Vorgänge in der äußeren Welt gezwungen hat, sich auf ihn zu richten. Eine andere Ereignisreihe kommt, welche diese erste Ereignisreihe durchkreuzt. Man lernt gerade, wenn man solche Schicksalsvorgänge betrachtet, erkennen, daß es im höchsten Sinne richtig, vortrefflich ist, den menschlichen Lebenslauf so wie Naturvorgänge zu betrachten, indem man darauf sieht, wie das Spätere aus dem Früheren folgt. Aber man lernt auch erkennen, daß diese Betrachtung nur eine höchst einseitige ist. Man lernt erkennen, daß man, wenn man das Dasein in seiner Vollständigkeit betrachten will, nicht nur fortdauernde, wachsende, aufsteigende Ströme der Ereignisse in Betracht ziehen kann, sondern auch in Betracht ziehen muß den absteigenden Strom, denjenigen Strom, der den aufsteigenden Strom immer durchschneidet, durchkreuzt, vernichtend trifft. Dann gelangt man dazu, durch das Treffen der beiden Ströme an den Punkt geführt zu werden, wo der Geist sich einem enthüllt. Denn der Mensch ist kein anderer geworden, indem er auf der einen Seite selber eine Durchkreuzung erfahren hat dessen, was er geworden ist; es sind zwei Lebensströme zusammengekommen, aber der Mensch ist kein anderer geworden. Und gerade dieses, daß man mit seinen Seelenkräften stößt auf dieses Sichdurchkreuzen der beiden Lebensströme, das zeigt einem, wie in dem Augenblick, wo irgend etwas schicksalsmäßig an der menschlichen Seele arbeiten soll, es sich gerade aus dem äußeren Leben zurückziehen muß. Man gelangt auf diesem Wege hinein in das Innere des Seelischen, das aber gar nicht aufgeht in dem äußeren sinnlichen Leben. Indem man das Dasein ergreift, wo es nicht nur sich offenbart, sondern wo es verschwindet aus der äußeren Offenbarung, findet man den Weg hinein in das Gebiet, aus dem die Seele gar nicht herauskommt, und in dem an ihr das Schicksal arbeitet.

Und jetzt merkt man auch, wenn man die Betrachtung so weit getrieben hat, daß es durchaus im Wesen der Seele liegt, daß sich das Schicksal so zu der Seele verhält, wie ich es eben gezeigt habe. Denn nehmen wir an, die Sache wäre so, daß die menschliche Seele im vollen Bewußtsein, mit voll entwickelten Vorstellungen, so wie sie an die äußere sinnliche Wirklichkeit herantritt und sie sich in naturwissenschaftlichen Vorstellungen erklärt, auch an die Schicksalsverkettung herantreten würde. Was würde dann daraus folgen? Es würde daraus folgen, daß die Seele innerlich tot bliebe, daß sie innerlich dem Schicksal, ich möchte sagen, so gelassen, um nicht zu sagen gleichgültig, gegenüberträte, wie sie den Aussagen entgegentritt, die die Naturwissenschaft macht. Aber so tritt die menschliche Seele dem Schicksal nicht gegenüber. Ich entwickele hier nicht bloß Zweckmäßigkeitsvorstellungen. Wer auf die Methoden dessen, was hier vorgebracht wird, eingeht, wird das einsehen, daß ich nicht in teleologische oder Zweckmäßigkeitsvorstellungen zurückfalle, sondern daß ich die Frage so stelle: Was ist notwendig zum Wesen der Seele? –, wie man fragen könnte: Inwiefern ist die Wurzel notwendig zum gesamten Leben der Pflanze?

Insofern die Seele im Schicksal steht, erlebt sie dieses Schicksal überhaupt nicht durch erkenntnisgemäße Vorstellungen, sondern sie erlebt es so, daß Affekte, Empfindungen, Gefühle der Freude, Gefühle des Leides in dieser Seele auftreten, und daß über diesen Empfindungen nicht schweben so klare Vorstellungen, wie man sie sonst in der Erkenntnis hat. Würden aber solch klare Vorstellungen darüber schweben, so würden das eben solche Vorstellungen sein, die nur in der Sphäre des gewöhnlichen Bewußtseins, das heißt in der Sphäre, die an den Leib gebunden ist, arbeiten. Gerade indem das Schicksalserlebnis herausgehoben ist aus diesen Vorstellungen, die an den Leib gebunden sind, indem das Schicksalserlebnis getrieben wird durch die Empfindungen und Gefühle, durch die fortschreitenden oder Widerstreben findenden Willensimpulse, bleibt dieses Schicksalserlebnis im Unterbewußten oder wird, besser gesagt, ins Unterbewußte hinuntergeleitet. Dadurch arbeitet das Schicksalserlebnis außerhalb des Bewußtseins so an dem Seelenwesen, wie die Erlebnisse der äußeren Welt um den Träumenden herum vorgehen, ohne daß sie – wenigstens in unmittelbarer Weise – in sein Bewußtsein hereindringen.

Die Art und Weise, wie der Mensch seine Leiden und Freuden erlebt, die macht es, daß sein Schicksal in die tieferen unterbewußten Regionen des Seelenlebens, in diejenigen Regionen, aus denen das Seelenleben überhaupt nie heraustritt, hereingeleitet wird. So daß der Mensch im Lebenslauf unter der Schwelle des gewöhnlichen Bewußtseins von seinem Schicksal getrieben wird. Da unten aber, wo das Bewußtsein nicht hinreicht, das im gewöhnlichen Leben steht und auf das gewöhnliche Leben gerichtet ist, ist Ordnung; da unten leuchten die Schicksalserlebnisse zurück auf die Seele, die vor der Empfindungsgrenze stehen geblieben ist. Da zimmert das Schicksal selber an unserer Seele fortwährend, so daß die Art und Weise, wie der Mensch in seinem Schicksal drinnensteht, von ihm ebensowenig durch das gewöhnliche Bewußtsein durchschaut werden kann, wie durchschaut werden kann von dem träumenden Bewußtsein, was in dem Zimmer, in dem geträumt wird, äußerlich, sinnlich-physisch vorgeht. Das Schicksal verbindet sich mit der Seele unter der Schwelle des Bewußtseins. Da aber zeigt sich, wie auch dieses Schicksal beschaffen sein mag, daß es intim mit der Seele zusammenhängt, daß es gerade der Arbeiter ist an der Gestaltung unseres Seelenlebens. Einer der Arbeiter ist es, welcher macht, daß das, was wir im Lebenslauf zwischen Geburt und Tod durchmachen, hinübergetragen wird zu der Seele, die durch Geburt und Tod in wiederholten Erdenleben geht, so daß diese Seele durch Verrichtungen, durch Kräfte, durch Wirkungen, die nicht ins gewöhnliche Bewußtsein hineinreichen, durch dieses gesamte Leben, das durch die wiederholten Erdenleben geht, hindurchgetragen wird. Da sehen wir die Verknüpfung des menschlichen Schicksals mit der menschlichen Seele. Da gelangen wir durch das Schicksal selber in die unterbewußten Gründe, in die ewigen Gründe der Menschenseele. Und erst da, wo Unsterblichkeit waltet, da waltet auch in seiner wahren Gestalt das Schicksal. Und hingetragen wird es dahin durch den Umstand, daß wir im gewöhnlichen Leben ihm so überliefert sind, daß wir es nicht erkennend durchdringen. Dadurch, daß wir es affektmäßig, gefühlsmäßig durchleben, dadurch wird das Schicksal selber in diejenige Region hingetragen, wo es an dem unsterblichen Seelenteil arbeiten kann.

Da erweist sich dann das Schicksal – es klingt ja pedantisch, fast philisterhaft – als der große Lehrer durch den gesamten Lebenslauf. Aber es ist so. Es trägt uns das Schicksal weiter. Und wahr ist es, was einzelne Menschen, die durch einen besonders dazu veranlagten Lebenslauf vorbereitet waren, über das Zusammenhängende im menschlichen Schicksalslauf empfinden. Ein solches Beispiel möchte ich Ihnen wörtlich vorlesen. Goethes Freund *Knebel* ist im späten Alter zu Vorstellungen über das Schicksal getrieben worden, die sich ihm wahrhaftig nicht durch Spekulationen, nicht durch philosophische Phantastereien ergeben haben, sondern die, ich möchte sagen, wie heraufgestrahlt sind aus dem, was sonst im unterbewußten Seelenleben vorgeht, wenn das Schicksal an der Seele arbeitet. Da sagt Knebel:

«Man wird bei genauer Beobachtung finden, daß in dem Leben der meisten Menschen sich ein gewisser Plan findet, der, durch die eigene Natur oder durch die Umstände, die sie führen, ihnen gleichsam vorgezeichnet ist. Die Zustände ihres Lebens mögen noch so abwechselnd und veränderlich sein, es zeigt sich am Ende doch ein Ganzes, das unter sich eine gewisse Übereinstimmung bemerken läßt. – Die Hand eines bestimmten Schicksals, so verborgen sie auch wirken mag, zeigt sich auch genau, sie mag nun durch äußere Wirkung oder innere Regung bewegt sein: ja, widersprechende Gründe bewegen sich oftmals in ihrer Richtung. So verwirrt der Lauf ist, so zeigt sich immer Grund und Richtung durch.»

Das ist nicht entstanden durch eine Spekulation, durch eine Philosophie über das Schicksal, sondern das ist ein Ergebnis, welches die Seele selbst heraufgetrieben hat aus der Region, wo an ihr selbst das Schicksal arbeitet. Daher werden in der Regel nur Menschen, welche mit vollem inneren Anteil in den Ereignissen des Lebens, nicht nur des eigenen Lebens, stehen, sondern mit mitleidsvollem Anteil leben in dem Lebensschicksal vieler Menschen, in einem gewissen Zeitpunkt ihres Lebenslaufes aus den Tiefen ihrer Seele eine solche Anschauung über das Schicksal heraufleuchten sehen.

Nun, Fragen der Wissenschaft, auch der Geisteswissenschaft, sie hängen nicht ab von irgendwelchen äußeren Ereignissen – Fragen der Wissenschaft, Fragen der Erkenntnis gehen ihren Lauf –, vielmehr richtet sich das äußere Leben in vielen seiner Eigentümlichkeiten nach dem, was die Wissenschaft zutage fördert. Aber auf der anderen Seite – man kann das auch in der Naturwissenschaft verfolgen – tragen gewisse äußere Umstände bei, daß Erkenntnisse erst in der rechten Weise gewürdigt, genau ins Auge gefaßt werden können von den Menschen. Man braucht nur daran zu erinnern, wie die Venus-Durchgänge, die nur zweimal im Jahrhundert eintreten, abgewartet werden müssen, bis sie eintreten, wie da die äußeren Umstände kommen müssen, damit eine bestimmte Erkenntnis auf einem gewissen Gebiete auftrete. So kann es auch sein mit Bezug auf die Fragen der Geisteswissenschaft, die sich auf das Seelenleben beziehen. Und obzwar das nicht im eigentlichen Sinne zur Geisteswissenschaft gehört, so kann doch das in unserer schicksaltragenden Zeit lebende Empfinden hingelenkt werden darauf, wie gerade unsere Zeit im tiefsten Sinne des Wortes den Menschen in ihrer Seele das nahebringt, was Geisteswissenschaft zu geben vermag.

Der alte *Heraklit*, der große griechische Philosoph, von dem einzelne, aber tief bezeichnende Leuchtstrahlen seines Forschens seit seinem Leben durch alle Zeiten dringen, sagt einmal, indem er auf das Traumleben hindeutet: In bezug auf die Traumwelt hat jeder Mensch seine eigene Welt. In einem Zimmer können die verschiedensten Menschen schlafen, und jeder kann das Verschiedenste träumen; da hat jeder seine eigene Traumwelt. In dem Augenblick, wo sie aufwachen, sind sie alle in einer gemeinschaftlichen äußeren Umgebung. Da regt diese gemeinschaftliche Umgebung ein großes Seelenbild an, da sind sie in einer Einheit. – In einer noch größeren, bedeutungsvolleren Einheit sind die Menschen – trotz alledem, was dagegen gesagt werden kann, denn das ist nur scheinbar, was dagegen gesagt werden kann –, wenn sie auf dasjenige hinblicken, was das schauende Bewußtsein aus der geistigen Welt herausbringt. Da finden sich die Menschen zusammen, und Täuschung ist es nur, wenn man glaubt, der eine behaupte das, der andere jenes. Der eine kann auch richtig, der andere falsch rechnen, deshalb bleibt doch die Rechnungsmethode richtig. In einem höheren Sinne finden sich die Menschen in einer Einheit, wenn sie ins schauende Bewußtsein aufrücken und in die geistige Welt eintreten. Aber es können auch die äußeren Verhältnisse die Menschen zu einer gewissen Einheit im Leben führen. Dann können – ich möchte sagen, wie sich die astronomische Forschung für die Venusdurchgänge herbeiläßt, die aber, weil es die Tiefen des Menschlichen weniger berührt, gleichgültig sind –, dann können diese Erlebnisse anregend sein für dasjenige, was nach des Lebens Einheit hinstrebt: für die Geisteswissenschaft. Und wir leben ja in unserer Zeit in einem Schicksalsgeschehen, das die Menschen in einer ganz anderen Weise eint – sagen wir jetzt, weil das ja uns zunächst nahegeht –, die Menschen Mitteleuropas, als sie sonst von außen geeint werden. Gemeinsame Schicksalserlebnisse, die der eine in der einen, der andere in der anderen Weise als sein Schicksal empfindet, strömen über die Menschenseelen, strömen über die Menschenleiber, strömen über die Menschenleben dahin. Das kann Anregung sein, und wird hoffentlich Anregung sein, aus der schweren, der schicksaltragenden Zeit heraus auch zu den schwerwiegenden Wegen der Geisteswissenschaft hin die Menschen zu lenken. Und man darf denken: Wenn Geisteswissenschaft auch immer ein Wichtigstes in bezug auf die ewigen Fragen den Menschen zu sagen hat – in unserer Zeit, wo so viele Schicksale sich entscheiden, wo das Schicksal so furchtbar fragend vor der ganzen Zeitseele steht, da werfen sich die Schicksals- und Seelenfragen in einer besonders tiefen Weise auf. Geisteswissenschaft, weil sie appelliert an dasjenige, was nicht nur im Leben steht, sondern, weil es stehen bleibt in der geistigen Welt, dieses Leben auch durch den menschlichen Lebenslauf hindurchträgt, Geisteswissenschaft kann dadurch den Menschen besondere Stärken, besondere Kräfte geben, um durch alle Schicksalswendungen hindurch mit dem Bewußtsein, was das Schicksal für Unsterblichkeit, für ewiges Leben bedeutet, sich durch das Leben hindurch in entsprechender Weise zu finden, um abzuwarten, was aus dieser schicksaltragenden Zeit geboren wird. Lernt man das Schicksal verstehen, dann lernt man auch, wenn es nötig ist, mit der wahren, nicht mit der abstumpfenden Seelenruhe, mit jener Seelenruhe, die Stärke ist, dem Schicksal entgegenzutreten. Und die Seele wirkt in ihrer Ruhe oft kraftvoller, als sie wirken kann, wenn sie auf den Wogen des äußeren Lebens, selber mit diesen Wogen auf- und abschaukelnd, getragen wird.

Und vielleicht ist gerade das Bewußtsein von dem Stillestehen der Seele in unserem Lebenslauf, so abstrakt diese Vorstellung heute noch scheinen mag, eine Vorstellung, welche überzugehen vermag in die Grundkräfte des menschlichen Gemütes, und dort zu werden vermag ein großer, nicht abstumpfender, sondern erkraftender Beweger für dieses menschliche Gemüt. Denn – das zeigt uns insbesondere die Wendung, die nach den heutigen Betrachtungen die Unsterblichkeits- und Schicksalsfrage genommen hat – ebenso wie es unrichtig ist von jemandem, der einen Magnet vor sich hat, zu sagen: das ist ein Stück Eisen in Hufeisenform und sonst nichts, und du bis ein Phantast, wenn du glaubst, daß da besondere Kräfte drinnen seien, wie es unrichtig ist, den, der die Kräfte zunächst nicht zeigen kann durch die Anziehung des Eisens, sondern sie nur behauptet, deshalb für einen Phantasten zu halten, so ist es unrecht, den für einen Phantasten zu halten, der von dem äußeren, im physisch-sinnlichen Dasein verlaufenden Leben so spricht, daß dieses Leben nicht nur dasjenige ist, als was es den äußeren Sinnen erscheint, sondern daß es durchzogen, durchleuchtet und durchglüht ist von dem Geistigen, in dem die Seele wurzelt und webt. Denn wahr bleibt das Wort des Heraklit – lassen Sie mich damit schließen –, bekräftigend, wenn es richtig verstanden wird, dasjenige, was der innerste Nerv der Geisteswissenschaft ist, bekräftigend, daß nur der die Welt kennt, der den Geist im Sinnenschein zu durchschauen vermag:

«Augen und Ohren, sie sind Zeugen für das, was in der Welt vorgeht, Zeugen gegenüber den Menschen; sie sind aber schlechte Zeugen gegenüber denjenigen Menschen, deren Seelen die Sprache, die wahre Sprache der Augen und Ohren nicht verstehen.»

Die wahre Sprache der Augen und Ohren will die Geisteswissenschaft sprechen und damit den Weg finden hinein in dasjenige, was für das gewöhnliche Bewußtsein Augen und Ohren nicht zu zeigen vermögen; in dasjenige, aus dem das Leben selber sprießt und webt. Daher auch der Mensch mit seinem eigenen Arbeiten am besten sprossen und wirken wird, wenn er sich bewußt ist, daß er als Ewiges aus diesem ewigen Lebensquell heraus nicht nur stammt, sondern immer in demselben drinnensteht.

MENSCHENSEELE UND MENSCHENLEIB IN NATUR- UND GEIST-ERKENNTNIS

Berlin, 15. März 1917

Bei dem heutigen Vortrage bin ich in einer etwas schwierigen Lage, denn es wird im Sinne des Gegenstandes notwendig sein, Ergebnisse aus einem sehr weiten geisteswissenschaftlichen Gebiete zu skizzieren, und es könnte manchem wünschenswert erscheinen, belegende, beweisende Einzelheiten über das oder jenes heute vorzutragende Ergebnis zu hören. Solche Einzelheiten können in nächsten Vorträgen gegeben werden; heute wird es meine Aufgabe sein, das Gebiet, um das es sich hier handelt, zu skizzieren. Außerdem werde ich Ausdrücke, Vorstellungen über Seele und Leib heranzuziehen haben, deren eigentliche Grundlegung in den Vorträgen liegt, die ich bereits hier gehalten habe; denn ich werde mich streng beschränken müssen auf das Thema, auf die Darlegung des Zusammenhanges zwischen Menschenseele und Menschenleib.

Es ist dies ein Gegenstand, von dem man sagen kann, daß zwei geistige Bestrebungen der neueren Zeit gerade über ihn in den denkbar größten Mißverständnissen liegen. Und wenn man eingeht auf diese Mißverständnisse, so wird man finden, daß auf der einen Seite die Denker und Forscher, welche in der neueren Zeit versucht haben, das Gebiet der Seelenerscheinungen zu bearbeiten, mit den großen bewundernswerten Ergebnissen der Naturwissenschaft – insbesondere auch mit Bezug auf die Erkenntnisse des menschlichen Leibes – wenig anzufangen wissen. Sie können gewissermaßen die Brücke nicht in der rechten Weise herüberschlagen von dem, was sie als Beobachtungen über die Seelenerscheinungen ansehen müssen, zu den Leibeserscheinungen. Auf der anderen Seite muß gesagt werden, daß die Vertreter der naturwissenschaftlichen Forschungsarbeit in der Regel so fremd sind den Seelenbeobachtungen, so fremd sind sogar dem, was man meint, wenn man Seelenbeobachtung ins Auge faßt, daß sie wiederum nicht in der Lage sind, von den wirklich gewaltigen Ergebnissen der neueren Naturwissenschaft die Brücke herüberzuschlagen zu den Seelenerscheinungen. Und so findet man, daß Seelenforscher und Naturforscher, wenn sie über Menschenseele und Menschenleib reden, ganz verschiedene Sprachen sprechen, sich im Grunde genommen gar nicht verstehen können. Und gerade durch diese Tatsache werden heute diejenigen, welche versuchen, auf Grundlage der Zeitbildung Einsicht zu gewinnen in die großen Rätsel des Seelischen und ihren Zusammenhang mit den Weltenrätseln, beirrt, ja man kann schon sagen in Verwirrung gesetzt.

Ich möchte ausgehen davon, hinzuweisen, worin eigentlich im Denken der Fehler liegt. Es hat sich – ich will das nicht tadeln, sondern nur als eine Tatsache anführen – ein Eigentümliches herausgebildet mit Bezug auf die Art, wie sich der Mensch heute zu seinen Begriffen, zu seinen Ideen stellt. Er bedenkt in den meisten Fällen nicht, daß Begriffe und Ideen, auch wenn sie noch so begründet sind, nur Werkzeuge sind, um die Wirklichkeit, wie sie individuell in jedem einzelnen Fall vor uns hintritt, zu beurteilen. Der Mensch glaubt heute, wenn er sich einen Begriff erobert hat, daß dieser Begriff unmittelbar in der Welt anwendbar sei. Auf dieser Eigenart des heutigen Denkens, die sich hineinverpflanzt in alles wissenschaftliche Streben, beruht das, was ich eben als herrschende Mißverständnisse charakterisiert habe. Man bedenkt heute nicht, daß ein Begriff ganz richtig sein kann, daß er aber, obwohl er richtig ist, eine ganz falsche Anwendung erfahren kann. Ich will dies, um es methodisch voraus zu charakterisieren, durch vielleicht groteske Beispiele erörtern, die schon vorkommen könnten im Leben. Nicht wahr, es könnte jemand die gewiß berechtigte Überzeugung haben, daß Schlaf, gesunder Schlaf, ein gutes Heilmittel ist. Das kann ein ganz richtiger Begriff sein, eine richtige Vorstellung. Wenn sie im einzelnen Fall nicht in der richtigen Weise angewendet wird, so kann so etwas herauskommen, wie dies, daß jemand irgendwo einen Besuch macht; er findet einen alten Mann, der ist unpäßlich, ist krank nach der einen oder anderen Richtung. Er bringt seine Weisheit an, indem er sagt: Ich weiß, wie ein gesunder Schlaf guttut. Wenn er herausgeht, kann man ihm vielleicht sagen: Nun, sehen Sie mal an, der Alte schläft ja fortwährend. Oder es kann vorkommen, daß ein anderer die Anschauung hat, daß für gewisse Krankheiten Spaziergänge, Sich-Bewegung-Machen etwas außerordentlich Gesundes ist. Er rät das irgend jemandem. Der muß ihm nur einwenden: Sie vergessen, daß ich Briefträger bin.

Ich will nur das Prinzipielle damit andeuten: daß man durchaus richtige Begriffe haben kann, daß aber diese Begriffe erst dann brauchbar werden, wenn sie in der richtigen Art im Leben angewendet werden.

Und so kann man auch in den verschiedenen Wissenschaften streng beweisbare richtige Begriffe finden, so daß Widerlegungen derselben auf Schwierigkeiten stoßen würden. Allein die Frage muß immer aufgeworfen werden: Sind nun dem Leben gegenüber diese Begriffe auch anwendbar? Sind sie brauchbare Werkzeuge, um zum Verständnis des Lebens zu kommen? – Die Gedankenkrankheit, die ich damit angedeutet und durch groteske Beispiele erläutert habe, ist in unserem heutigen Denken ungeheuer verbreitet. Daher sieht mancher so wenig, wo die Grenzen seiner Begriffe liegen, wo er notwendig hat, durch die Tatsachen – seien es die physischen, seien es die geistigen Tatsachen – seine Begriffe zu erweitern. Und vielleicht auf wenig Gebieten ist so notwendig eine Erweiterung der Begriffe, der Vorstellungen, wie auf dem Gebiete, über das wir heute sprechen wollen.

Von dem, was geleistet worden ist auf diesem Gebiete vom naturwissenschaftlichen Standpunkte aus, der ja der wichtigste in der Gegenwart ist, kann man nur immer wiederum sagen: es ist bewundernswert, es ist ganz großartig. Auch auf der anderen Seite, auf dem seelischen Gebiete, liegen bedeutungsvolle Arbeiten vor, aber sie gewähren nicht einen Aufschluß über die allerwichtigsten Seelenfragen und können vor allen Dingen ihre Begriffe nicht so erweitern, daß der Anprall von seiten der modernen Naturwissenschaft, der sich gegen alles Geistige dennoch in irgendeiner Weise wendet, ausgehalten werden könnte. Ich möchte anknüpfen an zwei literarische Erscheinungen der letzten Zeit, welche Forschungsergebnisse enthalten auf diesen Gebieten; Erscheinungen, die uns so recht zeigen, wie eine Erweiterung der Begriffe durch eine Erweiterung der Forschung angestrebt werden muß. Da liegt vor allen Dingen vor eine außerordentlich interessante «Physiologische Psychologie» von *Theodor Ziehen*. In dieser Psychologie wird, wenn auch zum Teil die noch schwankenden Forschungsergebnisse durch Hypothesen ausgebildet werden, doch in großartiger Weise gezeigt, wie man sich nach modernen naturwissenschaftlichen Beobachtungen vorzustellen hat den Gehirn-, den Nervenmechanismus, um eine Idee davon zu bekommen, wie, während wir uns Vorstellungen bilden, unsere Vorstellungen sich miteinander verknüpfen, der Nervenorganismus arbeitet. Gerade auf diesem Gebiete zeigt es sich aber ganz klar, daß die nach dem Seelischen hin gerichtete naturwissenschaftliche Beobachtungsmethode zu eng umgrenzten, ins Leben nicht eindringenden Begriffen führt. Theodor Ziehen kann zeigen, daß für all dasjenige, was im Vorstellen vorgeht, sich gewissermaßen Gegenbilder finden lassen innerhalb des Nervenmechanismus. Und wenn man das Gebiet der Forschung in dieser Frage durchgeht, dann findet man, daß insbesondere die Schule Haeckels in diesem Bereich ganz Außerordentliches geleistet hat. Man braucht nur hinzuweisen auf die ausgezeichneten Arbeiten, die der Haeckel-Schüler *Max Verworn* im Göttinger Laboratorium angestellt hat darüber, was etwa vorgeht im menschlichen Gehirn, im menschlichen Nervensystem, wenn wir eine Vorstellung mit der anderen verknüpfen, oder, wie man in der Psychologie sagt: wenn eine Vorstellung sich mit der anderen assoziiert. Auf dieser Verknüpfung der Vorstellungen beruht ja im Grunde unser Denken. Wie man sich diese Verknüpfung der Vorstellungen zu denken hat, wie man sich zu denken hat das Zustandekommen der Erinnerungsvorstellungen, wie da gewisse Mechanismen vorhanden sind, die Vorstellungen, man möchte sagen, aufbewahren, damit sie später aus dem Gedächtnis herausgeholt werden können, alles das ist in zusammenhängender Weise von Theodor Ziehen schön dargestellt. Wenn man überblickt, was er zu sagen hat über das Vorstellungsleben und über dasjenige, was ihm entspricht als menschliches Nervensystem, kann man durchaus mitgehen. Dann aber kommt Ziehen zu einem merkwürdigen weiteren Resultat.

Wir wissen ja, daß dieses menschliche Seelenleben in sich nicht nur das Vorstellen hat. Wie man auch über die Beziehung der anderen Seelentätigkeiten zum Vorstellen denken mag – zunächst kann man nicht davon absehen, daß man außer dem Vorstellen mindestens unterscheiden muß andere Seelentätigkeiten oder -fähigkeiten; wir wissen, daß außer dem Vorstellen das Fühlen da ist, die Gefühlstätigkeit in ihrem ganzen weiten Bereich, und außerdem die Willenstätigkeit. Theodor Ziehen spricht so, als ob das Fühlen eigentlich nichts anderes sei als eine Eigenschaft der Vorstellung; er spricht nicht vom eigentlichen Fühlen, sondern vom Gefühlston der Empfindungen oder Vorstellungen. Die Vorstellungen sind da. Sie sind da, nicht nur wie wir sie denken, sondern mit gewissen Eigenschaften behaftet, die ihnen ihren Gefühlston geben. So daß man sagen kann: Für das Fühlen ist nun ein solcher Forscher darauf angewiesen, daß er sagt: Das, was im Nervensystem vorgeht, das reicht nicht zum Fühlen. Deshalb läßt er das Fühlen selber eigentlich weg und betrachtet es nur wie ein Anhängsel zum Vorstellen. Man kann auch sagen: Indem er nun das Nervensystem verfolgt, kommt er nicht im Nervenmechanismus bis zu der Ergreifung desjenigen Seelischen, das als Gefühlsleben erscheint. Daher läßt er das Gefühlsleben als solches weg. Er kommt aber auch nicht zu irgend etwas im Nervenmechanismus, welches notwendig machte, von einem Wollen zu sprechen. Deshalb leugnet Ziehen geradezu die Berechtigung, auf naturwissenschaftlichem Gebiete in bezug auf die Seelen- und Leibeserkenntnis von einem Wollen zu sprechen. Was geschieht, wenn ein Mensch irgend etwas will? Nehmen wir an, er geht, er ist in Bewegung. Da sagt man – so meint solch ein Forscher –, es entspringt die Bewegung, das Gehen, aus seinem Willen. Aber in der Regel, was ist denn eigentlich da? Nichts anderes ist da, als zunächst die Vorstellung der Bewegung. Ich stelle vor gewissermaßen, was das sein wird, wenn ich mich durch den Raum bewege; und dann geschieht nichts weiter, als daß darauf folgt, daß ich mich selber sehe oder fühle, das heißt, daß ich meine Bewegung wahrnehme. Auf die erinnerte Bewegungsvorstellung folgt die Vorstellung, die Wahrnehmung der Bewegung; ein Wille ist nirgends zu finden. – Der Wille wird also geradezu fortgeschafft von Ziehen. Wir sehen, bei der Verfolgung der Nervenmechanismen kommt man nicht zum Fühlen und auch nicht zum Wollen; daher muß man mehr oder weniger, für den Willen sogar ganz, diese Seelengebiete außer acht lassen. Und dann sagt man gewöhnlich gutmütig: Nun ja, das überläßt man den Philosophen, aber der Naturforscher hat keinen Grund, von diesen Dingen zu sprechen, wenn man nicht mit Bezug auf Seelenverrichtungen so weit geht wie Verworn, der sagt: Die Philosophen haben vieles hineingedichtet in das menschliche Seelenleben, das sich vom naturwissenschaftlichen Standpunkte aus als nicht gerechtfertigt herausstellt.

Zu einem ähnlichen Ergebnis wie Ziehen, der ganz von naturwissenschaftlichen Unterlagen ausgeht, kommt ein bedeutender Seelenforscher der neueren Zeit, den ich hier schon öfter erwähnt habe, der bedeutender ist, als man gewöhnlich von ihm denkt: *Franz Brentano*. Nur geht Franz Brentano von der Seele aus. Er hat versucht, in seiner «Psychologie» das Seelenleben zu durchforschen. Es ist charakteristisch, daß von diesem Buche nur der erste Band erschienen ist und seit den siebziger Jahren nichts weiter. Derjenige, der die Verhältnisse kennt, der weiß, daß eben aus dem Grunde, weil Brentano mit den im vorher charakterisierten Sinne begrenzten Begriffen arbeitet, er über den Anfang nicht hinüberkommen konnte. Aber eines ist doch außerordentlich bedeutsam bei Brentano: daß er bei seinem Versuche, die Seelenerscheinungen durchzugehen, sie in gewisse Gruppen zu bringen, unterscheidet «Vorstellen» und «Fühlen». Aber indem er also die Seele, ich möchte sagen, von oben bis unten durchgeht, kommt er nicht zu einem Wollen. Das Wollen ist im Grunde genommen ihm nur eine Unterart des Fühlens. Also auch ein Seelenforscher kommt nicht zum Wollen. Franz Brentano beruft sich auf solche Dinge wie die, daß selbst die Sprache andeutet, wenn sie von Seelenerscheinungen spricht, daß dasjenige, was «Wollen» gewöhnlich genannt wird, im Grunde genommen innerhalb der Seelenbegebenheiten, der Seelentatsachen, sich im Fühlen erschöpfe. Denn es ist gewiß nur ein Gefühl ausgedrückt, wenn ich sage: ich habe Widerwillen gegen irgend etwas. Und dennoch, wenn ich sage: ich habe Widerwillen gegen irgend etwas, nehme ich das Wort «Wille» so, daß die Sprache schon instinktiv zum Ausdruck bringt, wie der Wille eigentlich etwas ist, was für das Seelenleben in das Gefühl hereingehört. An diesem einen Beispiel mögen Sie ersehen, wie unmöglich es diesem Seelenforscher ist, aus einem bestimmten Kreis herauszukommen. Denn zweifellos ist das, was Franz Brentano gibt, sorgfältige Seelenforschung; aber zweifellos ist auch, daß das Erlebnis des Willens, des Überganges des Seelenlebens in die äußere Tat, und des Entspringens der äußeren Tat aus dem Willen, ein Erlebnis ist, das sich nicht hinwegleugnen läßt. Nicht findet also der Psychologe das, was sich zweifellos nicht hinwegleugnen läßt.

Man kann nun nicht sagen, daß alle auf dem Boden der neueren Naturwissenschaft stehenden Forscher, die sich mit dem Seelenleben in seinem Zusammenhang mit dem Leibesleben befassen, durchaus Materialisten sind. Ziehen zum Beispiel betrachtet die Materie als eine reine Hypothese. Aber er kommt zu einer ganz merkwürdigen Ansicht, zu der nämlich, daß, wo wir auch hinschauen, nichts anderes um uns herum ist als Seelisches. Mag irgendwo draußen irgend etwas von Materie liegen, diese Materie muß in ihren

Vorgängen erst auf uns einen Eindruck machen; so daß, indem die materiellen Tatsachen auf unsere Sinne einen Eindruck machen, dasjenige, was wir in unserer Sinneswahrnehmung erleben, schon seelische Erscheinung ist. Nun erleben wir die Welt nur durch unsere Sinne; also ist im Grunde genommen alles seelische Erscheinung, alles ist psychisch. Das ist eine Anschauung solcher Forscher wie Ziehen. Da würde der ganze menschliche Erfahrungsbereich eigentlich ein Seelisches sein, und wir würden im Grunde genommen gar kein Recht haben, davon zu sprechen, daß irgend etwas anders als hypothetisch – außer uns selber, außer unseren seelischen Erfahrungen – angenommen werden dürfte. Wir weben und leben im Grunde genommen nach solchen Anschauungen innerhalb des Allbereiches des Seelischen und kommen nicht aus demselben heraus.

Eduard von Hartmann hat diese Anschauung in einer drastischen Weise am Schlusse seines Handbuches über Seelenkunde charakterisiert, und diese Charakteristik, wenn sie auch grotesk ist, ist doch ganz interessant sich vor die Seele zu führen. Er sagt: Man nehme einmal im Sinne dieses Panpsychismus – man bildet eben solche Worte – das Beispiel: Zwei Personen sitzen an einem Tisch und trinken – nun, sagen wir, aus besseren Zeiten stammend – Kaffee mit Zucker. Die eine Person ist von der Zuckerdose etwas weiter entfernt als die andere, und es geht äußerlich für den naiven Menschen das vor, daß die eine Person zu der anderen sagt: Ich bitte um die Zuckerdose. Die andere Person gibt diese Zuckerdose der bittenden. Wie muß nun – meint Eduard von Hartmann –, wenn die Allbeseelung richtig ist, dieser Vorgang vorgestellt werden? So muß er vorgestellt werden, daß irgend etwas im menschlichen Gehirn oder Nervensystem vorgehe, welches im Bewußtsein sich so gestaltet, daß die Vorstellung erwacht: Ich möchte Zucker. Aber was da draußen eigentlich ist, davon habe der Betreffende keine Ahnung. Dann reiht sich an diese Vorstellung «ich möchte Zucker» eine andere an; aber das ist auch nur seelisch eine Vorstellung, daß ihm etwas, was wie eine andere Person aussieht – denn was objektiv da ist, ist ja nicht zu sagen, das macht nur so den Eindruck –, daß ihm das die Zuckerdose reicht. Die Physiologie, sagt nun Hartmann, meint, objektiv geschehe das Folgende: In meinem Nervensystem, wenn ich die eine Person bin, bildet sich irgendein Vorgang, welcher sich im Bewußtsein spiegelt als Illusion «ich bitte um Zucker». Dann setzt dieser selbe Vorgang, der nichts zu tun hat mit dem Bewußtseinsvorgang, die Sprachmuskeln in Bewegung; da kommt wieder irgendwas Objektives draußen zustande, von dem man nicht weiß, was es ist, was aber wieder im Bewußtsein gespiegelt wird, wodurch man den Eindruck empfängt, man spreche die Worte «ich bitte um Zucker». Dann gehen diese Bewegungen, die in der Luft hervorgerufen werden, zu einer anderen Person, die man wieder hypothetisch annimmt, hinüber, erzeugen in deren Nervensystem Schwingungen. Dadurch, daß in diesem Nervensystem die sensitiven Nerven schwingen, werden die motorischen Nerven in Bewegung gesetzt. Und während dieser rein mechanische Vorgang sich abspielt, spiegelt sich wieder im Bewußtsein der anderen Person so etwas ab wie: «ich gebe dieser Person die Zuckerdose», und was weiter damit zusammenhängt, was wahrgenommen werden kann, die Bewegung und so weiter.

Da haben wir die eigentümliche Ausdeutung, daß das, was wirklich außer uns vorgeht, einem unbekannt bleibt, nur hypothetisch ist, aber so erscheint, daß es Nervenvorgänge sind, die hinüberschwingen durch die Luft in die andere Person, dort von den sensitiven zu den motorischen, den Bewegungsnerven hinüberspringen und die äußere

Handlung vollziehen. Das ist ganz unabhängig von dem, was etwa in den zwei Bewußtseinen vorgeht, das vollzieht sich automatisch. Dadurch kommt man aber allmählich dazu, überhaupt nicht mehr einen Einblick gewinnen zu können in den Zusammenhang dessen, was sich draußen automatisch vollzieht, mit dem, was wir eigentlich erleben. Denn was wir erleben, hat, wenn man den Standpunkt der Allbeseelung annimmt, nichts zu tun mit irgend etwas, was draußen objektiv wäre. Merkwürdigerweise wird da ganz in die Seele hereingenommen, ich möchte sagen, die ganze Welt. Und einzelne Denker haben schon ganz Gewichtiges eingewendet. Wenn zum Beispiel ein Kaufmann ein Telegramm erwartet mit einem bestimmten Inhalt, so braucht nur ein einziges Wort zu fehlen, und statt Freude kann bei ihm Unlust, Leid, Schmerz in der Seele ausgelöst werden. Kann man da sagen, daß das, was man in der Seele erlebt, nur innerhalb des Seelischen vorgeht, oder muß man da nicht nach den unmittelbaren Ergebnissen annehmen, daß wirklich draußen sich etwas vollzogen hat, was im Seelischen mit erlebt wird? Und auf der anderen Seite, stellt man sich auf den Standpunkt dieses Automatismus, so könnte man sagen: Ja, Goethe hat den «Faust» geschrieben, das ist ja richtig; das bezeugt aber nur, daß in seiner Seele der ganze «Faust» gelebt hat in der Vorstellung. Aber diese Seele hat nichts zu tun mit dem Mechanismus, der diese Vorstellung beschrieben hat. Man kommt nicht hinaus aus dem Mechanismus des Seelenlebens zu dem, was da draußen ist.

Dadurch hat sich allmählich die Anschauung herausgebildet, die jetzt sehr verbreitet ist, daß gewissermaßen dasjenige, was seelisch ist, nur eine Art Parallel-Vorgang sei zu dem, was draußen in der Welt ist, daß es nur hinzukomme zu dem, was draußen in der Welt ist, und daß man gar nicht wissen könne, was wirklich da draußen in der Welt vorgeht. Im Grunde genommen kann man dann schon dazu kommen, wozu ich gekommen bin, daß ich in meinem Buche «Vom Menschenrätsel» diesen Standpunkt, der sich im 19. Jahrhundert herausgebildet hat und immer mehr geltend geworden ist in gewissen Kreisen, den Standpunkt des Illusionismus nenne. Nun wird man sich die Frage aufwerfen: Ruht denn dieser Illusionismus nicht auf sehr guten Grundlagen? – Das scheint fast so. Es scheint wirklich, daß gar nichts dagegen zu sagen ist, daß da draußen irgend etwas sein mag, das auf unser Auge wirkt, und daß erst die Seele das, was draußen ist, in Licht und Farbe umsetzt, so daß man es wirklich nur mit Seelischem zu tun habe, daß man nie über die Grenzen des Seelischen hinauskomme, daß man nie berechtigt wäre zu sagen: das oder jenes entspricht dem, was in der Seele lebt. Solche Dinge haben nur scheinbar keine Bedeutung für die höchsten Seelenfragen, zum Beispiel für die Unsterblichkeitsfrage. Sie haben eine tiefe Bedeutung dafür, und auch darüber werden heute einige Andeutungen gemacht werden können. Aber ich möchte gerade von dieser Grundlage ausgehen.

Diejenige Richtung, die ich damit charakterisiert habe, die bedenkt vor allen Dingen nicht, daß sie mit Bezug auf das Seelenleben nur rechnet mit dem, was geschieht, wenn von außen durch die sinnliche Welt Eindrücke gemacht werden auf den Menschen, und der Mensch dazu kommt, durch seinen Nervenapparat sich über diese Eindrücke Vorstellungen zu bilden. Daran denken diese Anschauungen nicht, daß das, was da geschieht, nur anwendbar ist auf den Verkehr des Menschen mit der äußeren sinnlichen Welt, aber für diesen Verkehr, auch wenn man die Sache im Sinne der Geistesforschung prüft, ganz besondere Resultate aufweist. Da zeigt sich, daß gerade die menschlichen Sinne in ganz besonderer

Weise gebaut sind. Nur ist das, was ich hier über diesen Bau vorzubringen habe in bezug auf die Feinheiten dieses Baues, so, daß es vielfach dem, was heute schon bemerkt wird von der äußeren Wissenschaft, noch nicht zugänglich ist. In den Organen, die wir für die Sinne haben, ist etwas in den Menschenleib hineingebaut, das von dem allgemeinen inneren Leben dieses Menschenleibes bis zu einem gewissen Grade ausgeschlossen ist. Symbolisch dafür können Sie das Beispiel des Auges betrachten. Das Auge ist fast wie ein ganz selbständiges Wesen in unseren Schädelorganismus hineingebaut, hängt nur durch gewisse Organe mit dem Innern des gesamten Organismus zusammen. Das Ganze könnte im einzelnen geschildert werden, das ist aber für unsere heutige Betrachtung nicht notwendig. Aber eine gewisse Selbständigkeit liegt vor. Und solche Selbständigkeit liegt in Wahrheit für alle Sinnesorgane vor. So daß, was eben niemals berücksichtigt wird, bei der sinnlichen Wahrnehmung, bei der sinnlichen Empfindung etwas ganz Besonderes geschieht. Die sinnliche Außenwelt setzt sich durch unsere Sinnesorgane in unsere eigenen Organe hinein fort. Was da draußen durch Licht und Farbe geschieht, oder besser gesagt, in Licht und Farbe vorgeht, das setzt sich durch unser Auge so in unseren Organismus hinein fort, daß das Leben unseres Organismus zunächst nicht daran teilnimmt. Also Licht und Farbe kommen so in unser Auge, daß das Leben des Organismus, ich möchte sagen, das Hereindringen dessen, was draußen geschieht, nicht hindert. Dadurch dringt wie in einer Anzahl von Golfen der Fluß des äußeren Geschehens durch unsere Sinne bis zu einem gewissen Teile in unseren Organismus ein. Nun nimmt an dem, was da eindringt, zunächst teil die Seele, indem sie das, was von außen unlebendig eindringt, selbst erst belebt. Dies ist eine außerordentlich wichtige Wahrheit, die durch die Geisteswissenschaft zutage tritt. Indem wir sinnlich wahrnehmen, üben wir fortwährend Belebung desjenigen, was aus dem Fluß der äußeren Ereignisse in unseren Leib hinein sich fortsetzt. Die Sinnesempfindung ist ein wirkliches lebendiges Durchdringen, ja sogar Beleben desjenigen, was als Totes sich in unsere Organisation herein fortsetzt. Dadurch aber haben wir in der Sinnesempfindung wirklich die objektive Welt unmittelbar in uns, und indem wir seelisch sie verarbeiten, erleben wir sie. Dies ist der wirkliche Vorgang, und das ist außerordentlich wichtig. Denn mit Bezug auf die Sinnesempfindung läßt sich nicht sagen, daß sie nur ein Eindruck ist, daß sie nur eine Wirkung von außen ist; dasjenige, was äußerlich vorgeht, geht wirklich bis in unser Inneres herein, leiblich, wird in die Seele aufgenommen und mit Leben durchdrungen. In den Sinnesorganen haben wir etwas, worinnen die Seele lebt, ohne daß im Grunde unser eigener Leib darinnen unmittelbar lebt. Man wird einmal auch naturwissenschaftlich den Vorstellungen, die ich jetzt entwickelt habe, näher kommen, wenn man vergleichend sich richtige Anschauungen bilden wird über die Tatsache, daß bei gewissen Tierarten in den Augen – und das wird man auf alle Sinne ausdehnen können – gewisse Organe sind, die beim Menschen nicht mehr sind. Das menschliche Auge ist einfacher als die Augen niederer Tiere, ja sogar ihm sehr nahestehender Tiere. Wenn man einmal sich fragen wird: Warum haben zum Beispiel gewisse Tiere noch den sogenannten Fächer im Auge, ein besonderes Organ aus Blutgefäßen, warum haben andere den sogenannten Schwertfortsatz, wiederum ein Organ aus Blutgefäßen? dann wird man darauf kommen, daß im tierischen Organismus, indem diese Organe in die Sinne hereinragen, das unmittelbare Leibesleben noch teilnimmt an dem, was in den Sinnen sich abspielt als Fortsetzung der

Außenwelt. Daher ist die Sinneswahrnehmung des Tieres durchaus nicht so, daß man sagen kann, das Seelische erlebt unmittelbar die hereinragende Außenwelt. Denn das Seelische in seinem Werkzeuge, dem Leib, durchdringt da noch das Sinnesorgan; das leibliche Leben durchsetzt das Sinnesorgan. Gerade dadurch aber, daß die menschlichen Sinne so gestaltet sind, daß sie seelisch belebt werden, ist für denjenigen, der die Sinnesempfindung wirklich in ihrer Wesenheit erfaßt, klar, daß wir in der Sinnesempfindung äußere Wirklichkeit haben. Dagegen kommt aller Kantianismus, Schopenhauerianismus, alle moderne Physiologie nicht auf, weil diese Wissenschaften noch gar nicht dazu geeignet sind, ihre Begriffe bis zu einer regelrechten Auffassung der Sinnesempfindung vordringen zu lassen. Erst indem das, was sich im Sinnesorgan abspielt, in das tiefere Nervensystem, das Gehirnsystem, aufgenommen wird, erst dadurch geht es über in dasjenige, wo das Leibesleben unmittelbar eindringt, und daher inneres Geschehen vor sich geht. So daß der Mensch den Sinnenbezirk äußerlich hat, und innerhalb dieses Sinnenbezirkes gleichsam die Zone gegenüber der Außenwelt, wo diese Außenwelt rein an ihn herantreten kann, insofern sie eben auf die Sinne wirken kann. Denn nichts anderes geht vor sich. Dann aber, wenn aus der Sinnesempfindung Vorstellung wird, dann stehen wir innerhalb des tiefer liegenden Nervensystems, dann entspricht jedem Vorstellungsvorgang ein nervenmechanischer Vorgang; dann spielt sich immer, wenn wir eine Vorstellung bilden, die von der Sinnesanschauung hergenommen ist, etwas ab, was im menschlichen Nervenorganismus vorgeht.

Und da muß man jetzt sagen: In dem, was da geleistet worden ist von der Naturforschung, insbesondere auch durch die Entdeckungen Verworns, in bezug auf die Vorgänge, die sich im Nervensystem, im Gehirn abspielen, wenn das oder jenes vorgestellt wird, liegt Bewundernswertes vor. Geisteswissenschaft wird sich nur über folgendes klar sein müssen: Indem wir durch die Sinne der Außenwelt gegenüberstehen, stehen wir dem äußeren wirklichen Tatsachenverlauf gegenüber. Indem wir vorstellen, zum Beispiel aus der Erinnerung, beim Nachdenken, wo man nicht an Äußeres anknüpft, sondern das verknüpft, was von außen aufgenommen worden ist, da lebt durchaus etwas in unserem Nervensystem; und das, was da in unserem Nervensystem sich abspielt, was da lebt in seinen Strukturen, seinen Vorgängen, das ist wirklich – je weiter man eingeht auf diese Tatsache, desto mehr kommt man darauf – ein wunderbares Abbild des Seelischen, des Vorstellungslebens selbst. Wer sich nur ein wenig einläßt auf das, was heute schon die Gehirnanatomie, die Nervenanatomie sagen kann, der findet, daß zum Wunderbarsten, das in der Welt geoffenbart werden kann, dieser Bau und diese Bewegungsverhältnisse im Gehirn gehören. Dann aber muß die Geisteswissenschaft sich klar sein: Wie wir, den Blick nach außen hin gerichtet, der Außenwelt gegenüberstehen, so stehen wir unserer eigenen Leibeswelt gegenüber, wenn wir dem Spiel der Gedanken, die der Außenwelt entnommen sind, hingegeben sind. Es kommt das gewöhnlich nur nicht klar zum Bewußtsein. Allein wenn der Geistesforscher sich zu dem erhebt, was er imaginative Vorstellungen nennt, so erkennt er, daß das zwar, ich möchte sagen, traumhaft bleibt, aber doch so ist, daß im sich selbst überlassenen Vorstellen der Mensch sein inneres Spiel im Gehirn und Nervensystem so auffaßt, wie er sonst die Außenwelt auffaßt. Man kann durch Erstarkung des Seelenlebens mit solchen Meditationen, wie ich sie geschildert habe, erkennen, daß man dieser inneren Nervenwelt nicht anders gegenübersteht als der äußeren Sinneswelt; nur daß bei der äußeren Sinneswelt der

Eindruck stark ist, der von außen kommt, und man es dadurch zu dem Urteil bringt: die Außenwelt macht einen Eindruck; während das, was von innen aus dem Leibesleben kommt, nicht so sich aufdrängt, trotzdem es ein wunderbares Spiel von materiellen Vorgängen ist, daß man daher den Eindruck hat: die Vorstellungen spielen von selber.

Für alles das, was ich bisher angedeutet habe über den Verkehr des Menschen mit der äußeren Sinneswelt, gilt das, was ich gesagt habe. Die Seele betrachtet, indem sie den Leib durchdringt, einmal die äußere Wirklichkeit; die Seele betrachtet andrerseits das Spiel des eigenen Nervenmechanismus. Nun hat aber eine gewisse Anschauung – und dadurch entsteht das Mißverständnis – aus dieser Tatsache die Vorstellung gebildet, das sei überhaupt das Verhältnis des Menschen zu der äußeren Welt. Wenn diese Anschauung die Frage aufwirft: Wie wirkt die äußere Welt auf den Menschen? dann beantwortet sie sie so, wie sie sie beantworten muß nach den wunderbaren Ergebnissen der Gehirn-Anatomie und Gehirn-Physiologie, dann beantwortet sie sie so, wie wir jetzt charakterisieren mußten, was geschieht, wenn der Mensch sich entweder den Vorstellungen mit Bezug auf die Außenwelt hingibt, oder solche Vorstellungen später aus dem Gedächtnis herausspielen läßt. Das ist – so sagt diese Anschauung – überhaupt das Verhältnis des Menschen zu der Welt. Dadurch aber muß sie dazu kommen, daß eigentlich alles seelische Leben neben der Außenwelt herläuft. Denn es kann gewiß der Außenwelt ganz gleichgültig sein, ob wir sie vorstellen oder nicht; sie verläuft, wie sie verläuft; unser Vorstellen kommt da rein hinzu. Da gilt sogar das, was ein Grundsatz ist dieser Anschauung: Alles, was wir erleben, ist seelisch. Aber in diesem Seelischen lebt eben einmal die Außenwelt, einmal die Innenwelt. Und zwar – das ergibt sich eben daraus – das eine Mal, wie die Vorgänge draußen sind, das andere Mal, wie die Vorgänge im Nervenmechanismus sind. Nun geht diese Anschauung davon aus: Also müssen auch alle anderen seelischen Erlebnisse in einer ähnlichen Weise zur Außenwelt in Beziehung stehen, auch das Gefühl, auch der Wille. Und wenn nun solche Forscher, wie Theodor Ziehen, ehrlich sind, so finden sie solche Beziehungen nicht. Daher leugnen sie, wie auseinandergesetzt, das Gefühl teilweise, den Willen ganz. Sie finden innerhalb des Nervenmechanismus nicht die Gefühle und am allerwenigsten den Willen. Franz Brentano findet nicht einmal innerhalb der Seelenwesenheit den Willen. Woher kommt das?

Darauf wird einmal, wenn jene Mißverständnisse, die ich heute geschildert habe, geschwunden sein werden, wenn man die Geisteswissenschaft zu Hilfe nehmen wird über diese Dinge, die Geisteswissenschaft Aufklärung geben. Denn die Tatsache, die ich nur angedeutet habe, ist eben diese: Was wir den Bereich des Fühlens im Seelenleben nennen, das hat zunächst, so sonderbar es klingt, überhaupt in seiner Entstehung nichts zu tun mit dem Nervenleben. Ich weiß sehr wohl, wievielen Behauptungen der heutigen Wissenschaft ich damit widerspreche. Ich kenne auch sehr gut alles dasjenige, was gut begründet eingewendet werden kann. Allein, so wünschenswert es wäre, auf alle Einzelheiten einzugehen, ich kann heute nur Ergebnisse anführen. Ziehen hat ganz recht, wenn er das Fühlen und auch das Wollen nicht findet im Nervenmechanismus, wenn er nur das Vorstellen findet, so daß er sagt: Gefühle sind nur Töne, das heißt Eigenschaften, Betonungen des Vorstellungslebens; denn in den Nerven lebt nur das Vorstellungsleben. Wille ist überhaupt nicht da für den Naturforscher, denn unmittelbar an die Vorstellung der Bewegung knüpft sich an die Wahrnehmung der Bewegung, die folgt. Ein Wille ist nicht dazwischen. Im Nervenmechanismus liegt nichts von menschlichem Fühlen; diese Konsequenz wird nur nicht gezogen, aber sie liegt darin. Wenn also menschliches Fühlen im Leibe sich ausdrückt, womit hängt denn das zusammen? Welches ist das Verhältnis des Fühlens zum Leibe, wenn das Verhältnis des Vorstellens zum Leibe das ist, wie ich es eben geschildert habe mit Bezug auf das Verhältnis der Sinnesempfindung zum Nervenmechanismus? Nun, da zeigt Geisteswissenschaft, daß, wie mit dem Wahrnehmen und dem innerlichen Nervenmechanismus das Vorstellen zusammenhängt — so sonderbar das heute noch klingt, das wird einmal Ergebnis der Naturwissenschaft sein, kann aber heute schon als durchaus gesichertes Ergebnis der Geisteswissenschaft bezeichnet werden —, das Fühlen in ähnlicher Weise zusammenhängt mit alledem, was leiblich zur Atmung des Menschen gehört, und was mit dieser Atmung zusammenhängt. Fühlen hat nichts zu tun zunächst in seiner Entstehung mit dem Nervenmechanismus, sondern mit dem, was mit dem Atmungsorganismus zusammenhängt. Aber nun, wenigstens ein Einwand, der so nahe liegt, sei hier angebracht: Ja, aber die Nerven erregen doch all das, was mit der Atmung zusammenhängt! Ich werde beim Wollen auf diesen Einwand noch einmal zurückkommen. Die Nerven erregen gar nichts von dem, was mit dem Atmen zusammenhängt, sondern gerade so, wie wir durch unsere Sehnerven Licht und Farbe wahrnehmen, so nehmen wir durch diejenigen Nerven, die vom Zentralorganismus nach dem Atmungsorganismus hingehen, nur in dumpferer Weise, den Atmungsvorgang selber wahr. Diese Nerven, die gewöhnlich als motorische Nerven für das Atmen bezeichnet werden, sind nichts anderes als sensitive Nerven. Sie sind da, um, wie die Gehirn-Nerven, nur dumpfer, die

Atmung selber wahrzunehmen. Entstehung des Gefühls, in alledem, was da vorliegt vom Affekt bis hinauf zum leisen Fühlen, das hängt leiblich zusammen mit alledem, was sich abspielt im Menschen als Atmungsprozeß, und dem, was dazugehört, was seine Fortsetzung nach der einen oder anderen Richtung im menschlichen Organismus ist. Man wird ganz anders denken über das, was das Fühlen leiblich charakterisiert, wenn man einmal durchschauen wird, wie man nicht sagen kann: Von irgendeinem Zentralorgan, von dem Gehirn, gehen gewisse Strömungen aus, die erregen die Atmungsvorgänge, sondern umgekehrt ist es eben der Fall. Die Atmungsvorgänge sind da, sie werden wahrgenommen durch gewisse Nerven; dadurch kommen sie mit ihnen in eine Beziehung. Aber es liegt nicht eine Beziehung so vor, daß die Entstehung der Gefühle im Nervensystem verankert wäre. Und hier kommen wir auf ein Gebiet, welches trotz der bewundernswürdigen Naturwissenschaft der Gegenwart noch gar nicht bearbeitet ist. Die leiblichen Ausdrücke des Gefühlslebens, sie werden in einer wunderbaren Weise beleuchtet werden, wenn man einmal die feineren Atmungsveränderungen und namentlich die feineren Veränderungen in der Wirkung des Atmungsprozesses studieren wird, während das eine oder andere Gefühl in uns abläuft.

Der Atmungsprozeß ist ein ganz anderer als derjenige, der sich im menschlichen Nervenmechanismus abspielt. Für den Nervenmechanismus kann man in einer gewissen Beziehung sagen, er ist eine getreuliche Nachbildung des menschlichen Seelenlebens selber. Und wollte ich einen Ausdruck gebrauchen – solche Ausdrücke sind ja in der Sprache noch nicht geprägt, man kann daher nur Lehnbilder-Ausdrücke gebrauchen – für die Art, wie wunderbar im menschlichen Nervensystem abgebildet ist das Seelenleben, so möchte ich sagen: das Seelenleben malt sich selber hinein in das Nervenleben, das Nervenleben ist wirklich ein Gemälde des seelischen Lebens. Alles, was wir mit Bezug auf die äußere Wahrnehmung seelisch erleben, malt sich ab im Nervensystem. Gerade dies ist es, was begreiflich erscheinen lassen muß, daß das Nervenleben namentlich des Hauptes schon bei der Geburt ein getreulicher Abdruck des seelischen Lebens ist, das aus der geistigen Welt herauskommt, und sich mit dem Leibesleben verbindet. Was man heute vielleicht gerade vom gehirn-physiologischen Standpunkte einwendet gegen die Verbindung der aus der Geisteswelt herauskommenden Seele mit dem Gehirn, mit dem Hauptes-Organ, das wird einmal gerade als Beweis dafür vorgebracht werden. Die Seele bereitet sich vor der Geburt oder Empfängnis aus geistigen Untergründen heraus jene wunderbare Bildung des Hauptes, die da vorliegt als Bildung des menschlichen Seelenlebens. Das Haupt – wie es zum Beispiel auch im Verlauf des menschlichen Lebens nur viermal schwerer wird, als es bei der Geburt ist, während der ganze Organismus 22mal schwerer wird im Verlaufe des weiteren Wachstums – das Haupt tritt uns schon bei der Geburt als etwas in sich Ausgestaltetes, wenn der Ausdruck erlaubt ist: Vollkommenes entgegen. Schon vor der Geburt ist es im Grunde ein Bild des seelischen Erlebens, weil das seelische Erleben arbeitet an dem Haupte aus der geistigen Welt heraus lange Zeit, bevor überhaupt physische Tatsachen sich abspielen in der bekannten Art, die dann zum Dasein des Menschen in der physischen Welt führen. Für den Geistesforscher ist gerade dieser wunderbare Bau des menschlichen Nervensystems, der ein Abbild ist des menschlichen Seelenlebens, zugleich die Bewahrheitung, daß die Seele aus dem Geistigen herauskommt, und daß im Geistigen die Kräfte liegen, die das Gehirn zu einem Gemälde des Seelenlebens machen.

Soll ich nun einen Ausdruck gebrauchen für den Zusammenhang des Gefühlslebens mit dem Atmungsleben, der ähnlich charakterisieren würde, wie der Ausdruck «das Nervenleben – ein Bild, ein Gemälde des Seelenlebens, des Vorstellungslebens», – so möchte ich nennen das Atmungsleben und alles, was dazugehört, einen Abdruck des seelisch-geistigen Lebens, den ich vergleichen möchte mit der Bilderschrift. Das Nervensystem – ein wirkliches Bild, ein wirkliches Gemälde; das Atmungssystem – nur Bilderschrift. Das Nervensystem ist so gebaut, daß die Seele sich nur sich selber zu überlassen braucht, um aus dem Gemälde herauszufinden, was sie in sich nunmehr erleben will. Bei der Bilderschrift muß man schon deuten, da muß man etwas wissen, da muß die Seele sich mehr beschäftigen mit der Sache. So ist es auch mit Bezug auf das Atmungsleben. Das Atmungsleben ist weniger ein getreulicher Ausdruck – sollte ich das genauer charakterisieren, dann müßte ich hinweisen auf die Goethesche Metamorphosen-Lehre, dazu ist heute die Zeit zu kurz –, ein unmittelbar bildhafter Ausdruck des seelischen Erlebens, es ist vielmehr ein solcher Ausdruck, den ich vergleichen möchte mit dem Verhältnis der Bilderschrift zu dem Sinn der Bilderschrift. Das seelische Leben ist daher ein innerlicheres im Gefühlsleben, ein weniger an die äußeren Vorgänge gebundenes. Daher entgeht auch der Zusammenhang der gröberen Physiologie. Für den Geistesforscher ist aber gerade dadurch klar: ebenso wie zusammenhängt das Atmungsleben mit dem Gefühlsleben, ebenso muß, weil dieses Atmungsleben ein weniger genauer Ausdruck desselben ist, das Gefühlsleben freier, selbständiger in sich sein.

So umfassen wir also den Leib weiter, wenn wir ihn betrachten als einen Ausgestalter des Gefühlslebens, als wenn wir ihn nur betrachten können als einen Ausgestalter des Vorstellungslebens. Dadurch aber, daß das Gefühlsleben mit dem Atmungsleben zusammenhängt, lebt.im Gefühlsleben das Geistige regsamer, innerlicher, als im bloßen Vorstellungsleben – in jenem Vorstellungsleben, das sich nicht zur Imagination erhebt, sondern nur eine Offenbarung ist des äußeren sinnlichen Erlebens. Das Gefühlsleben wird nicht so klar, nicht so hell, geradesowenig wie die Bilderschrift so klar ausdrückt, was sie bedeutet, wie ein Bild das ausdrückt – ich muß mehr vergleichsweise sprechen –; aber gerade dadurch auch steht das, was sich im Gefühlsleben ausdrückt, im Geistigen mehr darinnen als das gewöhnliche Vorstellungsleben. Es ist das Atmungsleben weniger Werkzeug als das Nervenleben.

Und wenn wir nun zum Willensleben kommen, da ist die Sache schon so, daß, wenn man beginnt, gerade als Geistesforscher über die Tatsache zu sprechen, man als ein arger Materialist verschrieen werden kann. Aber der Geistesforscher muß schon, wenn er von dem Verhältnis der Menschenseele zum Menschenleibe spricht, die ganze Seele im Verhältnis zum ganzen Leibe betrachten, nicht nur, wie es heute vielfach geschieht, im Verhältnis zum Nervensystem. Die Seele drückt sich aus im ganzen Leibe, in all dem, was im Leibe vorgeht. Will man nun das Willensleben betrachten, womit muß man beginnen? Man muß beginnen bei den untersten, den allertiefstliegenden Willensimpulsen, die noch ganz an das Leibesleben gebunden erscheinen, im Leibesleben aufgehen. Wo ist ein solcher Willensimpuls? Nun, ein solcher Willensimpuls äußert sich einfach, wenn wir zum Beispiel Hunger haben, wenn gewisse Stoffe in unserem Organismus verbraucht sind und ersetzt werden müssen. Wir kommen hinunter in das Gebiet, wo die Ernährungsvorgänge verlaufen. Wir sind heruntergestiegen von den Vorgängen im Nervenorganismus durch die Vorgänge im Atmungsorganismus und kommen zu den Vorgängen im Ernährungsorganismus; und die alleruntergeordnetsten Willensimpulse finden wir gebunden an den Ernährungsorganismus. Geisteswissenschaft zeigt nun, daß wir überhaupt, wenn wir von Beziehungen des Wollens sprechen zum Organismus, sprechen müssen von dem Ernährungsorganismus. Eine ähnliche Beziehung wie zwischen dem Vorstellen und Empfinden und dem Nervenmechanismus, wie zwischen dem Atmen und dem Gefühlsleben, nur eine noch losere, besteht zwischen dem Ernährungsorganismus und dem Willensleben der menschlichen Seele. Allerdings hängen damit nun weitergehende Dinge zusammen. Und da muß man sich einmal vollständig über eines klar sein, das heute im Grunde nur die Geisteswissenschaft behauptet. Ich habe es in engeren Kreisen seit vielen Jahren vertreten, was ich jetzt auch hier öffentlich als ein Ergebnis der Geisteswissenschaft klarlege. Die heutige Physiologie glaubt sich darüber klar zu sein, daß, wenn ein Sinneseindruck auf uns geschieht, er sich fortpflanzt zum sensitiven Nerv und – wenn sie eine Seele zugibt, die Physiologie – so von der Seele aufgenommen wird. Dann aber gibt es außer diesen sensitiven Nerven sogenannte motorische, Bewegungsnerven für die heutige Physiologie. Solche Bewegungsnerven – ich weiß, wie ketzerisch das ist, was ich jetzt ausspreche – gibt es für die Geisteswissenschaft nicht. Ich habe mich mit der Sache wirklich seit vielen Jahren beschäftigt und ich weiß selbstverständlich, daß man an dieser Stelle kommen kann mit alledem, was so gut begründet erscheint. Man nehme einen Tabeskranken oder irgend jemand, dem das Rückenmark durchquetscht ist, bei dem von einem gewissen Organ an sein unterer Organismus wie tot ist, und dergleichen. Alle diese Dinge sind nicht eine Widerlegung dessen, was ich sage, sondern wenn man sie in der richtigen Weise durchschaut, sind sie gerade ein Beweis für das, was ich sage. Es gibt keine motorischen Nerven. Was die heutige Physiologie noch als motorische Nerven, als Bewegungsnerven, als Willensnerven ansieht, das sind sensitive Nerven. Wenn das Rückenmark an einer Stelle durchquetscht ist, dann wird einfach das, was im Bein, im Fuß vorgeht, nicht wahrgenommen, und dann kann auch der Fuß, weil das nicht wahrgenommen wird, nicht bewegt werden; nicht weil ein motorischer Nerv durchschnitten wird, sondern weil ein sensitiver Nerv durchschnitten ist, der einfach nicht wahrnehmen kann, was da im Bein geschieht. Doch ich kann dies nur andeuten, denn ich muß zu den wichtigen Ergebnissen dieser Sache fortschreiten.

Derjenige, der sich Gewohnheiten aneignet in bezug auf das seelisch-leibliche Erleben, weiß, daß es sich zum Beispiel bei dem, was wir eine Übung nennen, bei Klavierspiel und dergleichen, um etwas ganz anderes handelt als um das, was man heute «Ausschleifen der motorischen Nervenbahn» nennt; darum handelt es sich nicht. Denn bei alledem, was wir vollziehen an Bewegungen aus unserem Willen heraus, kommt zunächst überhaupt als Leibesvorgang nichts in Betracht als ein Stoffwechselvorgang. Seiner Entstehung nach ist dasjenige, was aus dem Willensimpuls heraus kommt, aus dem Stoffwechsel heraus. Bewege ich einen Arm, so kommt zunächst nicht das Nervensystem in Betracht, sondern der Wille selbst, den die Physiologen, wie Sie gesehen haben, gerade leugnen; und der Nerv hat nichts anderes damit zu tun, als daß das, was als Stoffwechselvorgang infolge des Willensimpulses stattfindet, wahrgenommen wird durch den motorischen Nerv, der in Wirklichkeit ein sensitiver Nerv ist. Wir haben es mit Stoffwechselvorgängen in unserem ganzen Organismus zu tun als leiblichen Erregern derjenigen Vorgängen, die dem Willen entsprechen. Weil alle Systeme im Organismus ineinander greifen, sind natürlich diese Stoffwechselvorgänge auch im Gehirn und mit Gehirnvorgängen verbunden. Der Wille aber hat in Stoffwechselvorgängen seine leiblichen Ausgestaltungen; Nervenvorgänge als solche haben in Wirklichkeit damit nur zu tun dadurch, daß sie die Wahrnehmung der Willensvorgänge vermitteln. Das alles wird auch die Naturwissenschaft in Zukunft zeigen. Wenn wir aber den Menschen auf der einen Seite als Nervenmenschen betrachten, auf der anderen Seite als Atmungsmenschen und alles, was damit zusammengehört, und als drittes ihn betrachten als Stoffwechselmenschen – wenn ich den Ausdruck gebrauchen darf –, dann haben wir den ganzen Menschen. Denn alle Bewegungsorgane, alles, was sich im menschlichen Leib bewegen kann, hängt in seiner Bewegung selbst mit Stoffwechselvorgängen zusammen. Und auf die Stoffwechselvorgänge wirkt der Wille unmittelbar. Der Nerv ist nur da, um sie wahrzunehmen.

Es ist in einer gewissen Weise mißlich, wenn man in dieser Art einer, wie es scheint, so gut begründeten Anschauung, wie der von den beiderlei Nerven, widersprechen muß; allein dabei steht einem ja wenigstens das zu, daß bis jetzt weder mit Bezug auf die Reaktion noch mit Bezug auf den anatomischen Bau irgend jemand einen Unterschied gefunden hat, der erheblich wäre, zwischen einem sensitiven und einem motorischen Nerven. Sie sind mit Bezug auf alles gleich. Wenn wir uns Übung in irgend etwas aneignen, dann eignen wir uns diese Übung dadurch an, daß wir lernen, durch unseren Willen die Stoffwechselvorgänge zu beherrschen. Das ist dasjenige, was das Kind lernt, nachdem es zuerst nach allen Richtungen zappelt und keine geregelte Willensbewegung ausführt: die Stoffwechselvorgänge, wie sie sich in ihren feineren Gliederungen abspielen, zu beherrschen. Und wenn wir zum Beispiel Klavier spielen oder ähnliche Fähigkeiten haben, dann lernen wir, die Finger in einer gewissen Weise bewegen, die entsprechenden feineren Stoffwechselvorgänge mit dem Willen beherrschen. Die sensitiven Nerven, die aber die sonst sogenannten motorischen Nerven sind, die merken es immer mehr und mehr, welches der richtige Griff und die richtige Bewegung ist, denn diese Nerven sind nur dazu da, um das, was im Stoffwechsel geschieht, nachzufühlen. Ich möchte einmal jemand, der wirklich seelisch-leiblich beobachten kann, fragen, ob er nicht bei einer genaueren Selbstschau nach dieser Richtung fühlt, wie er nicht motorische Nervenbahnen ausschleift, sondern wie er lernt, die feineren Vibrationen seines Organismus, die er durch den Willen hervorbringt, zu fühlen, wahrzunehmen, dumpf vorzustellen. Es ist wirklich Selbstwahrnehmung, die wir da üben. Wir haben es zu tun im ganzen Bereich mit sensitiven Nerven. Es soll nur jemand einmal nach dieser Richtung das Sprechen beobachten, wie es sich aus dem Lallen beim Kinde entwickelt. Es beruht durchaus darauf, daß der Wille in einen Sprechorganismus lernt einzugreifen. Und was das Nervensystem lernt, ist nur die feinere Wahrnehmung desjenigen, was als feinere Stoffwechselvorgänge vorgeht.

Wir haben es also beim Willen zu tun mit etwas, was sich leiblich im Stoffwechsel ausdrückt. Und der Ausdruck des Stoffwechsels sind Bewegungen, selbst bis in die Knochen hinein. Das ließe sich sehr leicht zeigen, wenn man auf die wirklichen naturwissenschaftlichen Ergebnisse der Gegenwart eingehen würde. Aber dieser Stoffwechsel drückt noch weniger als die Atmung das aus, was sich seelisch-geistig abspielt. Wenn ich verglichen habe den Nervenorganismus mit einem Bild, den Atmungsorganismus mit einer Bilderschrift, so kann ich den Stoffwechselorganismus vergleichen mit einer bloßen Zeichenschrift, wie wir sie heute haben im

Gegensatz zu der Bilderschrift der alten Ägypter oder der alten Chaldäer. Das sind bloß Zeichen, da muß das Seelische noch mehr innerlich werden. Dadurch aber, daß im Wollen das Seelische noch mehr innerlich wird, kommt die Seele, die sich, ich möchte sagen, im Stoffwechsel nur lose mit dem Leiblichen beschäftigt, mit dem größten Teil ihres Wesens in die Region des Geistigen hinein. Sie lebt im Geistigen. Und so, wie sich durch die Sinne die Seele mit dem Stoff verbindet, so verbindet sie sich durch den Willen mit dem Geiste. Auch da zeigt sich wiederum das besondere Verhältnis des Seelisch-Geistigen, das die Geisteswissenschaft anschaut durch die Mittel, die ich angeführt habe im letzten Vortrag. Es ergibt sich, daß der Stoffwechselorganismus, so wie er heute vorliegt – ich müßte, um das genauer zu charakterisieren, auf die Goethesche Metamorphosen-Lehre eingehen –, nur eine vorläufige Andeutung desjenigen ist, was vollkommenes Bild ist im Nerven-, im Hauptesorganismus. Die Seele bereitet in dem, was sie im Stoffwechsel vollführt, indem sie sozusagen sich am Stoffwechsel zurechtrückt, dasjenige vor, was sie dann durch die Pforte des Todes hinüberträgt in die geistige Welt für das fernere Leben im geistigen Reiche nach dem Tode. Sie trägt aber natürlich auch all das mit hinüber, wodurch sie mit dem Geistigen lebt. Sie ist ja innerlich am lebendigsten, wie ich charakterisiert habe, gerade da, wo sie mit dem Stofflichen nur lose verbunden ist, so daß für dieses Gebiet der Stoffvorgang nur wie ein Zeichen für das Geistige wirkt; so ist es gerade im Wollen. Dadurch ist es, daß das Wollen besonders ausgebildet werden muß, wenn man zum geistigen Anschauen kommen will. Dieses Wollen muß zu dem ausgebildet werden, was man die eigentliche Intuition nennt – nicht in dem trivialen Sinne, sondern in dem Sinne, wie es neulich charakterisiert worden ist. Das Fühlen, das kann so ausgebildet werden, daß es zur Inspiration führt; das Vorstellen kann, wenn es geistesforscherisch ausgebildet wird, zur Imagination führen. Dadurch tritt aber das andere objektiv, seiner wahren Wirklichkeit nach, in das Seelenleben herein, das Geistige. Denn ebenso, wie wir die Sinnesempfindung so charakterisieren müssen, daß nach Anlage der menschlichen Sinnesorgane die Außenwelt Golfe in uns hineinschickt, so daß wir in ihnen uns erleben, so erleben wir im Wollen den Geist. Da sendet der Geist in uns seine Wesenheit hinein. Und niemand wird die Freiheit jemals einsehen, der nicht dieses unmittelbare Leben des Geistes im Wollen erkennt.

Auf der anderen Seite sehen Sie, wie Franz Brentano, der nur die Seele durchforscht, recht hat: er kommt nicht zum Wollen, weil er nur die Seele durchforscht, er kommt bloß bis zum Gefühl. Was das Wollen hinuntersendet in den Stoffwechsel, darauf läßt sich der moderne Psychologe nicht ein, weil er nicht Materialist werden will; und der Materialist läßt sich nicht darauf ein, weil er glaubt, alles hänge vom Nervensystem ab. Da aber die Seele von ihrem Wesen so viel mit dem Geiste verbindet, daß der Geist in seiner Urgestalt in das Menschenwesen eindringen kann, der Geist seine Golfe in den Menschen hineinschickt, so ist das, was wir als höchstes, als sittliches Wollen, als geistiges Wollen in die Welt hineinstellen, wirklich ein unmittelbares Leben des Geistes im Seelischen. Und dadurch, daß wir unmittelbar das Geistige im Seelischen erleben, ist das Seelische in denjenigen Vorstellungen, die ich in meiner «Philosophie der Freiheit» charakterisiert habe als dem freien Wollen zugrunde liegend, wirklich nicht mit sich allein, sondern es ist, in hohem Maße, höher und vor allen Dingen in anderer Weise bewußt im Geiste drinnen. Es ist nur ein Verkennen dieses Drinnenseins im Geiste, wenn, so wie der

Physiologe mit Bezug auf den Willen bei Theodor Ziehen, auch der Psychologe nichts wissen will von feineren Willensimpulsen, die doch ein wahrhaftig wirkliches Erleben sind. Im Seelischen können sie allerdings nicht gefunden werden, aber die Seele erlebt in sich den Geist, und indem sie im Willen den Geist erlebt, lebt sie in Freiheit.

Damit aber ist Menschenseele und Menschenleib so miteinander im Verhältnis gedacht, daß die ganze Seele mit dem ganzen Leibe in Beziehung steht, nicht bloß die Seele mit dem Nervenorganismus. Und damit habe ich Ihnen charakterisiert den Anfang einer wissenschaftlichen Richtung, die gerade durch die Entdeckungen der Naturwissenschaft, wenn diese in der richtigen Weise werden angeschaut werden, fruchtbar werden wird. Sie wird zeigen, daß auch der Leib, wenn er in seiner Gänze als Ausdruck des Seelischen betrachtet wird, ein Beweis ist für die Seelenunsterblichkeit, die ich von ganz anderer Seite im letzten Vortrag charakterisiert habe und im nächsten Vortrag weiter charakterisieren werde von einem anderen Gesichtspunkte.

Eine gewisse wissenschaftlich-philosophische Richtung der neueren Zeit, weil sie nicht zurechtkommen konnte aus den angedeuteten Gründen mit dem seelisch-leiblichen Leben, hat Zuflucht genommen zu dem sogenannten Unbewußten. Ihr hauptsächlichster Vertreter außer Schopenhauer ist Eduard von Hartmann. Nun ist gewiß die Annahme des Unbewußten in unserem Seelenleben etwas durchaus Gerechtfertigtes. Aber so, wie Eduard von Hartmann vom Unbewußten spricht, ist es unmöglich, mit ihm in einer befriedigenden Weise die Wirklichkeit zu verstehen. Er setzt in einer merkwürdigen Weise in dem Beispiel, das ich erwähnt habe, von den zwei Personen, die sich gegenübersitzen, und von denen die eine die Zuckerdose von der andern will, auseinander, wie das Bewußte in das

Unbewußte hinuntertaucht, und das, was im Unbewußten geschieht, wieder herauftaucht in das Bewußtsein. Aber man kommt den Anschauungen, die die Geisteswissenschaft gewinnt, mit einer solchen Hypothese durchaus nicht nahe. Man kann vom Unbewußten sprechen, nur muß man in zweifacher Weise davon sprechen: man muß sprechen vom Unterbewußten und vom Überbewußten. In der Sinnesempfindung wird etwas, was an sich selber unbewußt ist, bewußt, indem es in der heute charakterisierten Weise belebt wird. Da dringt das Unterbewußte herauf in das Bewußtsein. Ebenso wenn der Nervenorganismus betrachtet wird innerlich im Spiel der Vorstellungen: Unbewußtes dringt ins Bewußtsein herauf. Aber man darf nicht vom absolut Unbewußten sprechen, sondern man muß davon sprechen, daß das Unterbewußte ins Bewußtsein heraufkommen kann. Unterbewußt ist dann auch nur zeitlich, ist nur relativ unterbewußt; das Unterbewußte kann bewußt werden. Ebenso kann man sprechen vom Geiste als dem Überbewußten, das in der ethischen Idee oder in der geisteswissenschaftlichen Idee, welche in den Geist selber eindringt, in den Bereich des menschlichen Seelenlebens hereinkommt. Da kommt das Überbewußte in das Bewußtsein herein.

Sie sehen, wieviele Begriffe und Vorstellungen, wenn man dem Leben gerecht werden will, zu korrigieren sind. Und aus der Korrektur dieser Begriffe wird sich erst ein freier Blick ergeben über das, was die Wahrheit ist mit Bezug auf das menschliche Seelenleben. Allerdings, von welch weittragender Bedeutung eine solche Betrachtung des Verhältnisses zwischen Seele und Leib ist, das auszuführen muß ich mir auf das nächste Mal versparen. Heute möchte ich zum Schlusse nur noch darauf aufmerksam machen, daß die neuere Bildungsentwickelung gar zu sehr hinweggeführt hat von den Ideen, die auf diesem Gebiete Klarheit geben können. Auf der einen Seite hat sie eingeengt das gesamte Verhältnis des Menschen zur Außenwelt auf dasjenige, was nur in bezug auf die sinnliche Außenwelt in ihrem Verhältnis zum menschlichen Nervenorganismus gilt. Dadurch ist aber auch auf diesem Gebiete eine Summe von Vorstellungen entstanden, die mehr oder weniger materialistisch gefärbt sind; und weil man den Blick gar nicht gewendet hat auf andere Zusammenhänge des menschlich Geistig-Seelischen mit dem Leiblichen, ist dieser Blick eingeengt worden. Und es hat sich diese Eingeengtheit des Blickes sogar übertragen auf alle Bestrebungen des Wissenschaftlichen überhaupt. Daher kommt es, daß es einem in der Seele wehe tun muß, wenn man liest, wie in einem verhältnismäßig guten Vortrag, den der Professor *Dr. A. Tschirch* am 28. November 1908 als einen Festvortrag an der Universität Bern über «Naturforschung und Heilkunde» gehalten hat bei der Übernahme seines Rektorates – diejenigen Zuhörer, die öfter hier sind, werden wissen, daß ich von mir aus in der Regel nur diejenigen angreife, die ich schätze in gewisser anderer Beziehung, und daß ich von mir aus nur etwas Abträgliches sage, wenn es in Abwehr geschieht – ein merkwürdiges Bekenntnis sich findet, das so recht entspringt aus den angedeuteten Mißverständnissen und aus der Ohnmacht, das Verhältnis von Seele und Leib zu verstehen. Da sagt der Professor Tschirch:

«Ich meine aber, daß wir uns heute noch nicht den Kopf darüber zu zerbrechen brauchen, ob wir wirklich nie ‹ins Innere› vordringen werden.»

Er meint, in das Innere der Welt. Aus dieser Gesinnung entspringt all dasjenige, was an Antipathie vorhanden ist gegen die mögliche geisteswissenschaftliche Forschung. Deshalbt sagt er weiter: «Wir haben wirklich Nötigeres zu tun.»

Nun, wer gegenüber den großen, brennenden Seelenfragen überhaupt den Satz zuwege bringt: «Wir haben wirklich Nötigeres zu tun», bei dem würde man nach dem Ernst der wissenschaftlichen Gesinnung fragen müssen, wenn es nicht begreiflich wäre aus der charakterisierten Richtung, die das Denken genommen hat; besonders wenn man die Sätze liest, die sich daran schließen:

«Das ‹Innere der Natur›, mit dem wohl Haller etwas Ähnliches meinte, was Kant später ‹das Ding an sich› nannte, liegt für uns zur Zeit noch so tief im Innern, daß noch Jahrtausende vergehen werden, bis wir – immer vorausgesetzt, daß nicht eine neue Eiszeit alle unsere Kultur vernichtet – auch nur in seine Nähe gedrungen sind.»

So angelegentlich bestreben sich diese Persönlichkeiten um das Geistige, was das «Innere» ist, daß sie zu sagen vermögen: Wir haben nicht nötig, uns heute darum zu bekümmern, sondern wir können ruhig Jahrtausende warten. Wenn das die Wissenschaft antwortet auf die brennenden Fragen der menschlichen Seele, dann ist die Zeit gekommen für die Ergänzung dieser Wissenschaft, wie sie die Geisteswissenschaft ist. Denn die charakterisierte Gesinnung hat dazu geführt, daß das Seelische überhaupt, man möchte sagen, geradezu abgeschafft worden ist, daß die Anschauung heraufkommen konnte: das Seelische ist höchstens eine Begleiterscheinung des Leiblichen – was noch der berühmte Professor *Jodl* als seine Überzeugung vertreten hat bis fast in unsere Tage; aber er ist nur einer unter vielen.

Aber wozu führt diese Denkweise? Nun, wahre Orgien hat sie ja gefeiert, als der Professor *Dr. Jacques Loeb*, wiederum ein Mann, den ich in bezug auf seine positiven Forschungen außerordentlich schätze, im Jahre 1911 am 10. September beim ersten Monisten-Kongreß zu Hamburg einen Vortrag gehalten hat über «Das Leben». Da sehen wir, wie das, was nur auf einem Mißverständnis beruht, schon übergeht in menschliche Gesinnung, und in dieser menschlichen Gesinnung gegenüber der Seelenforschung – verzeihen Sie den Ausdruck – zur Brutalität wird, indem das, was nur beruhen darf auf jener Überzeugung, die aus der Forschung quillt, geradezu zu einer Machtfrage gemacht wird. So beginnt Professor Jacques Loeb jenen Vortrag, indem er sagt:

«Die Frage, welche ich zu diskutieren beabsichtige, ist die, ob nach dem heutigen Stande unseres Wissens Aussicht vorhanden ist, daß das Leben, das heißt die Summe der Lebenserscheinungen, restlos physikalisch-chemisch erklärt werden kann. Wenn wir diese Frage nach ernstlicher Überlegung bejahen können, so müssen wir auch unsere soziale und ethische Lebensgestaltung auf rein naturwissenschaftlicher Grundlage aufbauen, und kein Metaphysiker kann das Recht beanspruchen, uns über unsere Lebensführung Vorschriften zu machen, die mit den Konsequenzen der experimentellen Biologie im Widerspruch stehen.»

Hier haben Sie das Streben nach Eroberung des gesamten Wissens durch jene Wissenschaft, von der Goethe den Mephisto sagen läßt: «Sie bohrt sich selbst einen Esel und weiß nicht wie!» So steht es nämlich in der älteren Fassung des Goetheschen «Faust» für die Worte:

> Wer will was Lebendigs erkennen und beschreiben,
> Sucht erst den Geist heraus zu treiben,
> Dann hat er die Teile in seiner Hand,
> Fehlt, leider! nur das geistige Band!
> Encheiresin naturae nennt's die Chemie,
> Spottet ihrer selbst und weiß nicht wie.

Heute steht im «Faust»: «Spottet ihrer selbst und weiß nicht wie» – der junge Goethe hat geschrieben: «Bohrt sich selbst einen Esel und weiß nicht wie.»

Dahin arbeitet das, was auf Grundlage jener Mißverständnisse errichtet ist: abzuschaffen all dasjenige Wissen, das nicht eine bloße Ausdeutung physikalischer und chemischer Vorgänge ist. Gerüstet gegen solchen Anprall wird aber keine Seelenwissenschaft sein, die nicht in sich die Möglichkeit hat, wirklich auch vorzudringen von sich aus bis in das Leibliche hinein. Ich erkenne all dasjenige an, was geleistet haben geistvolle Männer wie Dilthey, Franz Brentano und andere. Ich erkenne es voll an. Ich schätze alle diese Persönlichkeiten; aber, die Vorstellungen, die da entwickelt worden sind, sie sind zu stumpf, zu schwach, um von sich aus vorzudringen, so daß sie es aufnehmen könnten mit dem, was die naturwissenschaftlichen Ergebnisse sind. Eine Brücke muß geschlagen werden zwischen dem Geistigen und Leiblichen. Gerade am Menschen muß diese Brücke geschaffen werden dadurch, daß wir zu starken geisteswissenschaftlichen Begriffen kommen, die auch hinübertragen in das Begreifen des leiblichen Lebens. Denn gerade am Begreifen des leiblichen Lebens werden die großen Fragen, die Unsterblichkeitsfrage, die Todesfrage, die Schicksalsfrage und so weiter begriffen werden. Sonst, wenn nicht Sinn in die Menschheit kommt für diese Geisteswissenschaft, Sinn auch für diesen Ernst in so ernster Zeit, dann können wir es erleben, daß wir auf Anschauungen stoßen, welche sich etwa in dem Folgenden aussprechen: Da kann man jetzt ein Buch in die Hand bekommen, welches von Amerika herübergekommen ist, ins Deutsche übersetzt worden ist, ein Buch von einem amerikanischen Gelehrten *Snyder*. Darin findet sich ein niedlicher Satz, der aber die Gesinnung des ganzen Buches ausdrückt, welches betitelt ist «Das Weltbild der modernen Naturwissenschaft». Und der Übersetzer, Hans Kleinpeter, weist geradezu darauf hin, daß diese Gesinnung allmählich übergehen muß zur wahren

Aufklärung in die gegenwärtige und in die zukünftige Zeit. Nun, einen, ich möchte sagen, Zentralsatz aus diesem Buche gestatten Sie zum Schlusse Ihnen vorzulesen:

«Was auch immer die Hirnzelle eines Glühwurms oder die Empfindung der Harmonien von Tristan und Isolde sein mag, der Stoff, aus dem sie bestehen, ist im ganzen der gleiche; es handelt sich offenbar mehr um einen Unterschied in der Struktur als um einen in der materiellen Beschaffenheit.»

Und damit soll etwas Wesentliches, etwas Aufklärendes gesagt sein! Aber es ist eine Gesinnung, die schon zusammenhängt mit dem, was ich heute auseinandergesetzt habe. Und es ist tief bezeichnend für die moderne Zeit, daß überhaupt solche Dinge Anhänger finden können, daß sie als etwas Besonderes hingestellt werden.

Ich weiß zu schätzen auch Philologie, auch diejenigen Wissenschaften, die heute von manchen unterschätzt werden. Wo wirklich Wissenschaft ist, auf jedem Gebiete, ich weiß sie zu schätzen. Aber wenn jemand kommen und mir sagen würde: Goethe hat den «Faust» geschrieben; neben ihm saß sein Schreiber Seydel, der vielleicht einen Brief schrieb an seine Geliebte; der Unterschied zwischen dem «Faust» und dem Brief des Seydel mag in was immer gelegen sein, die Tinte ist bei beiden dieselbe! – Beide Behauptungen stehen auf gleicher Höhe, nur gilt die eine als großer Fortschritt der Wissenschaft, die andere gilt selbstverständlich als das, was diejenigen verehrten Zuhörer bezeugt haben, die darüber gelacht haben.

Demgegenüber muß zurückgegriffen und aufgebaut werden auf jene Gesinnung, die auch eine wissenschaftliche ist, aber aus der ganzen vollen Menschenseele und einer tiefen Betrachtung der Welt heraus erst die Elemente zu einer Wissenschaft gelegt hat, auch dasjenige, was in Goethes naturwissenschaftlichen Betrachtungen vorliegt. Die ersten Elemente zu dem, was Geisteswissenschaft immer weiter ausbilden will, liegen in Goethe; und es liegt die wahre, echte Gesinnung gegenüber einer wahrhaftigen Weltbetrachtung in vielen seiner Worte so paradigmatisch schön ausgedrückt. Ich möchte diese Betrachtung schließen, indem ich sein allseitiges Betrachten des Verhältnisses von Geist und äußerer stofflicher Wesenheit, namentlich mit Bezug auf den menschlichen Leib, Ihnen vor die Seele rücke. Indem Goethe Schillers Gebeine betrachtet und in dieser «teilweisen» Form der edlen Seele nachfühlt, der Beziehung des ganzen Geistes und der ganzen Seele zum ganzen Menschenleib, prägt er Worte in seinem schönen Gedicht, das er überschrieben hat «Bei der Betrachtung von Schillers Schädel», – Worte, aus denen wir die Gesinnung ersehen, die ein allseitiges Geist-Natur-Betrachten braucht:

> Was kann der Mensch im Leben mehr gewinnen,
> Als daß sich Gott-Natur ihm offenbare,
> Wie sie das Feste läßt zu Geist verrinnen,
> Wie sie das Geist-Erzeugte fest bewahre!

Und wir können auf Menschenseele und Menschenleib diese Worte anwenden und sagen:

> Was kann der Mensch im Leben mehr gewinnen,
> Als daß sich Gott-Natur ihm offenbare,
> Wie sie im Geiste läßt den Stoff zerrinnen,
> Und wie im Stoff der Geist sich selbst erfahre!, –

indem sie ihm zeigt, wie der Leib ein Ausdruck und Abbild und Zeichen der Seele ist, und wie er gerade dadurch der physische Beweiser und Offenbarer der unsterblichen Seele und des ewigen Geistes ist.

SEELENRÄTSEL UND WELTRÄTSEL:
FORSCHUNG UND ANSCHAUUNG IM DEUTSCHEN GEISTESLEBEN

Berlin, 17. März 1917

Im letzten Vortrag versuchte ich zu zeigen, wie es Mißverständnissen zuzuschreiben ist, wenn sich in der gegenwärtigen Geisteskultur so wenig verstehen diejenigen, welche ihre Forschung, ihre Aufmerksamkeit auf das Seelische und seine Vorgänge richten, und jene, die ihre Aufmerksamkeit richten auf die materiellen Vorgänge im menschlichen Organismus, welche ablaufen – nun, wie man es nennen will – als Begleiterscheinungen oder auch, wie der Materialismus meint, als notwendige Ursachen für das seelische Geschehen. Und ich versuchte zu zeigen, welches die Gründe für solches Mißverstehen sind. Heute möchte ich vor allen Dingen darauf aufmerksam machen, daß überall, wo wirkliche, wahre Erkenntnis gesucht wird, ganz notwendigerweise solche Mißverständnisse, und auch Mißverständnisse nach anderer Richtung, sich ergeben müssen, wenn man eines nicht berücksichtigt im Erkenntnisvorgange selbst, was sich bei intimerer, namentlich bei längerer Forschung dem Geistesforscher immer mehr und mehr wie ein unmittelbares Erlebnis, wie eine innere Erfahrung aufdrängt. Es ist dies etwas, was zunächst sehr merkwürdig erscheint, wenn es ausgesprochen wird: Auf den Weltanschauungsgebieten, das heißt auf den Gebieten der Erkenntnis des Geistig-Wirklichen oder überhaupt der Erkenntnis der Quellen des Daseins, muß, wenn man sich, ich möchte sagen, zu sehr verstrickt in gewisse Vorstellungen, in gewisse Begriffe, notwendigerweise eine solche Anschauungsweise der menschlichen Seele eintreten, die unbedingt widerlegt werden kann, und ebensogut natürlich bewiesen werden kann.

Daher wird der Geistesforscher immer mehr und mehr abkommen von dem, was sonst in Weltanschauungsfragen Gepflogenheit ist, nämlich das oder jenes zur Bekräftigung der einen oder anderen Anschauung vorzubringen, was ähnlich wäre dem, was man im gewöhnlichen Leben einen Beweis oder auch eine Widerlegung nennt. Denn auf diesem Gebiete ist, wie gesagt, alles mit gewissen Gründen zu beweisen, alles mit gewissen Gründen zu widerlegen. Der Materialismus kann durchaus streng bewiesen werden in seiner Ganzheit, und er kann streng bewiesen werden, wenn er sich auf einzelne Fragen des Lebens oder des Daseins einläßt. Und man wird dasjenige, was ein Materialist zur Bekräftigung seiner Anschauungen anführen kann, bei ihm nicht ohne weiteres aus dem Feld schlagen können, wenn man von entgegengesetzten Gesichtspunkten aus seine Anschauung einfach widerlegen will. Ebenso ist es bei demjenigen, der ein geistiges Dasein vertritt. Daher muß, wer wirklich auf geistigen Gebieten forschen will, für irgendeine solche Weltanschauungsfrage nicht nur dasjenige kennen, was für eine Sache spricht, sondern er muß auch all dasjenige kennen, was gegen eine Sache spricht. Denn das merkwürdige Resultat stellt sich heraus, daß die eigentliche Wahrheit erst auftaucht, wenn man auf die Seele wirken läßt das, was für eine Sache spricht, und das, was gegen eine Sache spricht. Und wer seinen Geist, ich möchte sagen, so fest hinstarren läßt auf irgendein Begriffs- oder Vorstellungsgewebe einer einseitigen Weltanschauung, der wird sich immer der Tatsache verschließen, daß auch das Gegenteil in der Seele sich geltend machen kann, das Gegenteil sogar bis zu einem gewissen Grade richtig erscheinen muß. Und er wird daher in einer Lage sein, wie etwa jemand, der behaupten wollte, das menschliche Leben könnte nur durch die Einatmung erhalten werden. Einatmung setzt Ausatmung voraus, beide gehören zusammen. So aber verhalten sich immer unsere Begriffe, unsere Vorstellungen, die sich auf Weltanschauungsfragen beziehen. Wir können für irgend etwas einen Begriff, der die Sache bejaht, vorbringen, wir können einen Begriff vorbringen, der die Sache verneint; das eine fordert das andere, wie die Einatmung die Ausatmung, und umgekehrt. Und so wie das wirkliche Leben nur erscheinen kann, nur sich offenbaren kann durch Ausatmen *und* Einatmen, wenn also beides vorhanden ist, so kann das, was das Geistige ist, in der Seele nur aufleben, wenn man in der Lage ist, in ebenso positiver Weise auf das *Für* wie auf das *Gegen* einer Sache einzugehen. Der bejahende Begriff, die bejahende Vorstellung, ist innerhalb des lebendigen Ganzen der Seele gewissermaßen wie ein Ausatmen, der verneinende Begriff wie eine Einatmung; und in ihrem lebendigen Zusammenwirken enthüllt sich erst dasjenige, was sich auf die geistige Wirklichkeit bezieht. Daher wird es der Geisteswissenschaft gar nicht liegen, die gewöhnlichen Methoden anzuwenden, die man so gewohnt ist aus der alltäglichen Literatur, wo dieses oder jenes bewiesen oder widerlegt wird. Der Geisteswissenschaftler sieht nämlich ein, daß das, was in positiver Weise vorgebracht wird, immer eine gewisse Berechtigung haben kann, wenn es sich auf Weltanschauungsfragen bezieht, ebenso aber auch die entgegengesetzte Erscheinung. Wenn man nun aber vorschreitet in Weltanschauungsfragen zu jenem unmittelbaren Leben, das in positiven und negativen Begriffen lebt, so wie das körperliche Leben in Ausatmung und Einatmung lebt, dann kommt man zu wirklich den Geist unmittelbar in sich aufnehmenden Begriffen, zu Begriffen, welche der Wirklichkeit gewachsen sind. Man muß sich dann allerdings öfters anders aussprechen, als man sich ausspricht nach den Denkgewohnheiten des gewöhnlichen Lebens. Aber die Art und Weise, wie man sich ausspricht, ergibt sich aus dem lebendig tätigen inneren Erleben des Geistes. Und der Geist kann nur innerlich erlebt, nicht nach Art des materiellen Daseins äußerlich wahrgenommen werden.

Nun wissen Sie ja, daß eine der hauptsächlichsten Weltanschauungsfragen diejenige ist, welche auch behandelt worden ist in den ersten Vorträgen, die ich in diesem Winter hier gehalten habe, die Frage nach dem Stoff, nach der Materie. Und ich will von dem eben angedeuteten Gesichtspunkte aus diese Frage heute kurz einleitungsweise berühren.

Mit der Frage nach dem Stoff oder der Materie kann man nicht zurechtkommen, wenn man versucht, immer wieder und wiederum sich Vorstellungen oder Begriffe zu bilden, was denn Materie eigentlich sei; wenn man verstehen will – mit anderen Worten –, was denn Materie, was Stoff sei. Wer mit solchen für viele Menschen abgelegenen Rätselfragen wirklich seelisch gerungen hat, der weiß, was es mit solchen Fragen auf sich hat. Denn wenn er eine Zeitlang gerungen hat, ohne sich irgendeinem Vorurteil hinzugeben, dann kommt er zu einem ganz anderen Gesichtspunkt gegenüber einer solchen Frage. Er kommt zu einem Gesichtspunkt, der ihm wichtiger erscheinen läßt die Art, wie man sich überhaupt in der Seele verhält, wenn man sich einen solchen Begriff wie den Begriff der Materie bildet. Dieses Ringen der Seele selber, das wird ins Bewußtsein heraufgehoben. Und dann kommt man zu einer Anschauung gerade über diese Rätselfragen, welche ich etwa in folgender Weise aussprechen könnte.

Derjenige, der die Materie, den Stoff, so verstehen will, wie man das gewöhnlich auffaßt, der gleicht einem Menschen, welcher sagt: Ich will jetzt den Eindruck bekommen von der Dunkelheit, von einem dunklen Zimmer. Was tut er? Er zündet ein Licht an und betrachtet das als die richtige Methode, den Eindruck vom dunklen Zimmer zu bekommen. Nicht wahr, es wird das Verkehrteste sein, was man tun kann. Ebenso ist es das Verkehrteste, was man tun kann – nur muß man das durch das gekennzeichnete Ringen gewahr werden –, wenn man sich dem Glauben hingibt, daß man jemals Materie erkennen wird, wenn man den Geist in Bewegung setzt, um gewissermaßen mit dem Geist die Materie, den Stoff zu beleuchten. Einzig und allein da, wo der Geist in unserem Leibe selber schweigen kann, bei der Sinnesempfindung, wo das Vorstellungsleben aufhört, da geschieht es, daß ein äußerer Vorgang in unser Inneres dringt. Da können wir – indem wir den Geist eben schweigen lassen und dieses Schweigen des Geistes erleben – Materie, Stoff, wirklich in unsere Seele gewissermaßen hereinrepräsentiert haben.

Zu solchen Begriffen kommt man nicht durch die gewöhnliche Logik; oder kommt man durch die gewöhnliche Logik dazu, dann stellen sie sich, ich möchte sagen, als viel zu dünn heraus, um wirkliche Überzeugung hervorzurufen. Erst wenn man in der angedeuteten Weise ringt in seiner Seele mit gewissen Begriffen, dann führen sie einen zu einem solchen Ergebnis, wie ich es angedeutet habe.

Nun ist auch das Umgekehrte der Fall. Nehmen wir an, es will jemand den Geist begreifen. Wenn er ihn sucht zum Beispiel in der rein äußeren materiellen Gestaltung des Menschenleibes, so gleicht er demjenigen, der, um das Licht zu begreifen, es auslöscht. Denn das ist das Geheimnis der Sache, daß die äußere sinnliche Natur selber die Widerlegung des Geistes, die Auslöscherin des Geistes ist. Sie bildet den Geist nach, ebenso wie die beleuchteten Gegenstände das Licht zurückwerfen. Aber nirgends können wir, wenn wir den Geist nicht in lebendiger Tätigkeit erfassen, ihn jemals aus irgendwelchen materiellen Vorgängen finden. Denn das ist gerade das Wesen der materiellen Vorgänge, daß sich der Geist in sie verwandelt hat, daß sich der Geist in sie umgesetzt hat. Und versuchen wir dann, den Geist aus ihnen zu erkennen, dann mißverstehen wir uns selber.

Ich wollte dies einleitungsweise vorausschicken, damit immer mehr und mehr Klarheit darüber kommen kann, was eigentlich die Erkenntnisgesinnung des Geistesforschers ist, und wie der Geistesforscher eine gewisse Weite und Beweglichkeit des Vorstellungslebens braucht, um in die Dinge, in die einzudringen ist, eben einzudringen. Mit solchen Begriffen ist es dann möglich, die wichtigen Fragen zu beleuchten, die ich auch das letztemal hier berührt habe, und die ich, um zu unseren heutigen Betrachtungen überzugehen, nur kurz andeute.

Ich habe gesagt: So wie sich einmal die Dinge entwickelt haben in der neueren Geistesbildung, ist man immer mehr zu einer einseitigen Anschauung gekommen über die Beziehungen des Seelisch-Geistigen zu dem Leiblich-Physischen, die sich dadurch ausdrückt, daß man heute das Seelisch-Geistige eigentlich nur sucht innerhalb jenes Teiles der menschlichen Leiblichkeit, der im Nervensystem beziehungsweise im Gehirn liegt. Man teilt gewissermaßen das Seelisch-Geistige dem Gehirn und Nervensystem allein zu, und man betrachtet mehr oder weniger den übrigen Organismus, wenn man vom Seelisch-Geistigen spricht, nur wie eine Art von Beigabe zum Gehirn und Nervensystem. Nun habe ich versucht, die Ergebnisse der Geistesforschung auf diesem Gebiete klarzulegen, indem ich darauf hingewiesen habe, daß man zu einer wahren Anschauung über das Verhältnis von Menschenseele und Menschenleib nur kommt, wenn man die ganze menschliche Seele in Beziehung zu der ganzen Leiblichkeit setzt. Dann aber zeigt es sich, daß es wohl einen tieferen Hintergrund hat, das Ganze der menschlichen Seele zu gliedern in das eigentliche Vorstellungsleben, in das Gefühlsleben und das Willensleben. Denn nur das eigentliche Vorstellungsleben der Seele ist in der Weise an den Nervenorganismus gebunden, wie es die neuere physiologische Psychologie annimmt. Dagegen ist das Gefühlsleben – wohlgemerkt: nicht insofern es vorgestellt wird, sondern insofern es entsteht – in einer solchen Beziehung zu dem Atmungsorganismus des Menschen, zu alle dem, was Atmung ist und mit der Atmung zusammenhängt, wie das Vorstellungsleben zum Nervensystem. So daß wir zuteilen müssen das Gefühlsleben der Seele dem Atmungsorganismus. Dann weiter: dasjenige, was wir Willensleben nennen, ist in einer gleichen Beziehung zu dem, was wir physisch im Leibe den Stoffwechsel nennen müssen; natürlich bis in seine feinsten Verzweigungen hinein. Und indem man berücksichtigt, daß ja im Organismus die einzelnen Systeme ineinandergreifen – der Stoffwechsel geht natürlich auch in den Nerven vor –, dadurch dringen, ich möchte sagen, an diesen äußersten Enden die Dinge ineinander. Es bleibt aber doch ein richtiges Verständnis nur möglich, wenn man die Dinge so ansieht, wenn man weiß, daß die Willensimpulse ebenso zuzuteilen sind den Stoffwechselvorgängen, wie die Vorstellungserlebnisse den Vorgängen im menschlichen Nervensystem beziehungsweise im Gehirn.

Solche Dinge können selbstverständlich zunächst nur angedeutet werden. Und auch schon aus dem Grunde, weil sie nur angedeutet werden können, sind Einwände über Einwände möglich. Aber ich weiß es ganz bestimmt: Wenn nicht mit Berücksichtigung bloßer Teile von Tatsachen der heutigen naturwissenschaftlichen Forschung, sondern mit dem ganzen Umfang der anatomisch-physiologischen Forschung an das eben Auseinandergesetzte wirklich herangegangen wird, das heißt wenn man an alles denkt, was anatomisch-physiologische Forschung ist, dann wird sich ein vollständiger Einklang zwischen den von mir gemachten geisteswissenschaftlichen Behauptungen und den naturwissenschaftlichen Behauptungen ergeben. Oberflächlich angesehen – lassen Sie mich den Einwand nur als besonders Charakteristisches vorbringen – lassen sich natürlich Einwände über Einwände gegen eine so umfassende Wahrheit machen. Es könnte jemand sagen: Nun wollen wir uns zunächst darin einigen, daß gewisse Gefühle mit dem Atmungsorganismus zusammenhängen; denn daß dies für gewisse Gefühle sehr einleuchtend gezeigt werden kann, daran kann eigentlich niemand zweifeln. Aber es könnte jemand sagen: Ja, wie verhältst du dich denn dann dazu, daß wir zum Beispiel Melodien wahrnehmen, daß Melodien in unserem Bewußtsein auftreten; an Melodien knüpft sich das Gefühl des ästhetischen Wohlgefallens an. Kann man da sprechen von irgendeiner Beziehung des Atmungsorganismus zu dem, was ja ganz offenbar im Haupte entsteht, was so ganz offenbar nach physiologischen Ergebnissen zusammenhängt mit dem Nervenorganismus? – Sobald man die Sache richtig betrachtet, stellt sich auch sogleich mit vollständiger Klarheit das Richtige meiner Behauptung heraus. Nämlich, man muß dann in Erwägung ziehen, daß mit jeder Ausatmung ein wichtiger Vorgang im Gehirn parallel geht: daß das Gehirn bei der Ausatmung, wenn es nicht von der Schädeldecke niedergehalten würde, steigen würde – die Atmung pflanzt sich ins Gehirn hinein fort – und umgekehrt; bei der Einatmung sinkt das Gehirn. Und da es nicht steigen und sinken kann, weil die Schädeldecke da ist, so tritt das ein, was der Physiologie ganz bekannt ist: es tritt der Wechsel in der Blutströmung ein, es findet das statt, was die Physiologie als Gehirn-Atmung kennt, das heißt gewisse Vorgänge, die in der Nervenumgebung parallel vorgehen dem Atmungsprozeß. Und in dieser Begegnung des Atmungsprozesses mit dem, was durch unser Ohr in uns als Töne lebt, spielt sich das ab, was eben darauf hinweist, daß das Fühlen auch auf diesem Gebiet so zusammenhängt mit dem Atmungsorganismus, wie das bloße Vorstellungsleben mit dem Nervenorganismus.

Ich will dieses andeuten, weil es etwas besonders Fernliegendes ist und deshalb einen naheliegenden Einwand abgibt. Könnte man sich mit jemand verständigen über alle Einzelheiten der physiologischen Ergebnisse, so würden keine solchen Einzelheiten dem widersprechen, was das letztemal hier vorgebracht wurde und heute wieder vorgebracht worden ist.

Nun soll es meine Aufgabe sein, wiederum in einer ähnlichen Weise wie im letzten Vortrag unsere Betrachtung weiter auszubauen. Und da muß ich ein wenig näher eingehen auf die Art und Weise, wie der Mensch das sinnliche Wahrnehmungsleben entfaltet, um zu zeigen, welches eigentlich das Verhältnis ist zwischen dem sinnlichen Wahrnehmungsvermögen, das zu Vorstellungen führt, und dem Gefühls- und Willensleben, überhaupt dem Leben des Menschen als Seele, als Leib und als Geist.

Durch unser Sinnesleben kommen wir mit der sinnlichen Umgebung in Verkehr. Innerhalb dieser sinnlichen Umgebung unterscheidet die Naturforschung gewisse Stoffe, sagen wir besser Stoff-Formen – denn auf diese kommt es ja jetzt an; wenn ich mit dem Physiker sprechen wollte, würde ich sagen müssen Aggregatzustände –: Festes, Flüssiges, Luftförmiges. Nun aber kommt, wie Sie ja alle wohl wissen, die physikalisch-naturwissenschaftliche Forschung dazu, außer diesen stofflichen Formen noch etwas anderes anzunehmen. Wenn die Naturwissenschaft das Licht erklären will, so begnügt sie sich nicht damit, diese Stoff-Formen nur gelten zu lassen, welche ich eben angeführt habe, sondern sie greift dann zu dem, was ihr zunächst feiner erscheint als diese Stoffsorten; sie greift zu dem, was man gewöhnlich Äther nennt. Die Vorstellung des Äthers ist ja eine außerordentlich schwierige, und man kann sagen: Die verschiedenen Gedanken, die man sich über das gemacht hat, was über den Äther gesagt werden soll, sind denkbar verschieden, mannigfaltig. Auf alle diese Einzelheiten kann natürlich nicht eingegangen werden. Nur darauf soll aufmerksam gemacht werden, daß eben die Naturwissenschaft sich gedrängt fühlt, den Ätherbegriff aufzustellen, das heißt die Welt nicht nur von der unmittelbar sinnlichen Wahrnehmung der dichteren Stoffe erfüllt zu denken, sondern sie erfüllt zu denken von Äther. Das Charakteristische ist, daß die Naturforschung nicht heraufkommt mit ihren Methoden zu dem, was eigentlich Äther ist. Denn die Naturforschung braucht zu ihrer wirklichen Betätigung doch immer materielle Grundlagen. Der Äther selber aber entzieht sich gewissermaßen doch immer den materiellen Grundlagen. Er erscheint in Verbindung mit materiellen Vorgängen, er ruft materielle Vorgänge hervor; aber er ist sozusagen mit den Mitteln, die an die materiellen Grundlagen gebunden sind, nicht zu fassen. Daher hat sich gerade in der neueren Zeit ein eigentümlicher Ätherbegriff herausgebildet, der im Grunde genommen außerordentlich interessant ist. Der Ätherbegriff, den man heute schon bei Physikern finden kann, der geht dahin, zu sagen: Äther muß dasjenige sein – was es auch sonst sein mag –, was jedenfalls keine Eigenschaften hat, wie sie die gewöhnliche Materie hat. So weist die Naturforschung über ihre eigenen materiellen Grundlagen hinaus, indem sie vom Äther sagt, er habe das, was sie mit ihren Mitteln nicht finden kann. Die Naturforschung kommt gerade bis zu der Annahme eines Äthers, aber nicht dazu, mit ihren Mitteln diese Äthervorstellung mit irgendeinem Inhalt zu erfüllen.

Nun, Geistesforschung ergibt das Folgende. Die Naturforschung geht von der materiellen Grundlage aus, die Geistesforschung geht von der geistig-seelischen Grundlage aus. Der Geistesforscher wird nun, wenn er nicht willkürlich stehen bleibt bei einer gewissen Grenze, ebenso zu dem Ätherbegriff getrieben wie der Naturforscher, nur von der anderen Seite her. Der Geistesforscher versucht in seine Erkenntnis aufzunehmen dasjenige, was im Innern der Seele regsam und wirksam ist. Würde er nun bei dem stehen bleiben, was er so innerlich im gewöhnlichen Seelenleben erleben kann, dann würde er auf diesem Gebiet nicht einmal so weit gehen wie der Naturforscher, der den Ätherbegriff annimmt. Denn der Naturforscher stellt wenigstens den Ätherbegriff auf, er läßt ihn gelten. Der Seelenforscher, wenn er von sich aus zu keinem Ätherbegriff kommt, gleicht einem Naturforscher, der da sagte: Was kümmere ich mich darum, was da noch lebt! Ich nehme an die drei Grundformen: feste, flüssige, luftförmige Körper; was noch dünner sein soll, darum kümmere ich mich nicht. – So macht es in der Tat zumeist die Seelenlehre.

Allein nicht jeder, der auf dem Gebiete der Seelenforschung sich betätigt hat, macht es so; und man findet insbesondere innerhalb jener außerordentlich bedeutungsvollen wissenschaftlichen Entwickelung, die sich auf der Grundlage des im ersten Drittel des neunzehnten Jahrhunderts geltend gewordenen deutschen Idealismus aufbaut – nicht in diesem Idealismus selber, aber in dem, was dann aus diesem Idealismus geworden ist –, Ansätze, zu dem Ätherbegriffe so von der anderen Seite, von der geistig-seelischen Seite aus hinzukommen, wie die Naturforschung von der materiellen Seite zum Äther aufsteigt. Und man muß sich, will man den Ätherbegriff wirklich haben, von zwei Seiten her diesem Begriff nähern. Anders wird man mit diesem Begriff nicht zurechtkommen. Nun, das Interessante liegt darin, daß die großen deutschen philosophischen Idealisten, Fichte, Schelling, Hegel, trotz ihres von mir ja öfter hier charakterisierten eindringlichen Vorstellens und Denkens, den Ätherbegriff noch liegengelassen haben. Sie konnten gewissermaßen das innere Seelenleben nicht so erstarken, nicht so erkraften, daß ihnen der Ätherbegriff sich ergeben hätte. Dafür ist in denjenigen, die sich haben befruchten lassen von diesem Idealismus, die gewissermaßen die Gedanken, die damals erzeugt worden sind, in ihrer Seele haben weiterwirken lassen, trotzdem sie nicht so große Genies waren, wie die Idealisten-Vorgänger, dieser Ätherbegriff entsprungen aus dieser Seelenforschung heraus. Wir finden diesen Ätherbegriff zunächst bei *Immanuel Hermann Fichte*, dem Sohn des großen Johann Gottlieb Fichte, zugleich Schüler seines Vaters, indem er in sich fortwirken ließ, was Johann Gottlieb Fichte und seine Nachfolger, Schelling und Hegel, in ihrer Seele gewissermaßen gemacht haben. Aber es zu größerer innerer Wirksamkeit gleichsam verdichtend, kam er dazu, sich zu sagen: Wenn man das seelisch-geistige Leben betrachtet, wenn man es, ich möchte sagen, nach allen Seiten durchmißt, dann kommt man dazu, sich zu sagen: Da nach unten muß dieses seelisch-geistige Leben in den Äther auslaufen, so wie Festes, Flüssiges, Luftförmiges nach oben hin in den Äther ausläuft. Es muß gewissermaßen das Niederste des Seelischen so in den Äther hineinmünden, wie das Höchste des Materiellen in den Äther hineinmündet nach oben. Und charakteristisch sind gewisse Vorstellungen, die sich darüber Immanuel Hermann Fichte gebildet hat, und durch die er nun wirklich von dem Geistig-Seelischen aus bis an die Grenze des Äthers gekommen ist. Wir lesen in seiner «Anthropologie» 1860 – Sie finden die Stelle angeführt in meinem letzten Buche «Vom Menschenrätsel» –:

«In den Stoffelementen ... kann das wahrhaft Beharrende, jenes einende Formprinzip des Leibes nicht gefunden werden, welche sich während unseres ganzen Lebens wirksam erweist.» «So werden wir auf eine zweite, wesentlich *andere* Ursache im Leibe hingewiesen.» «Indem» dieses «das eigentlich im Stoffwechsel Beharrliche enthält, ist es der wahre, innere, unsichtbare, aber in aller sichtbaren Stofflichkeit gegenwärtige Leib. Das andere, die äußere Erscheinung desselben, aus unablässigem Stoffwechsel gebildet, möge fortan ‹Körper› heißen, der wahrhaft nicht beharrlich und nicht eins, der bloße Effekt oder das Nachbild jener inneren Leiblichkeit ist, welche ihn in die wechselnde Stoffwelt hineinwirft, gleichwie etwa die magnetische Kraft aus den Teilen des Eisenfeilstaubes sich einen scheinbar dichten Körper bereitet, der aber nach allen Seiten zerstäubt, wenn die bindende Gewalt ihm entzogen ist.»

Nun, für I. H. Fichte lebte also in dem gewöhnlichen, aus dem äußeren Stoff bestehenden Leib ein unsichtbarer Leib, und diesen unsichtbaren Leib könnten wir auch den ätherischen Leib nennen; ein Ätherleib, der die einzelnen Stoffteilchen dieses sichtbaren Leibes in ihre Formen hereinbringt, sie gestaltet, sie ausbildet. Und I. H. Fichte ist sich so klar, daß dieser Ätherleib, zu dem er aus dem Seelischen heruntersteigt, nicht den Vorgängen des physischen Leibes unterworfen ist, daß für ihn schon genug ist die Einsicht in das Dasein eines solchen Ätherleibes, um über das Todesrätsel hinauszukommen. Denn I. H. Fichte sagt in seiner «Anthropologie»:

«Denn kaum braucht noch gefragt zu werden, wie der Mensch an sich selbst sich verhalte in diesem Todesvorgange. Dieser bleibt auch nach dem letzten, uns sichtbaren Akte des Lebensprozesses in seinem Wesen ganz derselbe nach Geist und Organisationskraft, welcher er vorher war. Seine Integrität ist bewahrt; denn er hat durchaus nichts verloren von dem, was sein war und zu seiner Substanz gehörte während des sichtbaren Lebens. Er kehrt nur im Tode in die unsichtbare Welt zurück, oder vielmehr, da er dieselbe nie verlassen hatte, da sie das eigentlich Beharrende in allem Sichtbaren ist, – er hat nur eine bestimmte Form der Sichtbarkeit abgestreift. ‹Totsein› bedeutet lediglich, der gewöhnlichen Sinnesauffassung nicht mehr perceptibel bleiben, ganz auf gleiche Weise, wie auch das eigentlich Reale, die letzten Gründe der Körpererscheinungen, den Sinnen imperceptibel sind.»

Ich habe bei I. H. Fichte aufgezeigt, wie er zu einem solchen unsichtbaren Leibe vorrückt von dem Seelischen. Interessant ist es, daß an vielen Stellen in der Nachblüte des deutschen idealistischen Geisteslebens dasselbe aufgetaucht ist. Ich habe auch hier schon vor längerer Zeit aufmerksam gemacht auf einen einsamen Denker, der Schuldirektor in Bromberg war, der sich befaßt hat mit der Unsterblichkeitsfrage: *Johann Heinrich Deinhardt,* der in den sechziger Jahren des 19. Jahrhunderts gestorben ist. Er hat sich zunächst mit der Unsterblichkeitsfrage befaßt wie die anderen, indem er versuchte, durch Vorstellungen und Begriffe hinter diese Unsterblichkeitsfrage zu kommen. Aber für ihn hat sich mehr ergeben als für diejenigen, die bloß in

Begriffen leben. Und so konnte der Herausgeber jener Abhandlung über Unsterblichkeit, die J. H. Deinhardt geschrieben hat, aus einem Briefe, den der Verfasser an ihn geschrieben hat, eine Stelle anführen, in der dieser J. H. Deinhardt sagt, daß er zwar noch nicht dazu gekommen wäre, die Sache einem Buche mitzuteilen, daß aber seine innerliche Forschung ihm klar ergeben hätte, daß der Mensch während seines Lebens zwischen Geburt und Tod an der Ausgestaltung eines unsichtbaren Leibes arbeite, welcher mit dem Tod in die geistige Welt hinein entlassen wird.

Und so könnten noch mannigfaltige andere Erscheinungen des deutschen Geisteslebens für eine solche Forschungsrichtung und Anschauungsrichtung angeführt werden. Sie alle würden beweisen, daß in dieser Forschungsrichtung der Drang war, nicht stehen zu bleiben bei dem, was bloß philosophierende Spekulation, was bloßes Leben in Begriffen ergeben kann, sondern das innere Seelenleben so zu erkraften, daß es herandringt bis zu jener Dichtigkeit, welche den Äther erreicht.

Nun wird allerdings auf den Wegen, die diese Forscher eingeschlagen haben, noch nicht von innen heraus das wirkliche Ätherrätsel gelöst werden können, aber man kann gewissermaßen sagen: diese Forscher sind auf dem Wege zur Geisteswissenschaft. Denn dieses Rätsel nach dem Äther wird gelöst, indem die menschliche Seele diejenigen übungsgemäßen inneren Vorgänge durchmacht, welche ich hier öfters charakterisiert habe, und die in meinem Buche «Wie erlangt man Erkenntnisse der höheren Welten?» genauer beschrieben werden. Der Mensch gelangt, wenn er diese inneren Seelenvorgänge durchmacht, allerdings nach und nach, dazu, den Äther wirklich von innen heraus zu erreichen. Dann wird der Äther für ihn unmittelbar da sein. Dann aber erst ist er imstande zu begreifen, was eigentlich eine Sinnesempfindung ist, was eigentlich vorliegt in der sinnlichen Wahrnehmung.

Um dieses heute darzustellen, muß ich gewissermaßen von anderer Seite den Zugang zu dieser Frage suchen. Gehen wir heran an das, was in den Stoffwechselvorgängen für den Menschen eigentlich vorgeht. Grob gesprochen, können wir uns die Stoffwechselvorgänge im menschlichen Organismus als so verlaufend denken, daß sie im wesentlichen mit dem flüssigen Stoffelement zu tun haben. Das wird ja leicht eingesehen werden können, wenn man sich nur ein wenig mit den gangbarsten naturwissenschaftlichen Vorstellungen auf diesem Gebiete bekannt macht. Was Stoffwechselvorgang ist, das lebt gewissermaßen im flüssigen Element. Das, was Atmung ist, lebt im luftförmigen Element; in der Atmung haben wir eine Wechselwirkung zwischen inneren und äußeren Luftvorgängen, wie wir im Stoffwechsel eine Wechselwirkung haben zwischen stofflichen Vorgängen, die sich außer unserem Leibe abgespielt haben, und solchen, die sich in unserem Leibe abspielen. Was geht nun vor, wenn wir sinnlich wahrnehmen und das Vorstellen daran reihen? Was entspricht dem eigentlich? In ebensolcher Weise, wie die flüssigen Vorgänge dem Stoffwechsel, die luftförmigen Vorgänge dem Atmen entsprechen – was entspricht dem Wahrnehmen? Dem Wahrnehmen entsprechen ätherische Vorgänge. So wie wir gewissermaßen mit dem Stoffwechsel im Flüssigen leben, leben wir mit der Atmung in der Luft, leben wir mit der Wahrnehmung im Äther. Und innere Ätherprozesse, innere ätherische Vorgänge, die sich in dem unsichtbaren Leibe, von dem eben gesprochen worden ist, abspielen, berühren sich mit äußeren ätherischen Vorgängen in der sinnlichen Wahrnehmung. Wenn eingewendet wird: Ja, aber gewisse sinnliche Wahrnehmungen sind doch so offenbare Stoffwechselvorgänge! – es ist für diejenigen sinnlichen Wahrnehmungen besonders auffällig, die den sogenannten niederen Sinnen entsprechen, Geruch, Geschmack –, so würde ein genaueres Eingehen zeigen, daß dabei das, was stofflich ist, dem Stoffwechsel selbst angehört, und daß bei jedem solchen Vorgang, auch beim Schmecken zum Beispiel ein ätherischer Prozeß vorgeht, durch den wir in Beziehung treten mit dem äußeren Äther, wie wir mit dem physischen Leibe zu der Luft in Beziehung treten, indem wir atmen. Ohne das Verständnis der ätherischen Welt ist ein Verständnis der Sinnesempfindungen nicht möglich.

Und was geschieht denn eigentlich? Nun, was da geschieht, das kann man im Grunde genommen erst durchschauen, wenn man den inneren Seelenprozeß so weit gebracht hat, daß einem das innerlich Ätherisch-Leibliche eine Wirklichkeit geworden ist. Das wird es, wenn das erreicht ist, was ich in den Vorträgen vor kurzem hier das imaginative Vorstellen genannt habe. Wenn die Vorstellungen durch die Übungen, die Sie in dem genannten Buche finden können, sich so erkraftet haben, daß sie nicht mehr abstrakte Vorstellungen sind, die wir sonst haben, sondern lebensvolle Vorstellungen sind, dann kann man sie Imaginationen nennen. Wenn diese Vorstellungen so lebensvoll geworden sind, daß sie Imaginationen sind, dann leben sie unmittelbar im Ätherischen, während sie, wenn sie abstrakte Vorstellungen sind, nur im Seelischen leben. Sie greifen auf das Ätherische über. Und dann, wenn man es so weit gewissermaßen im innerlichen Experimentieren gebracht hat, daß man den Äther als Lebendig-Wirkliches in sich erlebt, dann kann man erfahren, was geschieht in der Sinnesempfindung. Die Sinnesempfindung besteht darin – ich kann dies heute nur als Ergebnis anführen –, daß, indem die äußere Umgebung das Ätherische aus dem Materiellen in unsere Sinnesorgane hineinsendet, jene Golfe macht, von denen ich vorgestern sprach, so daß das, was draußen ist, innerhalb unseres Sinnenbereiches auch innerlich wird, wir zum Beispiel einen Ton haben gewissermaßen zwischen Sinnesleben und Außenwelt. Dann wird dadurch, daß der äußere Äther eindringt in unsere Sinnesorgane, dieser äußere Äther abgetötet. Und indem der äußere Äther abgetötet in unsere Sinnesorgane hereinkommt, wird er, indem der innere Äther vom ätherischen Leibe ihm entgegenwirkt, wieder belebt. Darin haben wir das Wesen der Sinnesempfindung. Wie Ertötung und Belebung im Atmungsprozeß entsteht, indem wir den Sauerstoff einatmen, und ausatmen die Kohlensäure, so besteht eine Wechselwirkung zwischen gewissermaßen erstorbenem Äther und belebtem Äther in der Sinnesempfindung.

Dies ist eine außerordentlich wichtige Tatsache, die sich der Geisteswissenschaft ergibt. Denn das, was keine philosophischen Spekulationen finden, woran die philosophische Spekulation der letzten Jahrhunderte so unzählige Male gescheitert ist, das kann nur auf dem Wege der Geisteswissenschaft gefunden werden. Sinnesempfindung kann so erkannt werden als eine feine Wechselwirkung zwischen äußerem und innerem Äther; als Belebung des im Sinnesorgan ertöteten Äthers vom inneren Ätherleibe aus. So daß dasjenige, was die Sinne uns aus der Umgebung abtöten, innerlich durch den Ätherleib wieder belebt wird, und wir dadurch zu dem kommen, was eben Wahrnehmung der Außenwelt ist.

Dies ist außerordentlich wichtig, denn es zeigt, wie der Mensch, schon wenn er der Sinnesempfindung sich hingibt, nicht nur lebt im physischen Organismus, sondern im ätherisch Übersinnlichen, wie das ganze Sinnesleben ein Leben und Weben im Ätherisch-Unsichtbaren ist. Dies ist es, das eben in der charakterisierten Zeit die tieferen Forscher immer geahnt haben, das aber zur Gewißheit erhoben werden wird durch die Geisteswissenschaft. Ich will unter denen, die diese bedeutsame Wahrheit erkannten, noch anführen den fast ganz vergessenen *J. P. V. Troxler*. Ich habe ihn in früheren Vorträgen, in früheren Jahren, hier schon erwähnt. Er sagte in seinen «Vorlesungen über Philosophie»:

«Schon früher haben die Philosophen einen feinen, hehren Seelenleib unterschieden von dem gröberen Körper ... eine Seele, die ein Bild des Leibes an sich habe, das sie Schema nannten, und das ihnen der innere höhere Mensch war ... In der neuesten Zeit selbst Kant in den Träumen eines Geistersehers träumt ernsthaft im Scherze einen ganzen inwendigen seelischen Menschen, der alle Gliedmaßen des auswendigen an seinem Geistesleib trage; Lavater dichtet und denkt ebenso....»

Diese Forscher waren sich aber auch klar, daß mit dem Augenblick, wo man aufsteigt nur aus dem gewöhnlichen materiellen Anschauen zu dem Anschauen dieses übersinnlichen Organismus in uns, man überzugehen hat von der gewöhnlichen Anthropologie zu einer solchen Art von Erkenntnis, die durch Erkraftung des Inneren zu ihren Ergebnissen kommt. Daher ist es interessant, wie zum Beispiel sowohl I. H. Fichte wie auch Troxler sich klar sind darüber, daß Anthropologie aufsteigen müsse zu etwas anderem, wenn sie den ganzen Menschen erfassen will. I. H. Fichte sagt in seiner «Anthropologie»:

«Das Sinnenbewußtsein ... mit dem gesamten, auch menschlichen Sinnenleben, hat keine andere Bedeutung, als nur die Stätte zu sein, in welcher jenes übersinnliche Leben des Geistes sich vollzieht, indem er durch frei bewußte eigene Tat den jenseitigen Geistgehalt der Ideen in die Sinnenwelt einführt ... Diese gründliche Erfassung des

Menschenwesens erhebt nunmehr die ‹Anthropologie› in ihrem Endresultate zur ‹Anthroposophie›.»

Wir sehen aus dieser Strömung des deutschen Geisteslebens, die, ich möchte sagen, den Idealismus von seiner Abstraktheit zur Wirklichkeit hintreibt, die Ahnung einer Anthroposophie. Und Troxler sagt, daß man annehmen müsse einen übergeistigen Sinn im Verein mit einem übersinnlichen Geiste, und daß man dadurch den Menschen so erfassen kann, daß man es nicht mehr zu tun hat mit einer gewöhnlichen Anthropologie, sondern mit etwas Höherem:

«Wenn es nun höchst erfreulich ist, daß die neueste Philosophie, welche ... in jeder Anthroposophie ... sich offenbaren muß, emporwindet, so ist doch nicht zu übersehen, daß diese Idee nicht eine Frucht der Spekulation sein kann, und die wahrhafte ... Individualität des Menschen weder mit dem, was sie als subjektiven Geist oder endliches Ich aufstellt, noch mit dem, was sie als absoluten Geist oder absolute Persönlichkeit diesem gegenüberstellt, verwechselt werden darf.»

Mit Anthroposophie ist nicht irgend etwas vorgebracht, was gewissermaßen aus der Willkür heraus auftritt, sondern etwas, wozu mit Notwendigkeit jenes Geistesleben führt, das sich einmal darauf einläßt, Begriffe und Vorstellungen nicht nur als Begriffe und Vorstellungen zu erleben, sondern sie so weit – und ich möchte den Ausdruck noch einmal gebrauchen – zu verdichten, daß sie in die Wirklichkeit hineinführen, daß sie wirklichkeitsgesättigt werden.

Man kommt aber, und das ist nun der Mangel dieser Forschung, wenn man sich bloß erhebt vom physischen zu dem ätherischen Leibe, doch nicht zurecht; sondern man kommt da nur an eine gewisse Grenze, die aber überschritten werden muß; denn jenseits des Ätherischen liegt erst das Seelisch-Geistige. Und das Wesentliche ist, daß eben dieses Seelisch-

Geistige nur durch die Vermittlung des Ätherischen mit dem Physischen in eine Beziehung kommen kann. So haben wir das eigentlich Seelische des Menschen erst in dem zu suchen, was nun völlig überätherisch arbeitet und kraftet im Ätherischen, so daß das Ätherische wiederum das Physische gestaltet, wie es selbst gestaltet, durchkraftet, durchlebt ist von dem Seelischen.

Versuchen wir den Menschen nun am anderen, am Willens-Pol zu ergreifen: Wir haben ja gesagt, daß das Willensleben zusammenhängt mit dem Stoffwechsel. Indem der Willensimpuls sich im Stoffwechsel auslebt, lebt er nicht bloß in dem äußeren physischen Stoffwechsel, sondern da überall der ganze Mensch ist innerhalb der Grenzen seiner Wesenheit, so lebt auch das Ätherische in dem, was sich als Stoffwechsel ausgestaltet, wenn ein Willensimpuls vorgeht. Nun zeigt die Geisteswissenschaft, daß im Willensimpuls gerade das Umgekehrte vorliegt von der Sinneswahrnehmung. Während bei der Sinneswahrnehmung der äußere Äther gewissermaßen belebt wird durch den inneren Äther, also der innere Äther sich in den toten Äther hinein ergießt, ist es beim Willensimpuls so, daß, wenn er aus dem Seelisch-Geistigen heraus entspringt, dann immer durch den Stoffwechsel und alles das, was damit zusammenhängt, der Ätherleib herausgelockert, herausgetrieben wird aus dem physischen Leibe für diejenigen Gebiete, in denen sich der Stoffwechsel abspielt. Wir haben also hier das Umgekehrte: der Ätherleib zieht sich gewissermaßen zurück von den physischen Vorgängen. Und darin liegt das Wesentliche der Willenshandlungen, daß sich bei ihnen der Ätherleib zurückzieht von dem physischen Leib.

Nun werden sich diejenigen verehrten Zuhörer, die die früheren Vorträge gehört haben, erinnern, daß ich außer der imaginativen Erkenntnis unterschieden habe die inspirierte und dann die eigentliche intuitive Erkenntnis. Und ebenso, wie die imaginative Erkenntnis ein solches Erkraften des Seelenlebens ist, daß man zu dem Ätherleben auf die vorhin angedeutete Weise kommt, so ist die intuitive Erkenntnis dadurch gegeben, daß man im Seelenleben gewissermaßen lernt, durch mächtige Willensimpulse mitzumachen, ja selbst hervorzurufen, was man nennen kann: Zurückziehen des Ätherleibes von den physischen Vorgängen. So ragt auf diesem Gebiete das Seelisch-Geistige in das Physisch-Leibliche hinein. Dringt ein Willensimpuls ursprünglich aus dem Seelisch-Geistigen heraus, so findet er sich mit dem Ätherischen, und die Folge ist, daß dieses Ätherische zurückgezogen wird aus irgendeinem Stoffwechsel-Gebiet des Physisch-Leiblichen. Und aus diesem Wirken des Geistig-Seelischen durch das Ätherische auf das Leibliche entsteht das, was man nennen kann den Übergang eines Willensimpulses zu irgendeiner leiblichen Bewegung, zu einer leiblichen Hantierung. Dann aber erst, wenn man in dieser Weise den ganzen Menschen ins Auge faßt, gelangt man zu seinem eigentlichen unsterblichen Teil. Denn sobald man erkennen lernt, wie das Geistig-Seelische im Äther webt, wird einem auch klar, daß dieses Weben des Geistig-Seelischen im Äther unabhängig ist auch von denjenigen Vorgängen des physischen Leibes, die in Geburt, Empfängnis und Tod eingeschlossen sind. Und auf diesem Wege ist möglich ein wirkliches Sich-Erheben zu dem Unsterblichen im Menschenwesen, zu demjenigen, das sich mit dem Leibe, den man durch die Vererbungsströmung erhält, verbindet, und das sich erhält, wenn der Mensch wiederum durch die Pforte des Todes geht. Denn mit dem, was hier geboren wird und stirbt, steht das Ewig-Geistige auf dem Umwege durch das Ätherische in Zusammenhang.

Es hat sich ja bis jetzt ergeben, daß die Vorstellungen, zu denen Geisteswissenschaft kommt, den Denkgewohnheiten von heute gar sehr widerstreben, daß sich die Menschen schwer hineinfinden können in diese Vorstellungen. Man kann sagen, daß ein Hindernis für dieses Hineinfinden neben anderem auch dies ist, daß man sich so wenig bemüht, den wirklichen Zusammenhang des Geistig-Seelischen mit dem Leiblichen in der heute angedeuteten Weise zu suchen. Die meisten Menschen ersehnen nämlich ganz anderes als dasjenige, was die Geistesforschung eigentlich liefern kann. Was ist es eigentlich, was im Menschen stattfindet, wenn er vorstellt? Ein Ätherprozeß, der nur in eine Wechselwirkung tritt mit einem äußeren Ätherprozeß. Notwendig ist aber, damit der Mensch sozusagen in gesundem seelischen und leiblichen Leben nach dieser Richtung ist, daß der Mensch gewahr werde, wo die Grenze ist, in der sich berührt der innere und der äußere Äther. Das geschieht zumeist ja unbewußt. Es wird bewußt, wenn der Mensch zur imaginativen Erkenntnis aufsteigt, wenn er innerlich erlebt das Regen und Bewegen des Äthers, und sein Zusammenkommen mit dem äußeren Äther, der im Sinnesorgan erstirbt. In diesem Wechselwirken zwischen dem inneren und äußeren Äther haben wir gewissermaßen die äußerste Grenze der Wirksamkeit des Äthers überhaupt auf den menschlichen Organismus. Denn das, was in unserem Ätherleibe ist, wirkt auf den Organismus zum Beispiel vornehmlich im Wachstum. Da ist es noch von innen heraus bildend im Organismus wirksam. Es organisiert allmählich unseren Organismus, so daß er sich anpaßt in der Weise an die Außenwelt, wie wir das sehen, wenn das Kind heranwächst. Aber dieses innerlich bildende Ergreifen des physischen Leibes durch den Äther muß an einer gewissen Grenze anlangen. Wenn es über diese Grenze hinausgeht durch irgendwelche krankhaften Prozesse, dann tritt das ein, daß das im Äther Lebende und Webende, das aber im Ätherischen sich erhalten soll, übergreift auf den physischen Organismus, so daß dieser gewissermaßen in sich verwoben erhält dasjenige, was als Ätherbewegung bleiben soll. Was tritt dann ein? Das, was eigentlich nur innerlich erlebt werden soll als Vorstellung, das tritt auf als ein Vorgang im physischen Leibe. Dann ist es das, was man eine Halluzination nennt. Wenn der Äthervorgang seine Grenze überschreitet nach dem Leiblichen hin, dadurch daß der Leib ihm durch seine Krankhaftigkeit nicht den richtigen Widerstand entgegensetzt, dann entsteht das, was man eine Halluzination nennt. Nun wünschen sich eigentlich sehr viele Menschen, die in die geistige Welt eindringen wollen, vor allen Dingen Halluzinationen. Das kann ihnen der Geistesforscher selbstverständlich nicht bieten; denn die Halluzination ist nichts anderes als die Wiedergabe eines rein materiellen Vorganges, eines Vorganges, der sich gegenüber der Seele jenseits der Grenzen des Leibes abspielt, das heißt im Leibe. Dagegen besteht das, was in die geistige Welt führt, darin, daß man von dieser Grenze zurück ins Seelische geht und statt zu Halluzinationen, zur Imagination kommt, und die Imagination ist ein rein seelisches Erlebnis. Und indem sie rein seelisches Erlebnis ist, lebt die Seele in der Imagination in der geistigen Welt. Dadurch aber auch lebt die Seele in vollbewußtem Durchdringen der Imagination. Und ein Wichtiges ist, daß man einsieht, daß Imagination, das heißt berechtigter Weg, um geistige Erkenntnis zu erlangen, und Halluzination, das Entgegengesetzte sind und sich auch gegenseitig vernichten. Wer durch einen krankhaften Organismus zur Halluzination kommt, verlegt sich den Weg zur eigentlichen Imagination; und wer zur wirklichen Imagination kommt, bewahrt sich am sichersten vor allem Halluzinieren. Halluzination und Imagination schließen sich gegenseitig aus, zerstören sich gegenseitig.

So aber liegt die Sache auch am anderen Pol des Menschen. Ebenso wie der Ätherleib übergreifen kann auf das Leibliche, seine Bildekraft in das Leibliche hineinsenken kann, und dadurch die Halluzination, das heißt die rein leiblichen Vorgänge, hervorrufen kann, so kann auf der anderen Seite durch gewisse krankhafte Bildungen des Organismus oder durch herbeigeführte Ermüdung oder sonstige Zustände des Organismus das Heraustreten des Ätherischen, wie es charakterisiert wurde bei der Willenshandlung, in unregelmäßiger Weise erfolgen. Dann kann es geschehen, daß, statt daß in einer richtigen Willenshandlung das Ätherische wirklich aus dem physischen Stoffwechselgebiet herausgenommen wird, es drinnen bleibt, und das physische Stoffwechsel-Gebiet in seiner rein physischen Betätigung in das Ätherische hineingreift, so daß das Ätherische abhängig wird von dem Physischen, während im normalen Willensentfalten das Physische abhängig ist vom Ätherischen, das wiederum seinerseits bestimmt wird von dem Seelisch-Geistigen. Wenn das geschieht durch solche Vorgänge, wie ich es angedeutet habe, dann entsteht, ich möchte sagen, wie das krankhafte Gegenbild der Halluzination die Zwangshandlung, die darin besteht, daß sich der physische Leib mit seinen Stoffwechselvorgängen in das Ätherische hereindrängt, in den Ätherleib gewissermaßen hereinschiebt. Und wird die Zwangshandlung als krankhafte Erscheinung hervorgerufen, so kann man wiederum sagen: sie schließt das aus, was man in der geisteswissenschaftlichen Erkenntnis die Intuition nennt. Intuition und Zwangshandlung schließen sich gegenseitig aus, so wie sich Halluzination und Imagination ausschließen. Daher ist es auch, daß es nichts Seelenloseres gibt, als auf der einen Seite die Halluzinierenden, denn die Halluzinationen sind eben Andeutungen von Körperzuständen, die nicht sein sollten; und auf der anderen Seite zum Beispiel die tanzenden Derwische. Der Tanz des Derwischs entsteht dadurch, daß sich das Physisch-Leibliche hineinschiebt in das Ätherische, so daß nicht das Ätherische vom Geistig-Seelischen aus das Wirksame wird, sondern im Grunde genommen nur reguläre Zwangshandlungen auftreten. Und wer da glaubt, im tanzenden Derwisch Offenbarungen des Seelischen zu erhalten, der sollte gerade sich in die Geisteswissenschaft einlassen, um sich darüber klar zu werden, daß der tanzende Derwisch ein Beweis dafür ist, daß der Geist, das Geistig-Seelische aus seinem Leibe herausgegangen ist; deshalb tanzt er in dieser Weise.

Und, ich möchte sagen, nur etwas umfangreicher ist dasjenige, was nun nicht Tanzen ist, sondern was zum Beispiel automatisches Schreiben, mediales Schreiben ist. Das besteht auch in nichts anderem, als daß man erst das Geistig-Seelische ganz heraustreibt aus dem Menschlichen, und den in den Ätherleib hineingeschobenen physischen Leib sich entfalten läßt, wie er sich entfaltet, wenn er, der gleichsam leer geworden ist von innerem Äther, nun in die Gewalt des äußeren umgebenden Äthers kommt. Diese Gebiete alle führen gerade von der Geisteswissenschaft ab, nicht zur Geisteswissenschaft hin, obwohl durchaus nicht von jenen Gesichtspunkten aus etwas eingewendet werden soll gegen diese Dinge, von denen man gewöhnlich gegen sie so viel einwendet. Gerade am tanzenden Derwisch kann studiert werden, was ein Kunsttanzen, ein wirklich künstlerischer Tanz sein soll. Der künstlerische Tanz soll gerade darin bestehen, daß jeder einzelnen Bewegung ein Willensimpuls, der dem Betreffenden auch zum Bewußtsein kommen kann, entspricht, so daß man es niemals zu tun hat mit einem bloßen Hereindrängen der physischen Vorgänge in die ätherischen Vorgänge. Mit Vorstellungen durchgeistigter Tanz ist allein Kunsttanz. Das Tanzen des Derwischs, das ist nur Verleugnung der Geistigkeit. Manche werden einwenden: Aber es zeigt doch den Geist an! – Das tut es, aber wie? Nun, eine Muschel können Sie studieren, wenn Sie die lebendige Muschel aufnehmen und anschauen; aber Sie können sie auch studieren, wenn die lebendige Muschel heraus ist, indem Sie die Schale anschauen: in der Muschelschale ist nachgebildet die Form der Muschel, die aus dem Leben geborene Form. So ungefähr hat man aber auch eine Nachbildung des Geistigen, eine tote Nachbildung des Geistigen, wenn man es mit dem automatischen Schreiben oder mit dem tanzenden Derwisch zu tun hat. Deshalb sieht das dem Geistigen so ähnlich, wie die Muschelschale der Muschel, und kann so leicht verwechselt werden. Aber nur wenn man wirklich innerlich in das wahrhaft Geistige eindringt, kann man für diese Dinge auch das richtige Verständnis haben.

Wenn wir von dem Leiblichen ausgehen, durch die Sinnesempfindung hinaufgelangen zum Vorstellen, das sich dann in das Seelisch-Geistige überträgt, so kommen wir auf diesem Wege dazu, geisteswissenschaftlich zu erkennen, daß das, was durch die Sinnesempfindungen erregt wird, in einem bestimmten Punkte gleichsam abgesetzt wird und Erinnerung wird. Erinnerung entsteht dadurch, daß der Sinneseindruck sich nach dem Leibe fortsetzt, so daß nicht nur in den Sinneseindrücken selbst das Ätherische von innen wirken kann, sondern in dem, was der Sinneseindruck im Leibe zurückgelassen hat, nun das Ätherische sich betätigt. Dann wird das, was in die Erinnerung gegangen ist, aus der Errinnerung wieder heraufgeholt.

Es ist natürlich nicht möglich, in der kurzen Zeit eines einstündigen Vortrages genauer auf diese Dinge einzugehen. Aber man wird niemals zu einem wirklichen Verständnis desjenigen kommen, was Vorstellung und Erinnerung ist, und wie sie sich zum Geistig-Seelischen verhalten, wenn man nicht vorrückt im geisteswissenschaftlichen Sinne auf dem Wege, der angedeutet worden ist.

Nun liegt auf dem anderen Pol die ganze Strömung, die da fließt von dem Geistig-Seelischen der Willensimpulse herunter in das Physisch-Leibliche, durch das die Handlungen bewirkt werden. Im gewöhnlichen Menschenleben ist die Sache so, daß das Sinnesleben bis zur Erinnerung kommt, bei der Erinnerung gewissermaßen stehen bleibt. Die Erinnerung stellt sich gleichsam vor das Geistig-Seelische hin, so daß dieses sich selbst nicht gewahr wird, wie es schafft und kraftet, indem es Sinnesempfindungen hat. Nur eine Andeutung, eine verworrene Andeutung davon, daß die Seele im Ätherischen webt und lebt, entsteht dann, wenn diese im Ätherischen lebende und webende Seele in diesem Ätherweben noch nicht so erkraftet ist, daß alles Ätherweben an der Grenze des Körperlichen sich bricht. Wenn das Seelisch-Geistige den Ätherleib so durchwebt, daß sich das, was es im Ätherleibe ausprägt, nicht sofort bricht an dem physischen Leibe, sondern sich im Ätherischen so erhält, daß es gleichsam an die Grenzen des physischen Leibes kommt, aber im Ätherischen noch bemerkt wird, dann entsteht der Traum. Und das Traumleben, wenn es wirklich studiert wird, wird ein Beweis werden für die niederste Form des übersinnlichen Erlebens des Menschen. Denn im Traume erlebt der Mensch, daß er sein Seelisch-Geistiges, weil es zu kraftlos wirkt, nicht entfalten kann in Willensimpulsen innerhalb desjenigen, was in den Traumbildern vorliegt. Und indem die Willensimpulse fehlen, indem der

Geist und die Seele im Traum in das Ätherische so wenig eingreifen, daß die Seele selbst diese Willensimpulse gewahr wird, entsteht das chaotische Gewebe, das der Traum eben darstellt.

Was auf der einen Seite die Träume sind, sind auf der anderen Seite diejenigen Erscheinungen, wo der Wille, der aus dem Geistig-Seelischen kommt, durch das Ätherisch-Leibliche in die äußere Welt eingreift, aber ebensowenig gewahr wird, was da eigentlich vorgeht, wie er im Traum wegen des schwachen Wirkens des Geistig-Seelischen gewahr werden kann, daß der Mensch da im Geistigen webt und lebt. Wie der Traum so gewissermaßen die abgeschwächte sinnliche Erkenntnis darstellt, so stellt etwas anderes die verstärkte Wirkung des Geistig-Seelischen, die verstärkte Wirkung der Willensimpulse dar; und das ist dasjenige, was wir Schicksal nennen.

Wir sehen in dem Schicksal die Zusammenhänge nicht, so wie wir im Traum nicht sehen, was da eigentlich als das Wirkliche webt und lebt. Wie im Traum immer materielle Vorgänge zugrunde liegen, die in den Äther hineinwogen, so brandet heran das im Willen verankerte Geistig-Seelische an die äußere Welt. Aber das Geistig-Seelische ist nicht so organisiert im gewöhnlichen Leben, daß der Geist selber in seiner Wirksamkeit geschaut werden kann in dem, was als die Aufeinanderfolge der sogenannten Schicksalserlebnisse für uns vorgeht. In dem Augenblick, wo wir diese Aufeinanderfolge ergreifen, lernen wir das Gewebe des Schicksals erkennen, lernen wir erkennen, daß ebenso, wie im gewöhnlichen Leben die Seele durch die Vorstellungen sich das Geistige verdeckt, sie im Schicksal sich das Geistige verdeckt durch den Affekt, durch Sympathie und Antipathie, mit denen sie die Ereignisse, die als Lebensereignisse an sie herankommen, aufnimmt. In dem Augenblick, wo man geisteswissenschaftlich durchblickt durch Sympathie und Antipathie, wo man den Lauf der Lebensereignisse objektiv in Gelassenheit wirklich ergreift, merkt man, wie alles das, was schicksalsmäßig in unserem Leben zwischen Geburt und Tod vorgeht, entweder die Nachwirkung ist früherer Erdenleben oder die Vorbereitung für spätere Erdenleben. So wie auf der einen Seite die äußere Naturwissenschaft nicht vordringt zum Geistig-Seelischen, nicht einmal zum Ätherischen, wenn sie die Beziehungen aufsucht zwischen der materiellen Welt und dem Vorstellen, so kommt die Naturwissenschaft heute am anderen Pol mit ihren Bemühungen nicht zurecht. Wie sie auf der einen Seite im Vorstellungsleben haften bleibt an den materiellen Vorgängen im Nervenorganismus, so bleibt sie haften am anderen Pol bei einem Unklaren, das da, ich möchte sagen, nebulos schwebt zwischen Physischem und Seelischem.

Das sind gerade diejenigen Gebiete, wo man so recht gewahr werden muß, wie Weltanschauungsbegriffe sich sowohl beweisen wie widerlegen lassen. Und für den, der sich auf den Beweis versteift, hat das Positive viel für sich; man muß aber, wie zur Ausatmung die Einatmung, auch das Negative innerlich erkenntnisgemäß erleben können. Nun trat ja in der neueren Zeit das hervor, was man die *analytische Psychologie* nennt. Diese analytische Psychologie ist, ich möchte sagen, von guten Ahnungen beseelt. Denn was will sie? Diese analytische Psychologie, oder wie man sie gewöhnlich heute nennt, Psychoanalyse, sie will von dem gewöhnlichen Seelenleben zu dem heruntersteigen, was in dem gewöhnlichen gegenwärtigen Seelenleben nicht mehr enthalten ist, aber Rest ist aus früherem seelischen Erleben. Der Psychoanalytiker nimmt an, das seelische Leben erschöpfe sich nicht in dem gegenwärtigen seelischen Erleben, in dem bewußten seelischen Erleben, sondern das

Bewußtsein tauche hinunter ins Unterbewußte. Und in vielem, was im seelischen Leben als Störung, als Verwirrung, als dieses oder jenes Mangelhafte auftritt, sieht der Psychoanalytiker eine Wirkung des unten im Unterbewußten Wogenden. Aber interessant ist es, was in diesem Unterbewußten der Psychoanalytiker nun sieht. Wenn man hört, was er aufzählt in diesem Unterbewußten, so ist es zunächst getäuschte Lebenshoffnung. Der Psychoanalytiker findet irgendeinen Menschen, der unter dieser oder jener Depression leidet. Diese Depression braucht ihren Ursprung nicht im gegenwärtigen bewußten Seelenleben zu haben, sondern in der Vergangenheit. In diesem Leben trat einmal irgend etwas im seelischen Erleben auf. Der Mensch ist darüber hinausgekommen, aber nicht vollständig; im Unterbewußten ist ein Rest geblieben. Er hat zum Beispiel Enttäuschungen erlebt. Er ist durch Erziehung, durch andere Vorgänge, mit dem bewußten Seelenleben über diese Enttäuschungen hinweggekommen, aber im Unterbewußten, da leben sie. Da wogt sie, diese Enttäuschung, gewissermaßen bis an die Grenze der Bewußtheit heran. Da erzeugt sie dann die unklare seelische Depression. Der Psychoanalytiker sucht also in allerlei Enttäuschungen, in getäuschten Lebenshoffnungen, die ins Unterbewußte heruntergezogen sind, dasjenige, was das bewußte Leben in einer dunklen Weise bestimmt. Das sucht er auch in dem, was das Seelenleben als Temperament färbt. In dem, was das Seelenleben aus gewissen rationalen Impulsen heraus färbt, sucht der Psychoanalytiker ein Unterbewußtes, das gewissermaßen nur anschlägt an das Bewußtsein. Dann aber kommt er zu einem weiten Gebiete – ich referiere hier nur –, welches der Psychoanalytiker dadurch faßt, daß er sagt: Da spielt herauf in das bewußte Leben der animalische Grundschlamm der Seele. Nun soll gar nicht geleugnet werden, daß dieser Grundschlamm vorhanden ist. Ich selber habe in diesen Vorträgen hier schon aufmerksam gemacht, wie gewisse Mystiker Erlebnisse haben dadurch, daß irgend etwas, sei es zum Beispiel die Erotik, raffiniert gemacht wird und heraufspielt in das Bewußtsein, so daß man glaubt, ganz besonders erhabene Vorgänge zu haben, während nur die Erotik, «der animalische Grundschlamm der Seele», heraufschlägt und ausgedeutet wird manchmal im tief mystischen Sinne. Man kann noch bei einer so poetisch feinen Mystikerin wie Mechthild von Magdeburg nachweisen, wie bis in die Einzelheiten der Vorstellungen hinein das erotische Empfinden geht. Diese Dinge muß man gerade klar erfassen, damit man auf geisteswissenschaftlichem Gebiet keine Irrtümer begeht. Denn wer in den Geist eindringen will, ist ganz besonders darauf angewiesen, alle Irrtumswege zu kennen, nicht um sie zu gehen, sondern um sie zu vermeiden. Derjenige aber, der von diesem animalischen Grundschlamm der Seele spricht, der nur von enttäuschten Lebenshoffnungen spricht und dergleichen, der geht nicht tief genug in das seelische Leben hinein: der gleicht einem Menschen, der über ein Feld geht, auf dem noch nichts zu sehen ist, und der glaubt, daß nur die Ackererde oder gar der Dünger in ihm enthalten ist, während in diesem Felde schon enthalten sind alle die Früchte, die demnächst herauskommen werden als Getreide oder sonstiges. Wenn man vom Grundschlamm der Seele spricht, dann sollte man auch sprechen von dem, was darin eingebettet ist. Gewiß, es sind enttäuschte Hoffnungen in diesem Grundschlamm enthalten; aber in dem, was da eingebettet ist, birgt sich zu gleicher Zeit eine Keimkraft, welche das darstellt, was – wenn der Mensch durch die Pforte des Todes gegangen sein wird in das Leben, das zwischen dem Tod und einer neuen Geburt verläuft, und dann in ein neues

Erdenleben eintritt – aus den getäuschten Hoffnungen etwas ganz anderes macht als eine Depression, dasjenige aus ihnen macht, was dann in einem nächsten Leben zur Ent-Täuschung, zur Ertüchtigung führt. In dem, was der Psychoanalytiker in den enttäuschten Lebenshoffnungen in den Untergründen der Seele sucht, liegt, wenn er nur tief genug darauf eingeht, dasjenige, was sich vorbereitet in einem gegenwärtigen Leben, um schicksalsmäßig in ein nächstes Leben einzugreifen.

So findet man überall, wenn man den animalischen Grundschlamm – ohne sich die Hände dabei zu beschmutzen, wie es bei den Psychoanalytikern leider so häufig geschieht – umgräbt, durchforscht, das geistig-seelische Weben des Schicksals, das über Geburt und Tod mit dem geistig-seelischen Leben der Seele hinausgeht. Gerade an der analytischen Psychologie haben wir ein Gebiet, an dem so recht gelernt werden kann, wie alles richtig und alles falsch ist, wenn es sich um Weltanschauungsfragen handelt, nämlich von der einen oder anderen Seite aus. Doch läßt sich ungeheuer viel für die einseitigen Behauptungen der Psychoanalytiker vorbringen; daher wird eine Widerlegung denjenigen, die eingeschworen sind auf diese Begriffe, nicht sehr imponieren. Aber lernt man mit der Erkenntnisgesinnung, die am Anfange dieses Vortrages charakterisiert worden ist, das erkennen, was für und wider spricht, so wird gerade aus dem Für und Wider an der Seele das erlebt werden, was wirklich wirkt. Denn, ich möchte sagen, zwischen dem, was man nur beobachten kann im Seelischen, so wie es die Psychologen tun, die bloß auf das Bewußtsein gehen, und dem, was der Psychoanalytiker unten im animalischen Grundschlamm der Seele findet, da liegt das Gebiet, das dem Geistig-Seelisch-Ewigen angehört, das durch Geburten und Tode geht.

Die Ergründung des ganzen Inneren des Menschen führt auch zu einem richtigen Verhältnis zur Außenwelt. Über den Äther ist ja von der neueren Naturwissenschaft nicht nur in unbestimmter Weise gesprochen worden, sondern von ihm wird auch so gesprochen, daß geradezu auf ihn zurückgeführt werden die größten Welträtsel: Aus Ätherzuständen soll sich herausgebildet haben, was dann feste Formen angenommen hat, zu Planeten, Sonnen und Monden geworden ist und so weiter. Da wird dasjenige, was sich als Seelisch-Geistiges im Menschen abspielt, gewissermaßen nur als eine Episode angesehen. Vorne und rückwärts ist der tote Äther. Wenn man den Äther nur von der einen Seite kennenlernt, dann kann man zu einer solchen Konstruktion des Weltenwerdens kommen, zu der der feinsinnige *Herman Grimm* – ich habe seinen Ausspruch schon öfter angeführt, aber er ist so bedeutsam, daß er immer wiederum vor die Seele geführt werden kann – die folgenden Worte sagt. Indem er sich bekannt gemacht hat damit, wie man denkt, aus dem toten Weltenäthernebel heraus sei das entstanden, worin sich jetzt Leben und Geist entwickelt, und es an der Weltanschauung Goethes mißt, kommt er zu dem folgenden Ausspruch:

«Längst hatte, in seinen (Goethes) Jugendzeiten schon, die große Laplace-Kant'sche Phantasie von der Entstehung und dem einstigen Untergange der Erdkugel Platz gegriffen. Aus dem in sich rotierenden Weltnebel – die Kinder bringen es bereits aus der Schule mit – formt sich der zentrale Gastropfen, aus dem hernach die Erde wird, und macht, als erstarrende Kugel, in unfaßbaren Zeiträumen alle Phasen, die Episode der Bewohnung durch das Menschengeschlecht mit einbegriffen, durch, um endlich als ausgebrannte Schlacke in die Sonne zurückzustürzen: ein langer, aber dem heutigen Publikum völlig begreiflicher Prozeß, für dessen Zustandekommen es nun weiter keines äußeren Eingreifens mehr bedurfte, als die Bemühung irgendeiner außenstehenden Kraft, die Sonne in gleicher Heiztemperatur zu erhalten. – Es kann keine fruchtlosere Perspektive für die Zukunft gedacht werden, als die, welche uns in dieser Erwartung als wissenschaftlich notwendig heute aufgedrängt werden soll. Ein Aasknochen, um den ein hungriger Hund einen Umweg machte, wäre ein erfrischendes, appetitliches Stück im Vergleich zu diesem letzten Schöpfungsexkrement, als welches unsere Erde schließlich der Sonne wieder anheimfiele, und es ist die Wißbegier, mit der unsere Generation dergleichen aufnimmt und zu glauben vermeint, ein Zeichen kranker Phantasie, die als ein historisches Zeitphänomen zu erklären die Gelehrten zukünftiger Epochen einmal viel Scharfsinn aufwenden werden.»

Was hier wiederum innerhalb des deutschen Geisteslebens auftritt als eine aus gesundem Seelenleben herausgeborene Empfindung, das zeigt gerade Geisteswissenschaft in wahrem Lichte. Denn, lernt man erkennen, wie die Belebung des toten Äthers durch das Seelische, durch den lebendigen Äther, geschieht, dann kommt man durch die innere Erfahrung ab von der Möglichkeit, daß aus einem toten Ätherischen jemals unser Weltengebäude hätte entstehen können. Und dieses Weltenrätsel nimmt eine ganz andere Gestalt an dadurch, daß man sich bekannt macht mit dem entsprechenden Seelenrätsel. Man erkennt nun den Äther selber in seiner lebendigen Gestalt, erkennt, wie der tote Äther erst aus dem lebendigen entstehen muß. So daß, indem man zu dem Weltenanfang zurückgeht, man zur Seele zurückkommen muß und im Geistig-Seelischen den Ursprung desjenigen sieht, was sich heute entwickelt. Aber während dieses Geistig-Seelische so lange eine bloße Hypothese, ein bloß Ausgedachtes bleibt in bezug auf die äußeren

Weltenrätsel, solange man nicht durch Geisteswissenschaft in der Begegnung des lebendigen Äthers von innen mit dem toten Äther von außen das ganze Leben und Weben des Ätherischen kennenlernt, wird eben durch Geisteswissenschaft der Weltennebel selber ein Lebendiges, ein Geistig-Seelisches.

Sie sehen, auch für die Weltenrätsel ergibt sich gerade aus den Seelenrätseln eine bedeutsame Perspektive. Bei dieser Perspektive muß ich heute innehalten. Sie sehen, daß eine wirkliche Betrachtung des äußeren und inneren Lebens vom Gesichtspunkte der Geisteswissenschaft aus über den Äther hinüber in das Geistig-Seelische hineinführt, sowohl in der Seele selbst wie in der äußeren Welt.

Dem steht allerdings gegenüber solch eine Erkenntnisgesinnung, wie ich sie bei einem Manne angeführt habe, den ich schon das letztemal nannte. Wir können es ja heute wenigstens ahnen, daß von einem so gedachten Leiblichen, wie es die Geisteswissenschaft denkt, unmittelbar die Brücke hinaufführt zu dem Geistig-Seelischen, in dem die Ethik, die Moral, die Sittlichkeit wurzelt, die aus dem Geiste stammt – wie überhaupt das Sinnliche in das Geistige hineinführt. Aber innerhalb der Beschäftigung mit dem rein äußerlich Materiellen hat es die Wissenschaft zu einer Gesinnung gebracht, welche ein Verankern der Ethik in einem Geistigen überhaupt schon leugnet. Die Ethik selber zu leugnen geniert man sich ja heute noch, aber man sagt heute über die Ethik folgendes, was nun am Schlusse des Vortrags von *Jacques Loeb* steht, den ich mit Bezug auf den Anfang das letztemal vorbrachte. Dort sagt er, der durch naturwissenschaftliche Forschung zu einer brutalen Ableugnung der Ethik kommt:

«Wenn unsere Existenz auf dem Spiel blinder Kräfte beruht und nur ein Werk des Zufalls ist, wenn wir selbst nur chemische Mechanismen sind – wie kann es für uns eine Ethik geben? Darauf lautet die Antwort, daß unsere Instinkte die Wurzel unserer Ethik bilden, und daß die Instinkte ebenso erblich sind, wie die Formbestandteile unseres Körpers. Wir essen und trinken und pflanzen uns fort, nicht, weil Metaphysiker zu der Einsicht gelangt sind, daß das wünschenswert ist, sondern weil wir maschinenmäßig dazu veranlaßt werden. Wir sind tätig, weil wir maschinenmäßig durch die Vorgänge in unserem Nervensystem dazu gezwungen werden, und, wenn die Menschen nicht ökonomische Sklaven sind, so bestimmt der Instinkt der ‹gelungenen Auslösung› oder der erfolgreichen Arbeit die Richtung ihrer Tätigkeit. Die Mutter liebt ihre Kinder und pflegt dieselben, nicht, weil Metaphysiker den Einfall hatten, daß das schön sei, sondern weil der Instinkt der Brutpflege, vermutlich durch die zwei Geschlechtschromosomen, ebenso fest bestimmt ist wie die morphologischen Charaktere des weiblichen Körpers. Wir erfreuen uns der Gesellschaft anderer Menschen, weil wir durch erbliche Bedingungen dazu gezwungen werden. Wir kämpfen für Gerechtigkeit und Wahrheit, und sind bereit, Opfer für dieselben zu bringen, weil wir instinktiv unsere Mitmenschen glücklich zu sehen wünschen. Daß wir eine Ethik besitzen, verdanken wir lediglich unseren Instinkten, welche in derselben Weise chemisch und erblich in uns festgelegt sind wie die Form unseres Körpers.»

Sittliches Handeln führt zurück auf Instinkte! Instinkte führen zurück auf physisch-chemisches Wirken! Die Logik ist allerdings sehr fadenscheinig. Denn selbstverständlich kann man sagen, daß man mit dem ethischen Handeln nicht erst auf die Metaphysiker warten soll, bis sie irgendwelche metaphysischen Grundsätze ausgetüftelt haben, aber das ist doch dasselbe, wie wenn jemand etwa sagen wollte: soll man denn mit der Verdauung warten, bis die Metaphysiker oder die Physiologen die Gesetze der Verdauung gefunden haben? Ich möchte einmal dem Professor Loeb anempfehlen, deshalb ebenso die physiologischen Gesetze der Verdauung *nicht* zu erforschen, wie er brutal anstürmt gegen die metaphysischen Gesetze des ethischen Lebens. Aber man kann schon sagen: Man kann heute ein bedeutender Naturforscher sein – die Denkgewohnheiten aber gehen dahin, daß sie einen gewissermaßen abschnüren von allem geistigen Leben, daß man sich gar keinen Blick mehr wahrt für dieses geistige Leben. Damit geht aber immer parallel, daß man wird nachweisen können gewissermaßen einen Defekt im Denken, so daß man niemals ganz wirksam hat alles, was zu einem Gedanken dazugehört.

Darüber kann man ja eigentümliche Erfahrungen machen. Ich habe hier schon vor einiger Zeit eine solche Erfahrung vorgebracht; aber ich möchte sie doch noch einmal vorbringen, weil sie anknüpft an Ausführungen eines sehr bedeutsamen Naturforschers der Gegenwart, der auch zu denen gehört, die ich angreife, gerade weil ich sie auf einem Gebiete sehr hoch schätze. Dieser Naturforscher hat große Verdienste auf dem Gebiete der Astro-Physik und auch auf gewissen anderen Gebieten der Naturforschung. Als er aber ein zusammenfassendes Buch geschrieben hat über das Weltbild der Gegenwart und die Entstehung dieses Weltbildes, da kommt er in der Vorrede zu einem merkwürdigen Ausspruch. Er ist gewissermaßen entzückt, wie wir es so herrlich weit gebracht haben dadurch, daß wir alles naturwissenschaftlich auslegen können, und zeigt mit einem gewissen Hochmut, wie das ja gang und gäbe ist in solchen Kreisen, auf die früheren Zeiten, die das nicht konnten, und er beruft sich dabei auf Goethe, indem er sagt: Ob man wirklich sagen kann, daß wir in der besten Zeit leben, das ist nicht auszumachen; aber daß wir mit Bezug auf die naturwissenschaftliche Erkenntnis im Vergleich mit früheren Zeiten, in der besten der Erkenntniszeiten leben, dafür können wir uns auf Goethe berufen, der da sagt:

> Es ist ein groß Ergötzen,
> Sich in den Geist der Zeiten zu versetzen,
> Zu schauen, wie vor uns ein weiser Mann gedacht,
> Und wie wir's dann zuletzt so herrlich weit gebracht.

Damit schließt, also mit einem Bekenntnis, das er aus Goethe nimmt, ein großer Naturforscher der Gegenwart. Er hat nur vergessen, daß Wagner es ist, der dieses Bekenntnis ablegt und daß Faust zu diesem Bekenntnis sagt, als Wagner wieder fort ist:

> Wie nur dem Kopf nicht alle Hoffnung schwindet,
> Der immerfort an schalem Zeuge klebt,
> Mit gier'ger Hand nach Schätzen gräbt
> Und froh ist, wenn er Regenwürmer findet!

Sich zu besinnen darauf, was Goethe eigentlich sagt, hat dieser große Forscher in dem Moment vergessen, wo er sich auf Wagner beruft, um auszudrücken, wie wir es so herrlich weit gebracht haben. Da kann man, ich möchte sagen, abfangen, wo das Denken ausläßt im Verfolgen der Wirklichkeit.

Und solcher Beispiele könnten wir viele vorführen, wenn wir uns gerade in die wissenschaftliche Literatur der Gegenwart ein wenig vertiefen. Es wird ja gewiß, da ich den genannten Naturforscher, wie ich gesagt habe, sehr schätze, nicht übel genommen werden können, wenn ich gegenüber solcher Naturforschung, die sich aufbläht, auch über den Geist Auskunft geben zu können, die wahre Goethesche Gesinnung geltend machen möchte. Denn können wir es auch manchem Monisten verzeihen, wenn er aus der Schwachmütigkeit seines Denkens eben nicht zum Geiste kommen kann: gefährlich ist es, wenn die Gesinnung, die bei Jacques Loeb und bei dem charakterisierten Naturforscher auftritt, der sich als Wagner charakterisiert, aber glaubt, sich als Goethe zu charakterisieren, immer mehr und mehr durch den Autoritätsglauben sich in weiteste Kreise verbreitet. Das tut sie. Wer eindringt in dasjenige, was aus der Geisteswissenschaft heraus Gesinnung geben kann, der wird vielleicht, wenn das auch manchem nicht genug ehrerbietig scheinen könnte, solchem Ausspruch gegenüber, wie ihn jener Naturforscher getan hat, in Anknüpfung an Goethe zu der echten Goetheschen Gesinnung kommen, wenn er anknüpft an die Worte, mit denen ich diesen Vortrag beschließen möchte:

> Es ist ein groß Entsetzen,
> Sich in dergleichen Seelen zu versetzen,
> Wie gierig sie den Stoff betasten
> Und an dem Geist vorüberhasten!

LEBEN, TOD UND SEELENUNSTERBLICHKEIT IM WELTENALL

Berlin, 22. März 1917

Wer im wirklich wissenschaftlichen Sinne die Geisteswissenschaft vertritt, wie sie hier gemeint ist, der kann eigentlich nicht erstaunt sein über die zahlreichen schiefen Urteile und Ablehnungen, welche ihr heute noch von allen Seiten entgegengebracht werden. Denn er vermag einzusehen, welche Tragweite, welchen Geltungsbereich die naturwissenschaftlichen Ergebnisse der Gegenwart und der jüngsten Vergangenheit haben, von denen mancher vermeint, daß sie dieser geisteswissenschaftlichen Weltanschauung widersprechen. Allein auf seiten derjenigen, die da glauben, auf dem festen Boden der gegenwärtigen Forschungsresultate stehend, sich ein Weltbild machen zu können, das die geisteswissenschaftlichen Vorstellungen nicht berücksichtigt, läßt man sich heute begreiflicherweise noch nicht ein auf eine wirkliche Prüfung dessen, was Geisteswissenschaft für ihre Ergebnisse zu sagen hat. Und so stellt sich denn die Tatsache ein, daß man zwar zeigen kann, wie diese Geisteswissenschaft nicht nur mit allen berechtigten naturwissenschaftlichen Ergebnissen der Gegenwart in Einklang steht, sondern daß auch gerade diese naturwissenschaftlichen Ergebnisse, recht angeschaut, bekräftigen, was Geisteswissenschaft zu sagen hat; und dennoch, man muß Gegnerschaft finden, die noch begreiflicher wird, wenn man die Wege des naturwissenschaftlichen Forschens in mehr konkreten, speziellen Dingen ins Auge faßt.

Es ist noch nicht lange her, da hat Professor *Dewar* in der Royal Institution einen Vortrag gehalten, in dem er versuchte, auf Grund der Anschauung, die er gewonnen hat aus den naturwissenschaftlichen Ergebnissen der Gegenwart, über einen zukünftigen Endzustand des Erdendaseins zu sprechen. Halten wir uns einmal vor, was dieser Physiker, dessen physikalische Forschungen durchaus von mir voll anerkannt werden, sich für Ideen über einen Endzustand des Erdendaseins macht, einen Zustand, in dem nicht mehr vorhanden sein können die menschlichen Erdenbewohner, die jetzt auf dieser Erde herumgehen. Professor Dewar versucht, die physikalischen Vorstellungen, die ihm heute zur Verfügung stehen, zu verwerten, und findet mit einer gewissen einseitigen Berechtigung heraus, man müsse nach den Vorgängen, die zu beobachten sind von dem Physiker, annehmen, daß die Erde sich abkühle. Und er berechnet einen Endzustand, in dem die Erde abgekühlt sein wird bis, sagen wir, minus 200 Grad Celsius. Er läßt den Gedanken durchblicken, daß die Erde in ihrer Entwickelung zu einem solchen Endzustand hin ihren Weg nimmt. Da ist er sich denn klar darüber, daß selbstverständlich alles, was jetzt als Wasser im Meere ist, längst fest geworden sein wird; daß auch die Luft, die heute unsere Atmosphäre bildet, flüssig sein wird, und in einer Höhe von zehn Metern die Erde bedeckt sein wird von dieser flüssig gewordenen Luft, in Form eines Meeres. Die Kälte, wie sie dann herrschen wird, meint er, wird sehr vieles von dem, was heute auf der Erde ist, anders erscheinen lassen. Es ändert sich natürlich nicht bloß der Wärmezustand und mit ihm die Aggregatzustände der einzelnen Körper, sondern auch vieles andere im Aussehen dessen, was dann auf der Erde sich vorfinden wird. So findet Professor Dewar, wiederum ganz richtig von physikalischen Vorstellungen ausgehend, daß die Milch, die dann selbstverständlich fest sein wird, in blauem Lichte erstrahlen wird. Ich weiß zwar nicht, auf welche Weise diese feste Milch dann erzeugt werden wird, aber sie wird nach physikalischen Vorstellungen in blauem Lichte erstrahlen. Ja noch mehr: Eiweiß wird so leuchtend sein, daß man bei diesem Lichte, das man ja dadurch erzeugen kann, daß man die Wände der Zimmer mit diesem Eiweiß anstreicht, wird Zeitung lesen können. Ich weiß zwar nicht, wer dann Zeitung lesen wird, da ich vermute, daß die Menschen längst erfroren sein werden, aber dennoch gebraucht Dewar diese Auseinandersetzung, um den einstigen Zustand unserer Erde nach seinem Weltenbilde sich in der Vorstellung zu formen, und viele andere Dinge. Auf der flüssig gewordenen Luft, die dann Meer sein wird, werden nurmehr ganz gasige leichte Körper sein, Wasserstoff, Helium, Neon, Krypton. Er beschreibt sehr schön, wie man sich dann ganz anders fühlen wird, weil natürlich der Widerstand dieser leichten Gase kein so starker sein wird wie der Widerstand der Luft für den jetzigen Organismus.

Man kann, indem man die Vorstellungen der heutigen Physik verfolgt, diesen Endzustand der Erde sehr ins Detail ausmalen, und solch ein Vortrag wird selbstverständlich in unserer Gegenwart von den «nicht autoritätsgläubigen» Menschen – das muß man aus Höflichkeit sagen, denn heute ist natürlich niemand autoritätsgläubig – hingenommen als etwas, was außerordentlich bedeutsam ist, was endlich zeigt, wie der «exakte Physiker» über ein gültiges Weltbild zu denken hat.

Wenn Sie sich erinnern, was ich unter den hauptsächlichsten Bedingungen angeführt habe, die nötig sind, um geisteswissenschaftlich zu forschen, war es dieses, daß die Seele allmählich durch jene inneren Übungen, welche sie durchzumachen hat, zu dem kommt, was ich mit einem

Goetheschen Worte das Schauen durch die Augen der Seele genannt habe; daß sie namentlich durchzumachen hat ein Leben in Vorstellungen, das nachgebildet ist dem äußeren moralischen Denken. Nicht daß es mit diesem zu verwechseln wäre, aber die ganze Seelenstimmung, die der Geistesforscher in sich zu entwickeln hat, muß so sein, daß zu den wirklichkeitsdurchsättigten Vorstellungen, die er anstreben muß, sein eigenes Ich sich so verhält, wie sich äußerlich der Mensch verhält zu Dingen, die er für moralisch gut, und solchen Dingen, die er für moralisch schlecht hält. Da ist man nicht zufrieden damit, daß gewisse Dinge als moralisch gut, andere als moralisch schlecht bezeichnet werden können, sondern da weiß man, wenn der Affekt des Menschen zum Guten spricht, daß man den guten Impulsen zu folgen hat, und wenn der Affekt zum Bösen spricht, daß man ihn zu unterdrücken hat. Und man verhält sich demgemäß im äußeren Leben, wenn man alle Kräfte seiner Seele voll entwickelt hat. So muß das Verhältnis des Geistesforschers zu seiner eigenen Begriffswelt ein lebendiges, nicht bloß ein logisches werden. Und im Leben der Idee, der Vorstellung tritt eben das auf, daß man gewisse Vorstellungen hegt, weil sie fähig sind, in die Wirklichkeit einzudringen. Während andere Vorstellungen sich so ankündigen, daß man sie vergleichen kann mit dem, was zu unterlassen ist auf dem Gebiete des moralischen Lebens; sie müssen gewissermaßen weggerückt werden aus dem Horizont des Bewußtseins. In diesem innerlichen Leben der Seele zeigt sich jenes Aufsteigen der geistigen Welten, die dann anzuschauen sind.

Solche Menschen wie Professor Dewar werden gerade durch ihre Vorurteile oder besser «Vorfühlungen» abgeführt von einem solchen Streben nach wirklichkeitsdurchtränkten Vorstellungen. Für den Geistesforscher wird es dann durchsichtig, wo eigentlich der Fehler in dem Aufbau eines solchen Weltenbildes liegt. Man könnte nämlich im Stile dieses Weltenbildes mit Bezug auf den Endzustand der Erde einen Vergleich ziehen dazu, wenn jemand aus ganz richtigen physikalischen, chemischen, physiologischen Voraussetzungen heraus, berechnet die Entwickelung, sagen wir, gewisser Stoffwechselerscheinungen des Menschen. Man könnte da gewisse Stoffwechselerscheinungen im Leibe des Menschen ausdeuten und Zukunftszustände unter der Voraussetzung berechnen, daß dieser Stoffwechselprozeß in der Zeit gleichmäßig so abläuft, wie er abläuft, nun, sagen wir, zwischen dem 30. und 40. Jahr des Menschen. Man beobachtet da einzelne Vorgänge und berechnet dann, wie diese sich nach den ganz richtigen Voraussetzungen der Wissenschaft in 150 Jahren gestalten müssen. Der Einwand ist nur der, daß nach 150 Jahren die Menschen nicht mehr leben werden, daß da bereits der Zustand eingetreten ist, wo die Seele den Leib verlassen hat, und der Leib nicht mehr den Gesetzen folgt, die ihm aufgedrängt sind dadurch, daß er von Seele erfüllt ist, sondern äußeren physischen und chemischen Gesetzen der Erdenumgebung folgt.

Wenn man so etwas heute sagt, dann kann man sich der Gefahr aussetzen, daß einem vorgeworfen wird, etwas ganz Groteskes, etwas ganz Törichtes zu sagen. Dennoch: wer nicht gedankenlos den naturwissenschaftlichen Forschungen der Gegenwart folgt, sondern sich einläßt auf die Art und Weise, wie gewisse Voraussetzungen zu Folgerungen verwandt werden, der weiß, daß tiefberechtigt ist, was ich soeben als einen Vergleich angeführt habe. Denn es gilt durchaus, daß nach der Zeit, wo die Milch so schön in blauem Lichte erstrahlen würde, wo man die Wände bestreichen könnte mit Eiweiß, so daß man dabei Zeitungen lesen könnte, die Erde ja ebensowenig vorhanden wäre, wie der menschliche Leib vorhanden ist nach 150 Jahren.

Es ist heute die Meinung verbreitet, daß Geisteswissenschaft leichtgeschürzte Vorstellungen aus dem Handgelenk heraus bildet. Und weil man diese Voraussetzung hat, fällt natürlich der Vergleich von Geisteswissenschaft und Naturwissenschaft so aus, daß man sagt: Da ist auf der einen Seite diese Naturwissenschaft, die in exakter, gründlicher Weise zu ihren Ergebnissen gelangt; und da ist auf der anderen Seite die Geistesforschung, welche zwar behauptet, mit der Naturwissenschaft in vollem Einklang zu stehen, aber eben ihre Begriffe durch irgendeine Phantasterei erhält! Es müssen eben Vorurteile dieser Art erst einmal überwunden werden, wenn Geisteswissenschaft weiter anerkannt werden soll. Und zu den geisteswissenschaftlichen Ergebnissen ist nicht so ohne weiteres zu kommen. Man kann Schwierigkeiten, die sich wirklichen Ergebnissen der Geistesforschung entgegenstellen, studieren, wenn man Erkenntnismenschen ins Auge faßt, welche ihr Leben widmen dem Ringen nach wirklicher Erkenntnis, welche nicht bloß nachsprechen, was eben der Gang der äußeren Forschung heute gibt, sondern, indem sie bekannt sind mit all den Einzelheiten der modernen Forschung, ringen nach einer Erkenntnis auch der geistigen Verhältnisse der Welt.

In diesen Tagen konnte man erinnert werden an eine solche Erkenntnis-Persönlichkeit, indem gerade der Seelenforscher vor einigen Tagen gestorben ist, den ich vor kurzem hier erwähnt habe in einem anderen Zusammenhang: *Franz Brentano*. Die verehrten Zuhörer, die öfter hier sind, wissen, daß ich nur sehr selten auf Persönliches von mir aus eingehe. Allein eine Bemerkung möchte ich mir heute doch gestatten: daß ich Franz Brentanos, des Seelenforschers, Forschungsweg wirklich von seinen Anfängen bis in sein späteres Ringen verfolgt habe. Und gerade an ihm konnte man so recht sehen, wie es dem, der nach der Erkenntnis der geistigen Welt strebt, in der Gegenwart durch die entgegenstehenden Vorurteile schwierig wird, zur vollen Kraft, soweit sie in jedem, also auch dem heutigen Zeitalter möglich ist, sich durchzuringen. Franz Brentano stand manches im Wege, was sich gerade dadurch ergab, daß er – nicht im naturwissenschaftlichen Zeitalter, das wäre sein Glück gewesen, aber – in den Vorurteilen des naturwissenschaftlichen Zeitalters drinnen lebte. Und so ist es denn gekommen, daß Brentano, nachdem er einige geistvolle, tiefgründige Schriften über Aristoteles geschrieben hatte, dann 1874 eine «Psychologie», eine Seelenkunde veröffentlicht hat. Sie sollte der erste Band sein von mehreren Bänden, in denen er aufsteigen wollte zum Begreifen des wirklichen geistigseelischen Lebens. Es ist bei dem ersten Band geblieben, und nur in kleineren Schriften hat dann Brentano, ich möchte sagen, einige Späne dessen, was er zu sagen hatte, weiter hinzugefügt.

Gewiß, Brentanos äußeres Leben war wechselvoll; und wer die Dinge nur äußerlich betrachtet, könnte vielleicht sagen, dieses wechselvolle äußere Leben hätte Franz Brentano gehindert, zu der Sammlung zu kommen, die nötig gewesen wäre, um seine «Seelenkunde» zu vollenden. So ist es aber nicht; sondern es ist so gekommen, daß Brentano an den Rätseln des Seelenlebens selber gescheitert ist. Er begann sie im ersten Bande seiner «Psychologie» so darzustellen, daß ihn der Weg geführt hätte gerade dahin, wo die Geisteswissenschaft steht, die hier gemeint ist. Aber da konnte er nicht durch wegen seines Haltens an naturwissenschaftlichen Vorurteilen. Und da er nicht irgendwelche bloße Begriffe entwickeln wollte, sondern Wirklichkeit enthaltende Begriffe, so ließ er die ganze Sache stehen.

Nun ist Brentano schon damals, als er seine Psychologie schrieb, von dem Grundsatze ausgegangen, das innere seelische Leben könne zwar wahrgenommen, aber nicht beobachtet werden. Es ist ein Ausspruch, welcher so begründet wie möglich erscheint, aus dem einfachen Grunde: Das seelische Leben, das wir entwickeln, sind wir ja selber. So kann man sagen: Wenn irgendeine Vorstellung auftritt, so müssen wir sie haben; wir können uns ihr nicht gegenüberstellen und sie beobachten. Wenn wir sie beobachten, so ist sie vergangen, so muß sie aus der Erinnerung erst wieder heraufgeholt werden. Diese und noch andere Schwierigkeiten liegen vor. Daher meint Brentano, man könne das seelische Leben wohl wahrnehmen, aber nicht beobachten. Aber er hat nicht gesehen, daß man gerade dann niemals zu einer Wissenschaft des Seelischen kommen würde, wenn man so beobachten könnte, wie er es meint, nämlich daß dieses Beobachten ganz nach dem Muster der Naturwissenschaft wäre. Könnte man so beobachten, das heißt bliebe einem das seelische Leben stehen, so würde man in diesem seelischen Leben nichts wahrnehmen als Spiegelbilder, Spiegelbilder einer Wirklichkeit. Aus diesen Spiegelbildern würden sich ebensowenig Ergebnisse herausfinden lassen über die Wirklichkeit, wie man die Bilder eben eines Spiegels greifen kann oder dergleichen. Man kann das seelische Leben überhaupt nicht beobachten, wenn man es nur in der unmittelbaren Gegenwart beobachten will. Daher mußte ich vor einigen Wochen hier sagen: Nicht darauf kommt es an bei der Beobachtung des Seelisch-Geistigen, daß man gewissermaßen sich diesem Seelisch-Geistigen gegenüberstellt und es dann beobachtet wie ein naturwissenschaftliches Objekt, sondern darauf kommt es an, daß man solche inneren Vorgänge herbeiführt, wie es zum Beispiel dieser ist: Man gibt sich, wie man sagt, meditativ einer ganz bestimmten Vorstellung hin, immer wieder und wiederum, aber man beobachtet dann auch, wie diese Vorstellung wirkt, ohne daß man dabei ist; man übergibt gewissermaßen – von vorneherein braucht man sich darüber nicht zu entscheiden – das, was man vorstellt, dem objektiven Gang der Welt. Ob das nun heruntergedrängt wird in das sogenannte Unterbewußte, oder ob es irgendeiner anderen Sphäre des Weltendaseins übergeben wird, das zeigt sich im weiteren Verlauf der Vorstellung. Man läßt das, was man in das Bewußtsein hereingerufen hat, so wirken, daß man nicht mehr dabei ist. Und hat man dann die anderen Verstärkungen des Bewußtseins verrichtet, die da beschrieben sind in dem Buche «Wie erlangt man Erkenntnisse der höheren Welten?», dann findet man allerdings, daß man zwar dieses Seelisch-Geistige, das in einem selber waltet, nicht so beobachten kann, wie es Brentano wollte, sondern daß man es beobachten muß, indem man es in seinem Wirken in der Zeit ins Auge faßt. Das Seelische zeigt sich nur, wenn man es im Lebenslauf des Menschen ins Auge faßt; nicht indem man sich ihm in der Gegenwart gegenüberstellt, sondern indem man sieht, wie dieses Seelische arbeitet zwischen Geburt und Tod. Und dieses Beobachten des Seelischen, das geschieht in derselben Exaktheit, wie äußere wissenschaftliche Forschungen angestellt werden.

Wie gesagt, wenn ich Persönliches anführen darf, so darf ich vielleicht sagen: Ich habe in den letzten zwei Vorträgen hier über die Beziehungen des Seelischen zum Nervensinnesmenschen, zum Atmungsmenschen, zum Stoffwechselmenschen gesprochen, und habe versucht, im vollen Einklang mit der Naturwissenschaft ein Ergebnis aufzuzeigen, von dem ich glaube, daß es von ungeheurer Bedeutung sein kann für das Verständnis des Weltenzusammenhanges. Ich habe bisher in dieser Weise nicht formuliert, was ich in den beiden letzten Vorträgen ausgesprochen habe, aber es ist jetzt ganz genau fünfunddreißig Jahre her, seit ich als ganz junger Mann in Wien begonnen habe mit den Forschungen, welche zuletzt dazu führen konnten, das auszusprechen, wie es in den letzten zwei Vorträgen geschehen ist. Und ich war unablässig bei diesem Forschen. Dieses Forschen versuchte ich so zu verfolgen, wie ich das auch neulich beschrieben habe: durch das Übergeben der Vorstellungen an die Objektivität, um zu sehen, was aus den Vorstellungen selber wird, wenn sie geistig arbeiten, ohne daß man dabei ist. Man wird eben einmal erkennen, daß geistige Forschung ebenso exakt ist wie äußere naturwissenschaftliche Forschung. Das wird vielleicht notwendig sein, wenn der Kreis derjenigen größer werden soll, die in dieser Geisteswissenschaft das sehen, was der zukünftigen Bildungsentwickelung der Menschheit notwendig ist. Allerdings stellt sich heraus, daß auf dem Wege dieser geistigen Forschung die Vorstellungen nicht so abstrakt verlaufen in der Seele, wie sie verlaufen, wenn man äußerlich naturwissenschaftlich forscht, oder wenn man so, wie man es gewöhnt ist mit Bezug auf das äußere Leben, nachdenkt. Die Vorstellungen verlaufen vielmehr so, daß nach der anderen Seite hin, möchte ich sagen, als nach der zur sinnlichen Außenwelt die Vorstellungen, die also verfolgt werden in ihrem Eigengange, wenn man persönlich nicht mehr dabei ist, sich durch ihre eigene innere Wesenheit verbinden mit dem geistigen Leben, mit dem geistigen Geschehen, das sich nur beobachten läßt in seiner Tätigkeit, nicht in seiner Ruhe. Nur in vollem Gange, den man mitmacht, läßt sich die geistige Welt beobachten.

Eine Beobachtung, wie ich sie nunmehr anführen will, wird, wenn man sie ohne die Vorbedingung einer inneren Schulung der geistesforscherischen Tätigkeit vornimmt, zu nichts richtigem führen, gerade so, wie beim Hantieren im chemischen Laboratorium, für den, der die Dinge nicht handhaben kann, sie zu nichts führen; erst nachdem man sich die inneren experimentellen Dinge geschaffen hat, zeigt sich die Sache im rechten Licht. Es zeigt sich nämlich das in seiner wahren Gestalt, was manche Denker geahnt haben, wobei sie aber wirklich kaum über die Ahnung hinausgekommen sind: Alles dasjenige, was wir an seelischem Leben entwickeln, indem wir mit der Außenwelt, sei es mit der leblosen oder mit der lebendigen Außenwelt in Berührung kommen, dieses ganze seelische Leben, das für gewöhnlich in unserem Bewußtsein liegt, ist begleitet von einem anderen Seelenleben. Und wer die inneren Bedingungen hergestellt hat, um solche Dinge richtig innerlich zu beobachten, der kann gewahr werden, wie die Seele – Eduard von Hartmann würde es nennen: im Unbewußten, aber dieses Unbewußte, das ich hier meine, unterscheidet sich von dem Hartmannschen eben dadurch, daß es bewußt werden kann – fortwährend in diesem Unbewußten arbeitet. Es geht neben der Strömung des bewußten Seelenlebens eine andere fortwährend einher, welche – man kann das verfolgen, wenn man den Seelenblick darauf richten kann – nicht den Gesetzen unterworfen ist, denen das äußere Seelenleben unterworfen ist, und die übereinstimmen selbstverständlich mit dem Gang der Naturereignisse. Gesetzen ist zwar auch dieses Seelenleben unterworfen, auf welches ich jetzt hinweise, aber es stimmen diese Gesetze nicht mit dem, was als Gesetze vorwaltet in dem gewöhnlichen bewußten Seelenleben. Für den Geistesforscher dringt dieses unterbewußte Seelenleben herauf. Für das gewöhnliche Leben dringt es auch herauf, nur weiß man es nicht, daß es heraufdringt. Man glaubt zum Beispiel oftmals: diese Vorstellung, diesen Gedanken hast du gefaßt, und glaubt, der ganze Vorgang liegt im gewöhnlichen bewußten Seelenleben. Das tut er nicht, sondern er taucht herauf aus einem unterbewußten Seelenleben.

Der Geistesforscher kann nun verfolgen, wie diese zwei Strömungen des Seelenlebens zusammenarbeiten. Und im Grunde genommen, wenn man nicht im abergläubischen oder theoretisch-mystischen Sinne von Hellsichtigkeit spricht, sondern in exaktem Sinne, so ist diese Hellsichtigkeit nichts anderes als die Fähigkeit, dieses parallel gehende Seelenleben wirklich hinaufzuheben und sich überzeugen zu können, daß es zwar seinen Gesetzen unterliegt, daß aber diese Gesetze anders sind als diejenigen des bewußten Seelenlebens. Nicht in irgendwelche krankhafte oder pathologische Zustände wird sich der hineintreiben, der in gesunder Weise, wie es beschrieben ist in meinem Buche «Wie erlangt man Erkenntnisse der höheren Welten?», zu solchen Beobachtungen sich aufschwingt. Im Gegenteil, es wird das eintreten, was ich im letzten Vortrage hier angedeutet habe: er wird sein Seelenleben immer gesünder und gesünder machen, wenn er richtig vorgeht. Aber eine gewisse Fähigkeit des Zusammenwirkens des unterbewußten Seelenlebens mit dem gewöhnlichen Seelenleben, die wird sich ein solcher Geistesforscher erwerben. Und während man im gewöhnlichen Leben, zum Beispiel wenn man zuhört, wenn einem jemand etwas vorliest, glaubt, man sei nun mit der ganzen Seele hingegeben dem, was einem vorgelesen wird, meint man das als wirklich geschulter Geistesforscher nicht mehr. Man weiß, daß das unterbewußte Seelenleben fortläuft und oftmals ganz andere Wege geht, als die Wege der Vorstellungen sind, die vorgelesen werden. Und wenn man genügend Virtuosität hat, um nun doch nicht unaufmerksam zu werden im Zuhören, so steigen zwischen zwei Worten, die man anhört, aus dem Unterbewußten Dinge herauf, die ebenso seelisch erarbeitet sind, wie die Dinge des bewußten Seelenlebens, die aber parallel laufen dem Strome des bewußten Seelenlebens; Dinge eines ganz anderen Seelenlebens.

Gewisse Denker haben das geahnt, indem sie zum Beispiel aufmerksam machten, daß der Mensch nicht nur im Schlafe träumt, sondern daß eigentlich den ganzen Tag über beim Wachen das Traumleben fortgeht, nur überleuchtet wird von dem gewöhnlichen bewußten Seelenleben. Das ist auch wahr – und doch auch wiederum nicht wahr. Es geht nur so etwas ähnliches vor wie das Traumleben. Das Traumleben ist nur wie eine chaotische Abschattung desjenigen, was da vorgeht. Es geht nämlich im Unterbewußten vor dieser parallel laufende Strom, der für das heutige gewöhnliche Seelenleben so flüchtig ist wie die Träume, und sich daher mit dem Traume vergleichen läßt, der aber heraufsteigt aus einer geistigen Wirklichkeit.

Indem man diese beiden Strömungen – das Seelisch-Geistige und das an die äußere Natur gebundene Seelische – in ihrem Zusammenwirken beobachtet, lernt man allmählich aufsteigen zu einer Vorstellung, die in ihren Einzelheiten in diesem einen Vortrage nicht begründet werden kann, die aber ihrem Ergebnis nach angeführt werden soll. Man lernt erkennen, daß das gewöhnliche Seelenleben, wie es mit Recht von den physiologischen Psychologen der Gegenwart von der Art Theodor Ziehens zum Beispiel, den ich neulich angeführt habe, dargestellt wird, zu seiner notwendigen Bedingung das äußere physisch-leibliche Leben hat. Verfolgt man nun wiederum dieses äußere physisch-leibliche Leben mit den Mitteln der Geistesforschung, dann kommt man darauf, daß dieses äußere physisch-leibliche Leben und damit auch das an dieses gebundene seelische Erleben des gewöhnlichen Bewußtseins zusammenhängt mit jenen Wirkungen, die sich abspielen zwischen Erde und Sonne. Wirkungen, die nur verfeinerter Art sind, die aber ähnlich sind den Wirkungen der Sonnenumgebung, sagen wir, auf die Pflanzenwelt und dergleichen. Man lernt erkennen den realen Zusammenhang zwischen dem Werkzeuge unseres gewöhnlichen bewußten Seelenlebens und Erde und Sonne, ich könnte auch sagen: unseres ganzen Weltensystems, so wie die Astronomie oder die Astro-Physik von diesem Weltensystem spricht. Man lernt aber auch erkennen, daß grundverschieden von den Gesetzen, welche dem Leiblichen und damit auch dem Seelischen des Menschen eingepflanzt werden durch das Sonnen-Erdenleben, der Verlauf der anderen Strömung ist. Der hängt nicht zusammen in seiner Gesetzmäßigkeit mit der Gesetzmäßigkeit der leiblich-seelischen bewußten Vorgänge. Im Gegenteil, er widerspricht ihnen vielfach. Wo man im äußeren seelischen Leben das hat, was der Psychologe eine Assoziation nennt, ein Zusammenbringen von Vorstellungen, da vollführt dieses innere unterbewußte Seelenleben eine Trennung, und umgekehrt.

Das sind aber nur Andeutungen über weitgehende Unterschiede des äußeren und des inneren Erlebens. Und erkennt man so in einem viel weiteren Umfange den Zusammenhang des Seelischen und des Leiblichen, und wiederum des Leiblichen des Menschen mit dem ganzen Sonnen-Erdendasein, dann bekommt man auch Vorstellungen über einen Endzustand des Erdendaseins selbst; Vorstellungen, deren Bildung selbst in der heutigen Sprache schwer zu beschreiben ist. Ich kann nur sagen: Jeder weiß, wie der Astronom aus einer gegenwärtigen Sternkonstellation eine zukünftige berechnen kann, wie man zukünftige Sonnen- und Mondfinsternisse berechnen kann. Dasjenige, was hier durch die Berechnung geschieht, das geschieht, wenn man das richtige Verhältnis findet zu dem, was man lernt über die beiden Strömungen, die ich angedeutet habe, in ihrer Beziehung zum Erdenendzustand. Das, was dort berechnet wird, wird hier innerlich geschaut. Man hat es nicht zu tun mit vagen

Analogien im Fechnerschen Sinn, sondern mit einem wirklichen inneren Schauen des Endzustandes der Erde. Denn man lernt erkennen, daß etwas, was aber in seinen Einzelheiten natürlich nicht in einem Vortrage dargelegt werden kann, sich als notwendiges Ergebnis herausstellt. Ich will zu diesem Ergebnis hinführen durch einen Vergleich.

Nicht wahr, so wie der Mensch als leibliches Wesen durch die Welt geht, ist er nur möglich dadurch, daß das Seelische – ich will nicht sagen, ihn durchdringt, damit man nicht glaubt, ich mache irgendwelche Hypothesen – in ihm sich wirksam erweist. Kann es sich nicht mehr wirksam erweisen, dann folgt dieser Leib anderen Gesetzen als denen, welchen er zwischen Geburt und Tod folgt. Er folgt dann den Gesetzen, denen er folgen muß wegen seiner Verwandtschaft zu der äußeren physischen Erdenumgebung. Er geht ganz über mit seiner eigenen Gesetzmäßigkeit in die umgebende Erdengesetzmäßigkeit. Mit diesem möchte ich vergleichen das Ergebnis, das herauskommt mit Bezug auf das Leben unserer Erde. Unsere Erde macht ihren Gang in der Entwickelung nach vorwärts, aber sie macht in diesem Gang innere Verwandlungen durch. Diese Verwandlungen kann man nicht kennenlernen, wenn man nicht weiß, daß in dem Gange unserer Erde das eine reale Rolle spielt, was alle seelischen Wesen in ihrem Unterbewußten wahrnehmen und entwickeln in der angedeuteten Weise. So wie man nicht eine Pflanze begreift in ihrem Werden, wenn man sich keine Vorstellung darüber bilden kann, wie in der Pflanze dieses Jahres in ihren ganzen Wachstumsgesetzen sich vorbereitet der Pflanzenkeim des nächsten Jahres, wenn man nicht in allem Aufschießen der Blätter und so weiter das Werden des Fruchtkeimes der nächsten Pflanze sieht, so kann man auch nicht unsere Erde begreifen, wenn man nur die physikalischen Gesetze auf sie anwendet, wie es der Geologe tut.

Denn das, was wir erleben in unserem Unterbewußtsein, das zeigt sich als etwas Keimhaftes in unserem Erdendasein. Wenn ich einen Ausdruck brauchen darf, der nicht ganz richtig ist, wir werden uns schon verstehen: Das wirkt und lebt mit, ist aber etwas, was gar nicht zusammenhängt mit den Beziehungen von Erde und Sonne. Und so stellt sich heraus: Geradeso, wie für den leiblichen Menschen ein Zeitpunkt eintritt, wo sein seelisches Erleben abgetrennt ist von dem leiblichen, und das Leibliche übergeht in die äußere Erdenumgebung, so tritt für die Erde ein Zeitpunkt ein, welcher aufhören läßt die Erden-Sonnenwirkungen. Geradeso wie aufhören die seelischen Wirkungen im Leibe von innen, so hören von außen auf die Sonnenwirkungen auf die Erde. Wie der Leib von der Seele getrennt eine unmögliche Mischung ist, sich auflöst, so wird die Erde von einem gewissen Zeitpunkte an ein unmöglicher Körper im Weltenall. Und so wie der menschliche Leib übergeht in die Erdenumgebung, in ihre physischen und chemischen Gesetzmäßigkeiten, so geht die Erde von einem gewissen Zeitpunkte an über in die Gesetzmäßigkeit, die wir jetzt in der angedeuteten Strömung verfolgen.

Es ist, wie Sie sehen, umgekehrt bei der Erde und beim Menschen. Der Leib des Menschen geht über in die Erdenumgebung. Das, was erden-sonnenhaft in der Erde ist, das geht über in Geistiges. Dann, wenn dieser Zeitpunkt eintritt, herrscht in diesem Erdenleibe, der dann auf diese Art, wie ich es geschildert habe, gestorben sein wird, jene Gesetzmäßigkeit, die wir wahrnehmen können in der Parallelströmung, die gar nicht übereinstimmt mit den äußeren Naturgesetzen. Und da kommt das Eigentümliche zutage, das heute noch wie ein wahnsinniges Paradoxon aussieht: daß die Gesetze, die wir heute Naturgesetze nennen, eben nur bis zum Erdenende gelten. Und wenn jemand versucht, nach der Art des Professors Dewar, diese Gesetze über das Erdenende hinaus anzuwenden, so macht er denselben Fehler, wie wenn jemand die Gesetze des Stoffwechsels über den leiblichen Tod hinaus berechnet, über 150 Jahre. Die Erde wird nicht mehr da sein für den Zeitpunkt, den Professor Dewar berechnet, denn sie hat sich in Geistiges umgewandelt. Und alles Geistig-Seelische, das so beobachtet werden kann in der zweiten Strömung, wie ich es geschildert habe, das ist mit aufgenommen in dieses Geistig-Seelische der Erde, das lebt drinnen zu anderen Weltengestaltungen hinüber, zu künftigen Weltengestaltungen, die zu beschreiben jetzt nicht möglich ist. Aber wir sehen auf einen künftigen Endzustand unserer Erde hin, in dem diese Erde so durch ihren Tod gegangen sein wird, daß sie in einem Geistigen aufgegangen sein wird. Es wird nicht einmal festgewordene Milch bläulich leuchten, und Eiweiß als Kerze dienen, aber alles dasjenige, was jetzt auf der Erde unter dem Erden-Sonnen-Gesetz steht, unter dem, was wir heute Naturgesetze nennen, das wird einmal unter ganz anderen Gesetzen, unter geistig-seelischen Gesetzen leben, die heraufsteigen werden in der Weise, wie ich es geschildert habe, aus unserem eigenen Innenleben. Denn wir sind mit dem, was die Erde werden soll, wodurch die Erde unsterblich ist, auch schon heute verbunden – keimhaft. Daher scheint das wie traumhaft abgeschattet, was da unten im Seelenleben lebt. Es ist eben mit der Keim künftiger Welten, und wir sind unsterblich, indem wir mit diesem Unsterblichen des allgemeinen Geistes leben.

Auf diese Weise kommt man allerdings zu einer viel konkreteren Anschauung über die geistige Welt, als wenn man die abstrakten Schlagworte von «mystischem Pantheismus» und so weiter braucht, mit denen sich heute so viele Menschen noch viel zugute tun. Ein verschwommener, nebuloser Pantheismus soll in der Geisteswissenschaft, die hier gemeint ist, nicht gesucht werden, sondern konkrete Ergebnisse, die auf exakter geistig-seelischer Beobachtung aufgebaut sind.

Das allgemeine Bildungsdenken der Zeit ist heute noch abgeneigt solchen wirklichkeitsgesättigten Vorstellungen, zu denen der Geistesforscher aufrücken muß, um zu einem Weltenbilde zu kommen, das alle Wirklichkeit, die wir erlangen können, umfaßt, nicht bloß die äußere physische. Wer bewußt mitgemacht hat den Bildungsgang der letzten Jahrzehnte, hat ja bemerken können, wie die Menschen im Grunde so gar nicht lieben – es beruht das auf Entwickelungsgesetzen –, mit ihren Begriffen in die Wirklichkeit unterzutauchen. Das lebendige Geistesleben zu erfassen, indem man zu Vorstellungen kommen will, die selber – ohne daß man persönlich dabei ist, sondern das Drinnenleben nur anschaut – in einer geistigen Welt leben, dazu haben die Menschen der letzten Jahrzehnte überhaupt gar nicht sich die Zeit genommen. Daher diese zahlreichen Menschen, die ich nennen möchte die «Knopfzähler» der Geisteswissenschaft. Ich möchte sie Knopfzähler nennen aus folgendem Grunde: Wenn man bewußt herangewachsen ist mit dem, womit sich viele Menschen in den letzten Jahrzehnten als mit wichtigen Begriffen befaßt haben, kann man durchaus begreifen, daß es so geschehen ist, aber man muß es eben auch begreifen. Da haben seit einigen Jahrhunderten bis zum heutigen Tage gewisse Menschen sich immer wieder damit beschäftigt, über das soziale Zusammenleben der Menschen nachzudenken. Die einen sind zu mehr individualistischen Begriffen gekommen, die anderen zu mehr sozialen Begriffen. Individualismus und Sozialismus, sie haben in der letzten Zeit in den mannigfaltigsten Variationen eine Rolle gespielt bei der Betrachtung des menschlichen

Zusammenlebens, das ja doch als vom Geiste durchtränkt gedacht werden muß. Demjenigen, der an wirklichkeitsgesättigte Begriffe gewöhnt ist, erscheint dies Plätschern bei all den Sozialisten und Individualisten der letzten Zeit und bis in unsere Tage hinein, wenn man die Gedankengänge verfolgt, durch die einer Individualist oder Sozialist wurde, wirklich nicht tiefer geistig begründet, sondern so, als wenn man an den Knöpfen abzählen würde: Individualist – Sozialist, Individualist – Sozialist – und gezählt hätte, bei welchem Knopf es aufhört; nur daß es, wenn dieses Knopfzählen in Gedanken geschieht, nicht so auffällig ist. Man plätschert da herum in solchen Begriffen, die gar nicht dazu geeignet sind, hineinzugreifen in die wahre Wirklichkeit, wie diese Begriffsschatten, die man als Individualismus und Sozialismus in den letzten Jahrzehnten so anhimmelt.

Die Sache hat aber einen ganz ernsten Hintergrund und hängt zusammen mit vielem, was für gewisse Verhältnisse in der Gegenwart schon außerordentlich wichtig ist. Denn der Mensch braucht nicht immer zu wissen, wie mit dem allgemeinen Weltenbilde, das sich ergibt aus seinen Vorstellungen, Empfindungen und Willensimpulsen, das gewöhnliche Tagesleben, das soziale Leben zusammenhängt. Aber er wird ungeheures Unheil anrichten, wenn er, insbesondere an einer wichtigen Stelle stehend, von nicht wirklichkeitsdurchtränkten Vorstellungen und Empfindungen ausgeht. Wenn er über bloß wissenschaftliche Begriffe eines Weltbildes theoretisiert, so wie Professor Dewar, so erscheinen diese Begriffe für die Geisteswissenschaft wie Wahnvorstellungen, die er seinen Zuhörern aufbürdet. Für solche wissenschaftliche Betrachtung eines Weltbildes wird es ja noch gehen, aber wenn von demselben Geiste beseelt jemand im sozialen Wirken drinnensteht und dieselbe Art des Geistigen überträgt auf dieses Äußere, dann wirkt es im höchsten Grade zerstörend, und man sucht oftmals im Leben dasjenige, was eigentlich fehlt, auf ganz anderen Punkten, als wo es gesucht werden müßte. Denn das, was auf der Erde geschieht, steht doch in einem Zusammenhang. Und wie manchmal der Arzt eine ganz andere Art eines Übels angeben muß, als dasjenige ist, an das man von vorneherein glaubt aus oberflächlicher Betrachtung, so muß der, der die Sache überblickt, auch manchmal an ganz anderem Orte die Ursprünge mancher Übel und mancher verheerenden Wirkungen suchen, als es nach einer oberflächlichen Betrachtung erscheint. Dafür möchte ich ein Beispiel anführen; aber wie soll ich es denn nur anführen in der heutigen Zeit, wo ich gerade in bezug auf dieses Beispiel ja in den Schein kommen könnte, daß ich mich in meinem Urteil beeinflussen lasse von den uns alle so schmerzlich berührenden Zeitereignissen? Aber gerade in bezug auf dieses Beispiel habe ich einen Weg, durch den ich diesem Schein entgehe. Ich habe in Helsingfors im Jahre 1913, also vor diesem Kriege, einen Zyklus von Vorträgen gehalten über einen ganz anderen Gegenstand, im Verlaufe dessen ich aber, um auf etwas beispielsweise zu sprechen zu kommen, eine Anspielung machen mußte auf *Wilson*, und ich will vorlesen, was ich dazumal mit Bezug auf Wilson gesagt habe in anderem Zusammenhange. Sie werden auch sehen aus dem, was ich damals gesagt habe, daß ich eine gewisse Bedeutung, auch einen gewissen Geist, den man Wilson zugestehen kann, durchaus nicht verkannt habe, aber Sie werden auch sehen, daß es nicht notwendig war, um ein Urteil über diesen Mann zu gewinnen, erst die Ereignisse der letzten Jahre oder Wochen vielleicht sogar – wie es bei manchen nötig war – auf sich wirken zu lassen. Ich sagte dazumal:

«Da gibt es sehr bemerkenswerte Aufsätze, die in der letzten Zeit erschienen sind, von dem Präsidenten der Vereinigten Staaten Nordamerikas, Woodrow Wilson. Da gibt es einen Aufsatz über die Gesetze des menschlichen Fortschritts.»

Woodrow Wilson hat natürlich auch dazumal schon über die Gesetze des wahren menschlichen Fortschrittes gesprochen.

«Darin wird wirklich recht nett und sogar geistreich ausgeführt, wie die Menschen eigentlich beeinflußt werden von demjenigen, was das tonangebende Denken ihres Zeitalters gibt. Und sehr geistreich führt er aus, wie in dem Zeitalter Newtons, wo alles voll war von den Gedanken über die Schwerkraft, man in die gesellschaftlichen Begriffe, ja, in die Staatsbegriffe nachwirken fühlte die Newtonschen Theorien, die in Wirklichkeit nur auf die Weltenkörper paßten. Die Gedanken über die Schwerkraft im besonderen fühlt man in allem nachwirken. Das ist wirklich sehr geistreich, denn man braucht nur nachzulesen den Newtonismus und man wird sehen, daß überall Worte geprägt werden wie Anziehen und Abstoßen usw. Das hebt Wilson wirklich sehr geistvoll hervor. Er sagt, wie ungenügend es sei, rein mechanische Begriffe anzuwenden auf das menschliche Leben, Begriffe von der Himmelsmechanik anzuwenden auf die menschlichen Verhältnisse, indem er zeigt, wie das menschliche Leben damals geradezu wie eingebettet war in diese Begriffe, wie diese Begriffe überall auf das staatliche und soziale Leben Einfluß gehabt haben. Es rügt Wilson mit Recht diese Anwendung rein mechanischer Gesetze in dem Zeitalter, in dem sozusagen der Newtonismus das ganze Denken unter sein Joch gespannt hat. Man muß anders denken, sagt Wilson, und konstruiert jetzt seinen Staatsbegriff und zwar so, daß nun überall, nachdem er dies von dem Zeitalter des Newtonismus nachgewiesen hat, bei ihm der Darwinismus herausguckt.»

Was ich dazumal sagen wollte, das war, daß Wilson nun sieht, indem er ein vorhergehendes Zeitalter betrachtet: Da hat man in die Staatsbegriffe den Newton aufgenommen, man hat sich nun nach dem gerichtet. Was tut er? Er nimmt nun den Darwinismus auf, weil er ein Genosse des Zeitalters des Darwin ist, wie die Menschen dazumal Zeitgenossen des Newton waren. Er begeht genau dasselbe, aber er ist so naiv, auch nicht eine Spur davon zu bemerken.

Wenn nun allerlei Leute gespielt haben mit den Begriffen Individualismus und Sozialismus, und sie sind beim Spielen geblieben, nun, so mag das hingehen; aber wenn mit einem so defekten Denken, das wollte ich dazumal sagen, von einer wichtigen Stelle aus gewirtschaftet wird, dann hat das eine ganz andere Bedeutung. Will man einmal kennenlernen unser Zeitalter, dann wird man kennenlernen müssen, mit welch wirklichkeitsfremden Begriffen, die nur Schatten sind von irgend etwas, wo diese Begriffe berechtigt sind, wie im Wilsonschen Falle diese sozialen Begriffe, wie mit solchen schattenhaften, wirklichkeitsfremden Begriffen gearbeitet wird. Man mag noch recht weit sein von solcher Einsicht; aber man wird die Wirklichkeit nicht verstehen und zu keinem Weltenbilde kommen, das dieser Wirklichkeit entspricht, wenn man nicht imstande ist, zu durchschauen, mit was für Begriffshülsen heute in der Wissenschaft und auf den sozialen Gebieten gearbeitet wird. Daher kommt es, daß am wenigsten die Menschen eine Anschauung zu gewinnen imstande sind, wenn es sich darum handelt, in die wirkliche geistige Welt hineinzukommen, und von ihr, oder durch sie, ein Weltenbild zu gewinnen. Es gibt Menschen, die, sei es durch ihre lebendige innere Entwickelung, sei es durch äußere Umstände, von der Sehn-

sucht erfaßt werden, das Geistige zu erkennen. Allein, wo
suchen sie es oftmals? Dazu können sie sich durch eine
gewisse innere Bequemlichkeit des Denkens nicht entschlie-
ßen, den Geist da zu suchen, wo er wirklich zu finden ist:
auf dem Wege des Geistes selber. Denn das ist schwierig,
obwohl es, wenn auch die Dinge 35 Jahre gedauert haben,
durchaus möglich ist, wenn dann die Resultate zutage treten,
sie unmittelbar einleuchtend zu finden. Das erfordert vor
allen Dingen, das Innere der Seele in eine solche Stimmung
und Verfassung zu bringen, in die zu bringen es gerade
exakten Forschern der Gegenwart oftmals nicht lieb ist.
Man kann das gerade dann am deutlichsten sehen, wenn
sich ein exakter Forscher, der mit Recht ein Ansehen auf
dem Gebiete der äußeren Naturforschung hat, einmal auf
die geistige Welt einläßt.

Unter denjenigen Büchern, die – abgesehen von der
Kriegsliteratur – in den letzten Monaten innerhalb der
englisch-sprechenden Welt das allermeiste Aufsehen gemacht
haben, ist dasjenige, welches als sein neuestes Buch der
Naturforscher Sir *Oliver Lodge* geschrieben hat. Dieses
Buch hat eine besondere Veranlassung. Es hat die Veranlassung, daß der Sohn des Naturforschers Lodge, Raymond
Lodge, im Jahre 1915 im August an der Westfront gefallen
ist. Nun, Oliver Lodge neigte ja immer zu einer gewissen
Wissenschaft über die geistige Welt. Der Tod des Sohnes
hat zu seiner Sehnsucht, in die geistige Welt einzudringen,
noch das seinige hinzugetan. Und so kam es denn – ich
kann diese Dinge nur kurz erzählen, daher wird manches
unerklärlich sein, aber ich will den Fall doch erzählen, um
das zu bekräftigen, was gerade mit dem angezogenen Ge-
dankengange zusammenhängt –, es kam so: Schon bevor
der Sohn fiel, war von Amerika herüber Sir Oliver Lodge
darauf aufmerksam gemacht worden, daß irgend etwas mit

diesem Sohne geschehen sei. Wenn man liest, was da von Amerika herüber auf dem Umwege durch ein Medium – wie man diese Persönlichkeiten nennt – der Familie Lodge geschrieben worden ist, so hat man als ein wissenschaftlich denkender Mensch – das ist ja Oliver Lodge auch –, oder sagen wir, als ein geisteswissenschaftlich denkender Mensch, den Eindruck: Ja, was ihm da geschrieben worden ist, konnte alles mögliche bedeuten; es kann allenfalls so ausgelegt werden, daß sich Frederick Myers, der Herausgeber einer Schrift über die wissenschaftlichen Untersuchungen über das Seelenleben, der vor langer Zeit gestorben ist, des Sohnes von Sir Oliver Lodge annehmen würde. Man konnte die Sache aber so und so deuten. Wenn Raymond Lodge nicht gefallen war, so konnte man es so deuten, daß Myers ihn beschützen werde vor einem Tode in der Schlacht; nach dem Tode konnte man es so deuten, daß er ihm jenseits ein Helfer, ein Führer sein wird. Ich will gar nicht ausführen, was hinter solchen Dingen steckt; sie sind nicht so harmlos, wie man denkt. Nun fiel Raymond Lodge. Und Sir Oliver Lodge – der es ganz ablehnen würde, auf den Wegen in die geistige Welt einzudringen, um zur unsterblichen Seele zu kommen, die in der hier gemeinten Geisteswissenschaft vertreten werden –, der kam in Verbindung mit nach seiner Ansicht einwandfreien Medien, und da stellte es sich sehr bald für ihn heraus, daß durch diese Medien die Seele des Raymond Lodge sich kundgab, allerlei wirklich mitteilte durch die Medien: wie sie jetzt lebe, welche Wünsche sie habe in bezug auf den Vater, die Familie und so weiter. Nun würde ich die Sache nicht erwähnen, wenn ich bloß erzählen wollte, was gewöhnliche Spiritisten berichten, denn bei denen waltet Kritiklosigkeit; selbst da waltet Kritiklosigkeit, wo Lombroso und Richet dabei sind. Aber Oliver Lodge ist wirklich ein Mensch, der die exakten Methoden kennt, der daher auch bei einer solchen Sache exakt vorgeht, so daß auch derjenige, der in seinem wissenschaftlichen Denken und Forschen eine Erziehung genossen hat an den Methoden der Naturwissenschaft, und der gelernt hat, wirkliche Gewissenhaftigkeit sich auszubilden an der Naturwissenschaft, was im Grunde genommen der Geistesforscher auch sollte, einen gewissen Respekt haben konnte vor der Exaktheit, mit der Oliver Lodge vorgeht bei der Beschreibung der Dinge, die er in seinem dicken Buche mitteilt. Und während man bei gewöhnlichen Berichten selbstverständlich immer gleich sieht, wenn man irgendwie nur ein bißchen bekannt ist mit den Dingen, wo die Beobachter eben *nichts* gesehen haben, wo die Mitteilungen fehlen über die Zurichtungen und so weiter, sieht man bei Sir Oliver Lodge, daß ein Mensch berichtet, der wirklich wissenschaftliche Methoden zu handhaben und zu beschreiben weiß.

Nun hat besonders großen, tiefen Eindruck gemacht eine Sache, die Sir Oliver Lodge angibt. Ich will die anderen Dinge nicht erzählen, denn sie sind, trotzdem sie exakt angegeben werden, nach dem Muster sonstiger Sitzungen. Aber das eine, das besonders großen Eindruck gemacht hat, das ist dieses: Sir Oliver Lodge erzählt, daß durch die einwandfreien Medien – ich kann das alles erzählen, denn Sie wissen, ich vertrete diese Richtung ja nicht – herausgekommen ist, Raymond Lodge habe sich mit Kameraden, bevor er gefallen ist an der Westfront, photographieren lassen. Und nun beschreibt die Seele Raymond Lodges durch das Medium das Bild, und zwar drei Aufnahmen, wie sie so gemacht werden durch den Photographen hintereinander, wo, wenn eine Gruppe aufgenommen ist, die gleiche Gruppe dasitzt, und nur manchmal einer, während er bei der einen Aufnahme die Hände auf die Knie legte, sie dann auf den Stuhl legt oder auf die Schulter des Nachbarn. Mit großer Genauigkeit beschreibt dieses Medium, sagen wir, diese Photographien. Während man – das gibt ja auch Oliver Lodge zu – bei den anderen Dingen manche Zusammenhänge finden könnte so, daß irgendeine leise Suggestion, wie es ja bei solchen Dingen meistens ist, stattgefunden habe, oder sonst ein anderer Vorgang, den jeder Geistesforscher kennt, um auf das Medium zu übertragen, was an Erinnerung, an Reminiszenzen, namentlich an unterbewußten Reminiszenzen an den verstorbenen Raymond Lodge lebte – während das bei alledem ging, was sonst da war, ging es bei diesem Vorfall nicht, denn niemand konnte etwas wissen von diesen Photographien. Diese Photographien waren in der allerletzten Zeit, bevor Raymond Lodge gefallen war, aufgenommen, und waren noch nicht in England angekommen. Niemand wußte etwas davon, weder irgend jemand von der Familie, noch das Medium. Und in der Tat, vierzehn Tage oder drei Wochen nachher kamen die drei Photographien, genau in der Beschreibung, wie sie das Medium gegeben hatte, an. Nun wurde das selbstverständlich für ihn ein experimentum crucis, ein Kreuzbeweis, denn hier war unmittelbar nachweisbar: Niemand konnte etwas davon wissen, es ist etwas gekommen aus einer Welt, die eben nicht die Welt ist, in der früher Raymond Lodge gelebt hat, bevor er durch die Pforte des Todes gegangen ist.

Das hat nicht nur auf Sir Oliver Lodge, der eine große Neigung hatte zu solchen Dingen, sondern es hat einen großen Eindruck gemacht auf das ganze für solche Dinge sich interessierende Publikum. Oliver Lodge ist tatsächlich völlig überzeugt worden und konnte auch seine Familienglieder überzeugen, die vorher skeptisch waren; der Kreis hat sich dann immer mehr erweitert. Es ist nun merkwürdig, wie man gerade heute so sehr befriedigt ist, die Unbequemlichkeit sich nicht aufladen zu brauchen, in die Wirklichkeit einzudringen, wie man sich auf leichtgeschürzte Art gerade über die geistige Welt Begriffe bildet.

Der Geistesforscher weiß: Wenn schon bei diesen Dingen auf diese Weise etwas herauskommt, so ist es jedenfalls nicht eine Manifestation einer wirklich geistigen Welt. Deshalb nannte ich im letzten Vortrage hier das, was auf solche Weise zutage tritt, gerade das Seelenloseste, dasjenige, woraus der Geist erst recht herausgetrieben ist, obwohl es den Geist manchmal nachbilden kann. Wenn auf diese Weise etwas herauskommt, so verhält sich das zum Geiste so, wie die tote Muschelschale sich zu der lebendigen Auster verhält, wenn die Auster draußen ist. Es kommt die Schale heraus, das Allermateriellste, das Allersinnlichste, der sinnlichste Rest, der nur in seinen Formen manchmal nachbildet das Geistige. Denn den Geist muß man schon auf geistigem Wege suchen. Aber wie konnte sich Oliver Lodge solchem – man darf das sagen, wenn man wirkliche Geistesforschung kennt – solchem Dilettantismus hingeben? Weil ihm einfach die wirklichkeitsgesättigten Begriffe fehlen, um solche Dinge zu beurteilen. Hätte er nur ein wenig in der ja reichen deutschen Literatur über diese Dinge gelesen, die natürlich heute auch wenig berücksichtigt wird, die aber da ist, besonders aus der ersten Hälfte des neunzehnten Jahrhunderts zahlreich da ist, so hätte er gewußt, daß er es, zugegeben alle Exaktheit, doch nicht mit etwas anderem zu tun hat als mit dem, was man in der ersten Hälfte des neunzehnten Jahrhunderts im deutschen Geistesleben in das Gebiet der Deuteroskopie verwiesen hat. Man hat da Erscheinungen angeführt wie zum Beispiel die so oft angeführte, wo jemand durch besondere Verfassung des Seelenlebens – sogar Schopenhauer hat es angeführt – in einer Art Traumbewußtsein darauf kommt: Dann und dann wirst du dort und dort einen Unfall haben. Manche somnambule Personen beschreiben ja solche Unfälle in einer nicht allzu ferne liegenden Zukunft so genau, daß sie, wenn sie zum Beispiel vom Pferde stürzen, die Szene ganz genau beschreiben. Man hat es da nicht zu tun mit irgend etwas, was die menschliche Einsicht in die wirkliche geistige Welt erweitern könnte, sondern mit einer bloßen Erweiterung der Wahrnehmung, die sich auf die sinnliche Wirklichkeit bezieht. Man hat es zu tun mit der innerhalb gewisser Grenzen durchaus möglichen Überschreitung der gewöhnlichen Raumes- und Zeitwahrnehmungsgrenzen. Nun lag ganz offenbar in dem Falle des Raymond Lodge nichts anderes vor als das, was in solchen Fällen vorgeht. Was ist Oliver Lodge durch das Medium angegeben worden? Nichts weiter als was dann nachher geschehen ist. Zwar waren zu der Zeit, als das Medium sie beschrieben hat, die Photographien noch nicht da, aber sie sind später angekommen. Der Blick des Oliver Lodge und seiner Familie ist darauf hingerichtet. Es war ein Ereignis, das eintrat; gerade so wie ein Somnambuler träumt, in vierzehn Tagen wird er vom Pferde stürzen. Es ist also nicht irgend etwas, was dem, der nun wirklich Geistesforscher ist, einen Weg weisen würde in eine wirkliche geistige Welt hinein, sondern was sich zu der wirklichen geistigen Welt so verhält, wie die Austernschale zu der Auster. Es bildet das nach. Aber in dem, was da zutage tritt, kann man da etwas vermuten, wenn man die Dinge ernst nimmt? Aber da es bequemer ist, als das wirkliche Eintreten in die geistige Welt, so wird es mancher Mensch mehr lieben, auf diese Weise etwas zu erforschen von der geistigen Welt. Aber man hat es mit etwas viel mehr der Materialität Angehörendem zu tun in einem spiritistischen Phantom, als man es zu tun hat beim wirklichen leiblichen Menschen. Das ist gerade das Eigentümliche mit Bezug auf die Weise, wie sich einleben muß die wirkliche Geistesforschung in das Bildungsleben der Menschen, daß diese Geistesforschung ableiten wird von den Verirrungen, denen selbst große Denker ausgesetzt sind, Menschen ausgesetzt sind, die gerade recht bekannt sind mit den exakten Methoden der äußeren Naturforschung.

Nun, gerade so, wie man sagen muß, die Naturgesetze, so wie wir sie aus den Naturerscheinungen abstrahieren und auf die Welt anwenden, sind in der charakterisierten Weise nicht anwendbar für den Endzustand der Erde, da sich die Erde eben verwandeln wird mit allem menschlichen Seelen- und Geistesleben, wie es geschildert worden ist, so kann man das auch für den Anfangszustand sagen. Da muß man allerdings lernen, wie sich Erinnerung – also das Leben von Vorstellungen, die schon von selbst so in unserer Seele leben, daß wir nicht mehr dabei sind – eigentlich verhält zu dem leiblichen Leben. Und studiert man das in eben derselben Weise, wie ich das angegeben habe für jenes Seelenleben, das man braucht für den Erden-Endzustand, dann findet man, daß ein Anfangszustand der Erde auch nicht so berechnet werden kann, wie es die gegenwärtigen Geologen tun, die einfach die physikalischen Gesetze nehmen und dann errechnen, wie nach diesen physikalischen Gesetzen vor so und so vielen Millionen Jahren die Erde ausgesehen haben mag. Man könnte wiederum ebenso die Magengesetze nehmen und die Rechnung anstellen bei einem siebenjährigen Kinde, wie das ausgesehen haben mag als leibliches Wesen vor vierzig Jahren. Da würde man ganz dieselbe Methode einschlagen, wie sie der Geologe einschlägt, wenn er heute den Zustand der Erde vor Jahrmillionen ausrechnet. Es ist wirklich so, daß die Rechnung ganz richtig ist, wie auch die physikalischen Methoden ganz richtig angewendet sind, wenn man aus dem Stoffwechsel eines siebenjährigen Kindes berechnet, wie dieses Kind vor vierzig Jahren ausgesehen haben mag – nur hat es dazumal noch gar nicht gelebt. Und so ist nur das nicht richtig, daß für den Zeitpunkt, für den der Geologe so schöne Dinge angibt – wie ich es vorhin angeführt habe, daß Professor Dewar für den Endzustand der Erde angibt –, die Erde noch nicht da war. Sie war noch nicht aufgetaucht aus dem andersartigen Sonnenleben, sie war noch nicht heraus, sie hatte sich noch nicht herausgehoben. – Und für den Anfangszustand der Erde – das kann ich jetzt nur kurz angeben – ist die Sache so: Wie wir es beim Endzustand der Erde zu tun haben mit dem Aufgehen der in der Sonnen-Erde-Gesetzmäßigkeit befindlichen materiellen Erde in einen geistig-seelischen Zustand, so daß wir mit der Vereinigung mit diesem Zustand selber unser Unsterblich-Übersinnliches tragen durch künftige Weltenläufe, so hat man es zu tun im Beginn der Erdenentwickelung mit einem Herabsteigen – wenn man den Ausdruck, der nicht sehr schön ist, gebrauchen will – eines Geistig-Seelischen; aber so, daß es nun nicht geistiger wird, sondern von dem, was vom Sonnenhaften herkommt, in Anspruch genommen, gleichsam überflügelt wird, so daß sich innerhalb des Materiellen das aus dem Geistigen Herkommende verwirklicht, man kann schon sagen: verkörperlicht. Da hat man es mit dem umgekehrten Vorgang zu tun: mit der Herkunft eines Geistigen aus einem Geistigen, das sich umgibt, einhüllt – «einwickelt», könnte man sagen, im Gegensatz zu «entwickelt» – in ein Materielles aus der Raumeswelt, aus der Zeitenwelt. Und auch da bemerkt man also wiederum, daß für den Anfang der Erdenentwickelung die Gesetze gelten, die ich vorhin für die Parallelströmung des Unterbewußten angeführt habe, daß da die gewöhnlichen Gesetze der Mathematik aufhören. So grotesk es klingt, es ist doch wahr. Und ich möchte sagen: Kant hat eine Viertelwahrheit von diesem begriffen, indem er in seinen Antinomien gezeigt hat, wie für gewisse Anfangs- und Endzustände gedacht werden kann so und so; nur weil er eben eine Viertelwahrheit gefunden hat, hat das Ganze eher lähmend gewirkt auf das Weltenbild der Wirklichkeit, als daß es fördernd hätte werden können. Denn Kant hätte nicht nur müssen den Glauben haben, daß Raum und Zeit an das menschliche Anschauungsvermögen gebunden sind, sondern er hätte können erkennen, wenn er zur wirklichen Geistesforschung vorgedrungen wäre, wie das, was im Menschen als Geistig-Seelisches lebt, in enger Verbindung steht mit dem geistig-seelischen Geschehen des gesamten äußeren Daseins, zunächst des Erdendaseins, und wie eine Durchforschung des Geistig-Seelischen ein wirklich geistes-wissenschaftliches Weltenbild ergibt, so daß man sagen kann: an den Verkehr des Menschen mit der Erde ist gebunden unsere Raumes- und Zeitenwelt. Daher ist auch das, was wir durch sie ausmachen können, nur vom Erdenanfang bis zum Erdenende gültig. Und man muß die anderen Gesetze kennenlernen, die in der anderen Strömung sind, wenn man über Erdenanfang und Erdenende so reden will, daß sich ein wahrhaftiges, wirkliches Weltenbild ergibt. Dann allerdings erkennt man, daß des Menschen Seele älter ist als die Erde; daß des Menschen Seele in jenem Geistigen schon vorhanden war, das sich eingewickelt, involviert hat in jene Erdengesetzmäßigkeit, die im Verkehr der Erde mit dem Sonnenleben zustandekommt.

Geisteswissenschaft kommt damit hinaus über dasjenige Weltenbild, von dem ich neulich sagte, daß es auf *Herman Grimm,* der ja diese Zusammenhänge natürlich nicht kannte, einen so abstoßenden Eindruck gemacht hat. Ich habe schon dazumal Herman Grimms Worte mitgeteilt, ich habe sie oft schon mitgeteilt, aber sie sind im Grunde ja so interessant, daß man sie immer wiederum auf seine Seele wirken lassen kann. Denn man hat in ihnen Worte, die beweisen, wie eine gesund empfindende Seele sich verhalten muß zu solchen Weltenbildern, wie etwa der Professor Dewar in der geschilderten Weise sie der Welt aufgebunden hat, und wie sie so fest haften in der Bildung der Gegenwart, daß man natürlich heute noch als ein recht verrückter Kerl gilt, wenn man zustimmt solchen Worten, wie sie Herman Grimm ausgesprochen hat. Herman Grimm verzieh man das. Man sagte: ach, das ist ein Kunstforscher, der ist – ja, nun, der ist nicht bekannt im allgemeinen mit den Regeln der exakten Naturwissenschaft, mit deren Ergebnissen; das hat keine Bedeutung. Das ist ein schöner Grund. Aber dem ernsten Geistesforscher wird man es nicht verzeihen, wenn er Grimms Worte, die er in Anknüpfung an Goethes Weltanschauung sagte, anführt:

«Längst hatte, in seinen (Goethes) Jugendzeiten schon die große Laplace-Kant'sche Phantasie von der Entstehung und dem einstigen Untergange der Erdkugel Platz gegriffen. Aus dem in sich rotierenden Weltnebel – die Kinder bringen es bereits aus der Schule mit – formt sich der zentrale Gastropfen, aus dem hernach die Erde wird, und macht, als erstarrende Kugel, in unfaßbaren Zeiträumen alle Phasen, die Episode der Bewohnung durch das Menschengeschlecht mit einbegriffen, durch, um endlich als ausgebrannte Schlacke in die Sonne zurückzustürzen: ein langer, aber dem heutigen Publikum völlig begreiflicher Prozeß, für dessen Zustandekommen es nun weiter keines äußeren Eingreifens mehr bedurfte, als die Bemühung irgendeiner außenstehenden Kraft, die Sonne in gleicher Heiztemperatur zu erhalten.»

Wie sollten die Kinder es denn auch nicht glauben, wie sollten sie denn dieser wissenschaftlichen Phantasie sich nicht hingeben! Man kann es ja so einfach zeigen. Man braucht sich nur als Lehrer hinzustellen, man nimmt ein aus einer gewissen Substanz geformtes Tröpfchen, nimmt ein Kartenblättchen und schiebt dieses in die Äquatorebene, in den Äquatorkreis des Tröpfchens, steckt oben eine Nadel hinein, bringt es aufs Wasser; dann dreht man und kann dann zeigen, wie so hübsch die kleinen Tröpfchen entstehen, wie die kleinen Weltensysteme entstehen. Wie könnte denn irgend etwas beweisender sein als dies, dafür, daß auch das große Weltengebäude nach Kant-Laplace'scher Theorie entstanden ist. Nur leider – manchmal ist es gut, sich selber zu vergessen, in diesem Falle aber, wenn man wissenschaftlich experimentiert, darf man sich nicht selbst vergessen –, hat nämlich der Lehrer sich selber vergessen. Denn, hätte er nicht gedreht, dann wäre nichts geworden von dem Weltensystem. Wenn er richtig diesen Vorgang schildern wollte, dann müßte er einen riesigen Herrn Professor im Weltall stehend denken.

Kurz, die Sache ist so, trotzdem sie heute allgemein wissenschaftlich ist, daß Herman Grimm sagen kann:

«Es kann keine fruchtlosere Perspektive für die Zukunft gedacht werden als die, welche uns in dieser Erwartung als wissenschaftlich notwendig heute aufgedrängt werden soll. Ein Aasknochen, um den ein hungriger Hund einen Umweg machte, wäre ein erfrischendes, appetitliches Stück im Vergleich zu diesem letzten Schöpfungsexkrement, als welches unsere Erde schließlich der Sonne wieder anheimfiele, und es ist die Wißbegier, mit der unsere Generation dergleichen aufnimmt und zu glauben vermeint, ein Zeichen kranker Phantasie, die als ein historisches Zeitphänomen zu erklären die Gelehrten zukünftiger Epochen einmal viel

Scharfsinn aufwenden werden. Niemals hat Goethe solchen Trostlosigkeiten Einlaß gewährt ...»

So liefert die Geisteswissenschaft ein anderes Weltenbild, welches in den Anfangs- und Endzustand der Erde das Geistig-Seelische so mit aufnehmen kann, daß diese Aufnahme wahrhaftig so gestützt ist, wie irgendeine andere wissenschaftliche Tatsache, nur daß diese Dinge eben geistig-seelisch erforscht werden müssen, nicht äußerlich ausspintisiert werden können auf Grundlage dessen, was nur für die materiellen Vorgänge der Erde gilt, solange eben die Erde dieser materielle Leib ist, der sie ist.

Die Menschen bemerken heute gar nicht, in welchen Begriffsschatten sie eigentlich leben. Nur manchmal denkt einer etwas schärfer; er kommt dann zwar nicht los von diesen Begriffsschatten, aber er denkt ein bißchen schärfer und da kommt er denn manchmal zu ganz merkwürdigen Behauptungen. So zum Beispiel Eduard von Hartmann, der von den physikalischen Vorstellungen nicht loskam, aber der denken konnte. Hartmann kam dahin, auch über die physikalischen Vorstellungen zu denken. Er dachte im Sinne dieser physikalischen Vorstellungen und hatte den Mut, auszusprechen, was sich ihm da ergab. Nehmen Sie einen sehr netten Ausspruch:

«Daß es eine wirkliche Natur gibt, und daß die von der Physik aufgestellten Gesetze in dieser wirklichen Natur Geltung haben, ist selber nur eine Hypothese.»

Was steckt eigentlich dahinter? Das heißt: die Physik stellt Gesetze auf; wenn man sie wirklich durchdenkt, ist die ganze Natur nur eine Hypothese. Es ist auch wirklich dann nur eine Hypothese, denn mit den physikalischen Begriffen kommt man an die Wirklichkeit nicht heran. Und wenn denjenigen, die ein Weltenbild sich formen aus den physikalischen Begriffen, nicht – Gott sei Dank – die wirkliche, von der Sonne beschienene Natur, die Sonne entgegen schiene, so bliebe sie ihnen auch eine Hypothese. Es gilt ihnen nur die äußere Wirklichkeit.

Auf dem geistigen Felde muß man es schon zu einer Wirklichkeit bringen, indem man bei dem Eindringen in dieselbe durchaus tätig ist. Das ist nicht so bequem. Das gibt sich einem nicht von selber, wie die äußere Natur. Aber ein solcher Ausspruch, wie der Eduard von Hartmanns, zeigt durchaus, daß die Begriffe, die herrschen, auch auf physikalischem Gebiet ohnmächtig sind, die wirkliche Natur zu erreichen. Denn der, der wirklich denken kann, der weiß, daß die Natur da draußen ist, aber was der Physiker davon aufnehmen will, das gibt nur eine hypothetische Natur.

Es ist ein bedeutsamer Gedanke, den da Hartmann äußert, obwohl es ein ganz wahnsinniger Gedanke selbstverständlich ist. Es wird schon einmal, weil die Bedingungen dazu vorhanden sind, dazu kommen, daß Geisteswissenschaft in das Bildungsleben der Menschheit eingeht. Aber es wird manches wiederum verstanden werden müssen, was heute nicht mehr verstanden wird, was heute nurmehr wie dem Wortklange nach aufgenommen wird.

Ich habe hier oftmals die erste Stufe der Anschauung, zu der man gelangt, wenn man diese zweite Strömung des menschlichen Seelenlebens betrachtet, die bewußt werden kann, das imaginative Vorstellen genannt. Man muß zu diesem imaginativen Vorstellen, das kein eingebildetes Vorstellen ist, sondern ein Leben in der geistigen Wirklichkeit, vordringen, um die Wirklichkeit überhaupt zu erfassen. Man wird wiederum verstehen müssen solche Vorstellungen, die innerlich beleben können dieses Eindringen in die geistige Wirklichkeit. Man wird nicht bloß dem Wortklange nach, sondern ihrem tieferen inneren Werte nach solche Worte verstehen müssen, wie sie sich zu hunderten finden in den nur so hingeworfenen Fragmenten eines großen Geistesmenschen, der nur früh gestorben ist: *Novalis*. Und gerade aus dem, was heute ausgeführt worden ist über Leben, Tod und Unsterblichkeit im Weltenall, wird man eine Ahnung bekommen, welche Tiefe zum Beispiel in einem solchen Worte des Novalis liegt: «Wir werden erst Physiker werden, wenn wir imaginative Stoffe und Kräfte zum Maßstab der Naturstoffe und Kräfte machen.» Das heißt: Wenn wir aus dem Imaginativen heraus auch erkennen können, wenn wir an die äußere Natur herangehen.

Gewiß, es mußte eine Zeitlang die Aufmerksamkeit der Menschen abgelenkt werden vom Geistigen, damit die großen Fortschritte auf äußeren, naturwissenschaftlichen Gebieten gemacht werden konnten. Aber der Mensch darf sich nicht abschnüren von der geistigen Welt. Es muß wiederum die Anknüpfung gefunden werden an wirkliches geistiges Forschen.

Man soll nun nicht glauben, daß man durchaus mit allem Vernünftigen, mit allem Gesunden brechen müsse, wenn man sich nicht den Vorstellungen hingibt, die aus einer falschen Ausdeutung der Physik heraus solch ein Mensch wie Professor Dewar gibt. Allerdings, die Sache hat auch in gewissem Sinne ihr Moralisches. Und es wird mit Bezug auf vieles auch eine andere wissenschaftliche Gesinnung erst platzgreifen müssen, als diejenige ist, die heute oftmals gerade die wissenschaftlichen Menschen beherrscht, wenn man sich in der richtigen Weise wird stellen wollen zu der Erforschung der geistigen Welten, um jene innere Seelenruhe zu finden, die das Miterleben in der geistigen Welt so möglich macht, daß die geistige Welt gegenständlich wird, daß die geistige Welt wirklich da ist vor dem Seelenauge, nicht als ein verwaschener Pantheismus oder Mystizismus. Man wird gewisse Dinge auch mit Bezug auf das innere Seelenauge ausbilden müssen, vor allen Dingen eine gewisse Gelassenheit und Demut in bezug auf das innere Erleben. Ich meine es nicht in dem sentimentalen Sinn, wie mancher, der sich Mystiker nennt, denn ich halte von all diesen Schablonen-Benennungen gar nichts. Man wird sich aber aneignen müssen eine gewisse Stimmung. Denn angeähnelt hat sich auch die Stimmung jenen Begriffen, die nur haften an der Oberfläche, und die Menschen glauben, besonderen Idealismus zu entwickeln, wenn sie mit den gebräuchlichen Schattenbegriffen ein wenig Abstraktion treiben von der äußeren sinnlichen Wirklichkeit. Man wird eine andere Gesinnung entwickeln müssen, denn auch die Gesinnung der Wissenschaft hat sich dem bloßen Haften an dem äußeren Leben hingegeben, eine Gesinnung, die ich nun zum Schlusse in ein paar Worten zusammenfassen will. Nicht meine Worte sollen es sein, sondern die Worte, die eine sinnige deutsche Persönlichkeit gebraucht hat, als sie ein geisteswissenschaftliches Buch übersetzt hat, – der sinnige *Matthias Claudius*. Lassen Sie mich mit seinen Worten schließen, indem ich gewissermaßen die Seelenkraft zeigen möchte, die als Seelengesinnung in innerer Stimmung eintreten muß, wenn man wiederum hinauskommen soll über solche wissenschaftliche Wahnvorstellungen, wie ich sie heute auch charakterisiert habe. Matthias Claudius sagte bei dieser Gelegenheit, als er ein Buch aus dem Gebiete der Geisteswissenschaft übersetzte – wie es der damaligen Zeit entsprach, nicht wie es der heutigen Zeit entsprechen würde –, da sagte er in seiner Vorrede:

«... denn ob einer auf einen Schnurrbart oder auf eine Metaphysik und Henriade eingebildet und ein Narr ist, ob einer über einen größeren Kürbis» – er meint den Kopf – «oder über die Erfindung der Differential- und Integralrechnung haßt und neidet, kurz, ob man sich von seinen fünf Jochochsen» – er meint die fünf Sinne – «oder von seiner Polyhistorey» – das heißt von seiner äußeren Gelehrsamkeit – «am Seil halten und hindern läßt, das scheint im Grunde einerlei zu sein und nicht zweierlei.»

Und da inneres Seelenleben wirklich mit der Seelengesinnung sehr eng zusammenhängt, so wird schon nötig sein, daß ausgegossen werde über die Sehnsucht nach einem Erforschen der geistigen Welt eine Gesinnung, wie sie sich ausdrückt in diesen schönen Worten des Matthias Claudius. Denn hat der Mensch das in sich verwirklicht, was in diesen Worten angedeutet ist, dann steht er wirklich mit seinem Gefühl in einem Verhältnis zur geistigen Welt. Und das ist eine Vorbereitung dazu, um sich all die Nebel wegzuschaffen, die namentlich vor der geistigen Welt sich erheben, wenn man all die verschiedenen Arten von Hochmut und Überhebung auf sich wirken läßt, die gerade in der gegenwärtigen Geistesbildung vorhanden sind.

DAS JENSEITS DER SINNE UND DAS JENSEITS DER SEELE

Berlin, 31. März 1917

Die großen Fortschritte der Naturwissenschaft in den letzten Jahrhunderten, insbesondere aber in den letzten Jahrzehnten, werden – wie auch gelegentlich der hier gehaltenen Vorträge über Geisteswissenschaft von mir immer wieder erwähnt worden ist – mit Recht bewundert. Und mit Recht versetzt sich der gegenwärtige Mensch, um den augenblicklichen Punkt der Menschheitsentwickelung kennenzulernen, gerne in die Denkweise und die Anschauungsart, aus welcher heraus diese Ergebnisse, diese Fortschritte der Naturwissenschaft errungen worden sind. Dadurch aber, daß sich der gegenwärtige Mensch in diese Anschauungsweise versetzt, nimmt sein Denken, sein ganzes Sinnen gewisse Formen an. Und man muß, ohne daß man von seiner Bewunderung für die naturwissenschaftlichen Fortschritte irgend etwas hinwegnimmt, sagen, daß gerade dieses Sich-Hineinversetzen in die naturwissenschaftliche Denkungsweise in der neueren Zeit bei sehr vielen Menschen eine Art Unmöglichkeit hervorgerufen hat, man könnte auch sagen, Unfähigkeit, auf das aufmerksam zu sein, was Erkenntnis des Wesens der menschlichen Seele, des menschlichen Geistes selbst gibt, was Erkenntnis gibt über die wichtigsten, einschneidendsten Rätsel des menschlichen Daseins.

Man bekommt, wenn man den Gang der Geistesgeschichte von den eben berührten Gesichtspunkten aus verfolgt, nicht nur eine allgemeine Vorstellung über das soeben gekennzeichnete Unvermögen. Wenn man im einzelnen sich ansieht, was versucht worden ist, zu leisten gerade mit Bezug auf die Seelenforschung in der neueren Zeit, bekommt man unmittelbar den Eindruck, daß Geister, die sich durch die naturwissenschaftliche Denkungsweise haben schulen lassen, oftmals geradezu vorbeigehen an den Punkten, wo sich auftun sollte die Erkenntnis des Seelischen, die Erkenntnis der wichtigsten Daseinsfragen. Ich will als Beispiel heute wählen die Ausführungen eines Denkers der neueren Zeit, den ich hier oftmals erwähnt habe, der in der Tat geachtet werden kann als einer derjenigen, die sich bemüht haben, über das bloß äußerliche, sinnliche Dasein hinauszugehen und hinzuweisen auf etwas, was im Geistigen hinter dem Sinnlichen lebt. Ich möchte ausgehen von gewissen Gedanken, die *Eduard von Hartmann,* der Philosoph des Unbewußten, niedergeschrieben hat im Beginn seiner Psychologie, seiner Seelenlehre. Er spricht da aus, wie es eigentlich unmöglich sei, die Seelenerscheinungen zu beobachten, und wie die Schwierigkeit einer Seelenkunde gerade darin liege, daß es schier unmöglich sei, die Seelenerscheinungen zu beobachten. Lassen wir Hartmanns Gedanken nach dieser Richtung vor unserer Seele erstehen. Er sagt:

«Die Psychologie will konstatieren, was gegeben ist; dazu muß sie es vor allen Dingen beobachten. Nun ist es aber eine eigene Sache um die Beobachtung der eigenen psychischen Phänomene, da sie das, worauf sie sich richtet, unvermeidlich in geringerem oder höherem Grade stört und verändert. Wer eigene zarte Gefühle beobachten will, wird eben durch diese Einstellung der Aufmerksamkeit diese Gefühle nicht unerheblich alterieren.»

Hartmann meint also, man könne die Seele nicht beobachten, denn Gefühle müsse man beobachten, wenn man die Seele beobachten will; aber wenn man auf ein zartes

Gefühl die Aufmerksamkeit hinlenken will, da verschwindet es in der Seele; es entzieht sich gleichsam die Seele der Beobachtung des Menschen.

«Ja sogar» – sagt er – «sie können ihm unter der Hand zerrinnen. Ein leichter körperlicher Schmerz wird durch die Beobachtung gesteigert.»

Er meint also: Schmerz ist ein seelisches Erlebnis; ja, wie können wir ihn aber beobachten? Wie können wir dahinterkommen, was da ist, wenn Schmerz so in der Seele lebt, daß, wenn wir anfangen, ihn zu beobachten, er stärker wird. Also er verändert sich. Wir verändern durch die Beobachtung das, was wir beobachten wollen. Oder:

«Das Hersagen des allergeläufigsten Memorierstoffs kann ins Stocken oder in seinem Ablauf in Verwirrung geraten, wenn die Beobachtung den Gang dieses Ablaufs festzustellen bemüht ist.»

Er meint: Das ist ja eine seelische Erscheinung, wenn wir etwas aufsagen, was wir im Gedächtnis haben. Wenn wir aber jetzt anfangen wollen, zuzuschauen, was da eigentlich geschieht, während wir aufsagen, da geht es nicht. Also können wir diese seelische Erscheinung des Aufsagens nicht beobachten. Oder weiter sagt er:

«Starke Gefühle oder gar Affekte, wie Angst und Zorn, machen zur Beobachtung der eigenen psychischen Phänomene unfähig. Oft fälscht die Beobachtung das Ergebnis, indem sie in das Gegebene erst das hineinträgt, was sie zu finden erwartet. Es scheint fast unmöglich, sich die psychischen Erlebnisse des gegenwärtigen Augenblicks so zu vergegenständlichen, daß man sie zum Objekt einer gleichzeitigen Beobachtung macht; entweder läßt das Erlebnis die gleichzeitige Beobachtung nicht aufkommen, oder die Beobachtung fälscht und verdrängt das Erlebnis.»

Wir sehen hier eine Persönlichkeit, die gewissermaßen

zurückzuckt vor der Beobachtung des Seelischen unter dem Einfluß des Denkens. Will ich das Seelische erfassen, so verändere ich gerade durch diese seelische Tätigkeit des Erfassens das Seelische. Und deshalb ist eine Beobachtung eigentlich gar nicht möglich – so meint Hartmann.

Nun ist dies in der Tat ein außerordentlich interessantes Beispiel für die Irrwege, welche gerade diese Forschung aus einem gewissen Unvermögen einschlagen kann. Denn was würde man eigentlich gewinnen, wenn man, sagen wir, ein zartes Gefühl wirklich beobachten könnte? Ein zartes Gefühl würde, wenn es beobachtet würde, in der Seele ganz dasselbe bleiben, was es ist. Wir würden durch die Beobachtung dieses zarten Gefühls nichts anderes erfahren, als was dieses zarte Gefühl ist. Nichts über die Seele; gar nichts über die Seele. Und ebenso ist es mit Bezug auf die anderen Beispiele, welche Hartmann anführt. Denn es kommt darauf an, daß sich das, was wir eigentlich Seele nennen sollten, niemals zeigt in dem, was der Augenblick bietet. Sondern das Seelische kann erst wirklich vor uns auftreten, wenn wir gerade die Veränderungen erleben der einzelnen seelischen Erlebnisse. Würden wir beobachten wollen, was in einem Augenblick in der Seele vorhanden ist, so würden wir etwa dem gleichen, der in einer gewissen Jahreszeit hinausgeht aufs Feld und die braune Ackererde sieht, weit ausgebreitet, und sich sagt: diese braune Ackererde ist dasjenige, was da eigentlich ausgebreitet ist. Nach einer gewissen Zeit geht er wieder hinaus. Jetzt ist überall grün Sprossendes herausgekommen. Wird, der also beobachtet, wenn er vernünftig ist, dann nicht sagen: Ja, dann hat mir eben die braune Ackererde, die ich kürzlich gesehen habe, nicht alles gezeigt, was eigentlich da vorhanden ist. Erst dadurch, daß ich zu verschiedenen Zeitpunkten die Veränderung, die vor sich gegangen ist, beobachtet habe, komme ich dahinter, um was es sich eigentlich handelt: daß da nicht bloß Ackererde ausgebreitet ist, sondern daß diese Ackererde in sich soundso viele Samenkörner, die sprießen und sprossen, enthalten hat.

So stellt sich das Seelische erst dar, wenn wir aufmerksam werden: ein zartes Gefühl wird ausgelöscht, wenn ich einen starken Gedanken der Beobachtung darauf lenke. Dieses Zusammenwirken des zarten Gefühls und des starken Gedankens, der beobachtet, das ist erst das Wirken und Wesen und Wellen des Seelischen. Also Eduard von Hartmann bedauert, dasjenige nicht beobachten zu können, was sich verändert, während er gerade die Veränderung beobachten sollte. Würde er von einem Gesichtspunkte ausgehen, der tiefer, als er es vermag, in das seelische Leben und in den Zusammenhang des seelischen Lebens mit dem körperlichen Leben hineinblicken läßt, dann würde er zum Beispiel über das Memorieren sich folgendes sagen. Er würde erkennen, daß das Memorieren darauf beruht, daß ein Seelisches dadurch, daß ich es oftmals betätigt habe, in das körperliche Geschehen sich eingegraben hat, so daß im Aufsagen des Memorierten, gewissermaßen ohne daß das Seelische dabei sein muß, der Körper automatisch ablaufen läßt, was zu geschehen hat, damit das zu Memorierende wieder hervorkommt. Derjenige, der seelische Erlebnisse zu beobachten versteht, der weiß, daß durch das Memorieren das Seelische gewissermaßen tiefer heruntergerückt in die leibliche Organisation, daß es dadurch zu einer Betätigung mehr im Leiblichen kommt, als wenn wir durch unmittelbares Nachsinnen gegenwärtige Gedanken bilden, die wir nicht memoriert haben. Wenn wir unmittelbar Gedanken ausbilden, so betätigen wir uns, ich möchte sagen, um eine Schicht höher im Seelischen, als wir uns betätigen, wenn wir das Memorierte hersagen, wo wir das, was das Seelische in das Leibliche eingegraben hat, wiederum mehr oder weniger automatisch hervorbringen. Dann aber, wenn wir nun automatisch ablaufen lassen, was wir eingegraben haben vom Seelischen aus ins Leibliche, stören wir diesen Automatismus, wenn wir mit einem unmittelbar gegenwärtigen Gedanken eingreifen, der um eine Schicht höher, nämlich im Seelischen, entsteht. Es ist, wenn wir mit unseren Gedanken vom Seelischen aus hereinfahren in den Automatismus des Leibes, der sich abspielt beim Hersagen eines Memorierstoffes, geradeso wie wenn wir etwa mit einem Stock in eine gehende Maschine hereinführen und ihr Ablaufen stören würden.

Man wird, wenn man solche Dinge erfaßt, die Hartmann bedauert, gleich sehen, wie die verschiedenen Betätigungsarten des Seelischen und auch des Leiblichen im Menschen zusammenwirken.

Und Eduard von Hartmann sagt: «Die Beobachtung fälscht oftmals das Seelische.» Nun, es ist im Grunde die landläufige Wissenschaft im Laufe der letzten Jahrzehnte mehr oder weniger abgekommen von einer eigentlichen Beobachtung des Seelischen, wenigstens von einem methodischen Beobachten des Seelischen. Aber gewisse Lichtblitze sind hervorgetreten. Und solche Lichtblitze haben gerade diejenigen gehabt, die von den regulären Schulphilosophen nicht so recht anerkannt werden. So hat manchen solcher Lichtblitze zum Beispiel *Nietzsche* gehabt. Nietzsche hat in einem gewissen, immer mehr zum Krankhaften sich steigernden genialen Erfassen des seelischen Lebens erkannt, wie das, was an der Oberfläche desselben verläuft, sich gar sehr unterscheidet von dem, was in den Tiefen des Menschenlebens sich abspielt. Man braucht nur so etwas zu lesen wie Nietzsches Auseinandersetzungen über das asketische Ideal, dem sich manche Menschen hingeben, und man wird sehen, was hier eigentlich gemeint ist. Wie schildert man oftmals das asketische Ideal? Nun, man schildert es so, daß man dabei das im Auge hat, was der sich einbildet, der sich der Askese im gewöhnlichen Sinne hingibt: wie der Mensch sich immer mehr und mehr trainiert dazu, nichts selber mehr zu wollen, seinen Willen auszuschalten und immer mehr gerade dadurch willenlos, selbstlos zu werden. Aus der Verfolgung dieses Gedankenganges bildet sich dann das, was man das asketische Ideal nennt. Nietzsche frägt: Was steckt denn eigentlich hinter diesem asketischen Ideal in der Seele drinnen? Und er findet: Derjenige, der so recht nach einem asketischen Ideal lebt, der will Macht, Erhöhung der Macht. Würde er nur sein gewöhnliches Seelenleben, so wie er einmal ist, entwickeln, so hätte er eine geringere Macht – wie er verspürt –, als er haben will. Daher trainiert er seinen Willen, scheinbar um ihn herabzusetzen. Aber in den Tiefen der Seele will er gerade dadurch, daß er den Willen herabsetzt, große Macht, große Wirkungen erlangen. Wille zur Macht steckt hinter dem Ideal der Willenlosigkeit, der Selbstlosigkeit. So meint Nietzsche. Und darin liegt in der Tat ein richtiger Lichtblitz, der gar wohl berücksichtigt werden sollte bei der Beurteilung, namentlich bei der Selbsterkenntnis des Menschen.

Nehmen wir ein näherliegendes Beispiel, als das ist, das Nietzsche in der Askese besprochen hat. Mir schrieb einmal und sagte auch oftmals eine Persönlichkeit: Ich widme mich einer gewissen wissenschaftlichen Richtung; eigentlich habe ich nicht die geringste Sympathie für diese wissenschaftliche Richtung, aber ich betrachte es als eine Mission, als eine Pflicht, mich in dieser Richtung zu betätigen, weil das die Menschheit in der Gegenwart braucht. Ich würde ja eigentlich alles lieber tun als gerade dasjenige, was ich da ausführe. – Ich genierte mich nicht, dem betreffenden Manne immer wiederum zu sagen, nach dem, wie er mir erschiene, sei das eine oberflächliche Anschauung seiner Seele über sich selber. Tief im Unterbewußten, in jenen Schichten des Seelenlebens, von denen er nichts weiß, da lebt in ihm eine Gier, gerade das auszuführen, von dem er sagte, daß es ihm eigentlich unsympathisch ist, daß er es nur als eine Mission hinnehme. Und in Wahrheit, so sagte ich, erscheint mir die ganze Sache so, daß er das als eine Mission ansieht aus dem Grunde, weil er aus den egoistischsten Motiven heraus gerade diese Dinge ausbilden will. Da kann man sehen, ohne nun tiefer in das Seelenleben einzugehen, daß das oberflächliche Seelenleben das unterbewußte geradezu fälscht. Aber in diesem Fälschen liegt gerade ein merkwürdiges Betätigen der Seele.

Gerade Eduard von Hartmann hat aus solchen Gedankengängen heraus, wie ich sie angeführt habe, und aus einer nicht weitergehenden Verfolgung solcher Gedankengänge, wie ich sie darangeschlossen habe, zu seiner Hypothese des Unbewußten gegriffen. Er sagt: Aus dem, was sich in der Seele abspielt als Denken, Fühlen und Wollen, was man da in der Seele als Bewußtsein hat, könne man eigentlich keine Ansicht über die wirkliche Seele gewinnen. Aber weil man nur das hat, so muß man überhaupt auf eine Anschauung über das wirkliche Seelenleben verzichten und kann nur eine Hypothese aufstellen. – Deshalb stellt Hartmann die Hypothese auf: Hinter dem Denken, Fühlen und Wollen liegt das Unbewußte, das man niemals erreichen kann. Und aus diesem Unbewußten wogen herauf die Gedanken, die Gefühle und Willensimpulse. Aber was da unten im Unbewußten ist, darüber kann man sich nur Gedanken machen, die eine mehr oder weniger größere Wahrscheinlichkeit haben, die aber nur Hypothesen sind. – Man muß sagen: Wer so denkt, verbaut sich eben selbst den Zugang zum Seelenleben, zu demjenigen, was jenseits des gewöhnlichen

Seelenlebens ist. Denn das hat Hartmann richtig eingesehen, daß alles, was in das gewöhnliche Bewußtsein hineinfällt, nichts anderes ist als bloßes Bild. Und das gehört gerade zu den Verdiensten Hartmanns, daß er im eminentesten Sinne immer wieder betont hat: Was ins gewöhnliche Bewußtsein hineinfällt, das entsteht dadurch, daß die Seele gewissermaßen aus dem Körper heraus ihren eigenen Inhalt gespiegelt erhält, so daß wir in dem, was wir in Denken, Fühlen und Wollen erleben, nur Spiegelbilder haben. Und darüber zu reden, daß in diesen Spiegelbildern des Bewußtseins eine Wirklichkeit enthalten sei, das gleicht ganz der Behauptung, daß die Bilder, die wir aus einem Spiegel wahrnehmen, Wirklichkeit seien. Das hat Hartmann immer wieder und wiederum betont. Wir werden gerade auf diese Sache nochmals heute zurückkommen. Aber Hartmann, und mit ihm unzählige Denker, unzählige Menschen überhaupt der letzten Jahrzehnte und der unmittelbaren Gegenwart, sie verbauten sich selbst die Möglichkeit, ins Seelische einzudringen, weil sie, ich möchte sagen, vor dem Wege, der ins Seelische eindringen kann, eine unbeschreibliche Furcht hatten. Nur bleibt diese Furcht auch im Unterbewußten; ins gewöhnliche Bewußtsein ragt sie so herauf, daß man sich zahlreiche Gründe vor die Seele gaukelt, die einem besagen: man kann nicht über gewisse Grenzen des Erkennens hinausschreiten.

Wer nämlich wirklich in das Seelenleben eindringen will, der hat nötig, nicht bei dem gewöhnlichen Bewußtsein stehenzubleiben, sondern zu demjenigen überzugehen, was ich in den Vorträgen, die ich hier gehalten habe, das «schauende Bewußtsein» genannt habe, ein gewissermaßen höheres Bewußtsein gegenüber dem gewöhnlichen Bewußtsein. Ich habe folgenden Vergleich gewählt: Der Mensch lebt im Schlafe in Bildern. Die Bilder des Traumes, der aus dem Schlafe sich heraus erhebt, werden bis zu einem gewissen Grade bewußt. Ich habe in vorigen Vorträgen gesagt: Das Wesentliche ist, daß der Mensch in diesen Bildern, die er im Traume erlebt, nicht in der Lage ist, seinen Willen in eine Beziehung zu den Dingen in der Umgebung zu setzen. Im Augenblick des Aufwachens, wenn der Mensch aus dem Traumbewußtsein ins Wachbewußtsein eintritt, bleibt ja dasjenige, was Bilder, was Vorstellungen sind, im Grunde genommen gerade so, wie es im Traume auch ist; nur tritt jetzt der Mensch mit seinem Willen in Beziehung zur Umgebung, und er gliedert das, was im Traume sonst bloß als Bilder abläuft, in seine sinnliche Umgebung ein. So wie nun der Mensch aufwacht aus dem Traumbewußtsein in das gewöhnliche Wachbewußtsein, so kann er durch gewisse Verrichtungen der Seele sich dahin bringen, aus dem gewöhnlichen Wachbewußtsein zu einem «schauenden Bewußtsein» aufzuwachen, wodurch er sich nun nicht eingliedert in die gewöhnliche Sinneswelt, sondern mit seinen seelischen Kräften in die geistige Welt. Dieses schauende Bewußtsein, das ist es allein, durch das der Mensch in das Jenseits der Seelenerscheinungen eindringen kann.

Es glauben gerade die, ich möchte sagen, erleuchtetsten Geister der Gegenwart, daß man geradezu eine Sünde wider die Erkenntnis begehe, wenn man von einem Aufsteigen des Menschen zu einem solchen schauenden Bewußtsein spricht. Und für manche insbesondere der philosophischen Geister der Gegenwart ist einfach dieses schauende Bewußtsein damit verurteilt, daß ein solcher Mensch sagt: Ja, das ist ja so wie die Hellseherei! – Nun liegt die Sache so, daß – um an etwas anzuknüpfen – man es vielleicht am besten charakterisieren kann, wenn man den ungeheuren Fortschritt charakterisiert, der in der Stellung des Menschen zur Wirklichkeit geschehen ist von Kant zu Goethe. Damit begeht man allerdings eine Sünde wider den Geist so mancher Philosophen. Aber diese Sünde muß schon einmal begangen werden. Der Kantianismus ist ja dasjenige, was begonnen hat, innerhalb der kontinentalen Geistesentwickelung Schranken der menschlichen Erkenntnis aufzurichten. Das «Ding an sich» soll als etwas absolut Jenseitiges hingestellt werden, an das die menschliche Erkenntnis nicht herankommen kann. So will es der Kantianismus, und so wollen es mit dem Kantianismus viele Menschen des 19. Jahrhunderts, bis in die Gegenwart, auch im 20. Jahrhundert. Goethe hat in wenigen kurzen Sätzen etwas ungeheuer Bedeutungsvolles gegen dieses Prinzip des Kantianismus vorgebracht. Und man könnte eigentlich, wenn man das deutsche Geistesleben recht bewerten will, den kleinen Aufsatz Goethes «Über anschauende Urteilskraft», der gewöhnlich in den naturwissenschaftlichen Schriften Goethes gedruckt ist, als eine der größten Taten der neueren Philosophie ansehen, aus dem einfachen Grunde, weil in dem, was in diesem kleinen Aufsatze lebt, der Ausgangspunkt gegeben ist für eine gewaltige Entwickelung des menschlichen Geisteslebens. Goethe sagt in diesem Aufsatz «Über anschauende Urteilskraft» ungefähr: Ja, Kant schließt den Menschen aus von dem Ding an sich und läßt nur gelten, daß hereinragt in die Seele der kategorische Imperativ, der ihm befiehlt, was er tun soll. Aber wenn man sich im Sittlichen, meint Goethe, erheben soll zu Gedanken über Freiheit, Unsterblichkeit, warum sollte es dem Menschen verschlossen sein, sich unmittelbar auch in der Erkenntnis hineinzuheben in jene Welt, in welcher Unsterblichkeit und Freiheit selber wurzeln? – Solch eine Urteilskraft, die sich in eine solche Welt versetzt, nennt Goethe die anschauende Urteilskraft. Nun hat Goethe in seiner Betrachtung der Naturerscheinungen diese anschauende Urteilskraft fortwährend geübt. Und er hat in der Art und Weise, wie er Pflanzen und Tiergestalten betrachtete, ein großartiges Beispiel gegeben des Gebrauches der anschauenden Urteilskraft. Kant stand diese anschauende Urteilskraft wie etwas Dämonisches vor Augen, das man ja liegen lassen solle, an dem man ja vorbeigehen solle. Er nannte den Gebrauch dieser anschauenden Urteilskraft «das Abenteuer der Vernunft». Goethe stellte dem entgegen: Warum sollte man, wenn man sich so bemüht hat, wie ich, zu erkennen, wie der Geist in den Naturerscheinungen lebt und webt, warum sollte man nicht dieses Abenteuer der Vernunft mutig bestehen?

Damit ist allerdings erst ein Anfang gegeben, aber der Anfang einer Entwickelung, die so läuft, wie ich es in diesen Vorträgen charakterisiert habe. Ich will auch heute wiederum darauf hinweisen, daß Sie in meinen Schriften, in «Wie erlangt man Erkenntnisse der höheren Welten?», in «Die Geheimwissenschaft im Umriß», in meinem letzten Buche «Vom Menschenrätsel» Angaben und Andeutungen darüber finden, was die Seele in sich vorzunehmen hat, um gewissermaßen in sich die Kraft zu finden, um aus dem gewöhnlichen Wachbewußtsein zum schauenden Bewußtsein so aufzuwachen, wie aufgewacht wird aus dem Traumbewußtsein ins gewöhnliche Tagesbewußtsein. So wie die Seele sich erkraften muß vermöge der ihr gegebenen Naturkräfte, um aus dem Traumleben, in dem der Mensch passiv dem Ablauf der Bilder hingegeben ist, aufzuwachen in das Tagesbewußtsein, so kann sie, indem sie sich selbst in die Hand nimmt und alles das auf sich anwendet, was ich beschrieben habe in dem Buche «Wie erlangt man Erkenntnisse der höheren Welten?», erkraften, um aufzuwachen innerhalb einer Welt, die nun ebenso eine andere ist im Vergleich zum gewöhnlichen Tagesbewußtsein, wie die gewöhnliche Sinnenwelt des Tagesbewußtseins eine andere ist gegenüber dem, was man in der bloßen Bilderwelt des Traumes erlebt. Heraus aus dem gewöhnlichen Wachbewußtsein, hinein in eine Welt des schauenden Bewußtseins: das ist der Weg, den gerade die hervorragendsten Denker der neueren Zeit so sehr gemieden haben. Und man hat die eigentümliche Erscheinung vor sich, daß eben wiederum die erleuchtetsten Köpfe bei Kant stehengeblieben sind und den Weg nicht gefunden haben von Kant zu Goethe, um auf Goethe fußend lebendig vorwärtszudringen ins schauende Bewußtsein hinein, das nur die Ausbildung dessen auf einer anderen Stufe ist, was Goethe mit anschauender Urteilskraft gemeint hat.

Dann aber, wenn der Mensch aufsteigt zu solchem Erwachen im schauenden Bewußtsein, dann gelangt er zunächst zu dem, was ich auch schon in meinen Vorträgen charakterisiert habe als die imaginative Erkenntnis, die nicht «imaginativ» genannt wird, weil sie nur etwas Eingebildetes darstellt, sondern weil sie in Bildern lebt; aber in Bildern, die nicht aus der sinnlichen Außenwelt, sondern aus einer gewaltigeren, intensiveren Wirklichkeit, als der äußeren sinnlichen Wirklichkeit, entnommen sind. Wenn der Mensch sich in sich selber so erkraftet, daß er zu dieser imaginativen Erkenntnis aufrückt, dann bedeutet das, daß er wirklich in dem lebt, was ich in früheren Vorträgen im Sinne der Geisteswissenschaft das Ätherische genannt habe. Durch das gewöhnliche Wachbewußtsein kommt uns die äußere Sinneswelt zum Bewußtsein. Im imaginativen Bewußtsein treten wir ein in eine ganz andere Welt, in der gewissermaßen anderes lebt und webt als in der gewöhnlichen Sinneswelt.

Nun ist es für den, der noch keine Ahnung hat von diesem schauenden Bewußtsein, ja gewiß schwierig, sich eine Vorstellung davon zu machen. Und darauf wird es ja wohl auch beruhen, daß mir manche verehrten Zuhörer gesagt haben in den letzten Zeiten, daß gerade diese Vorträge schwierig zu verstehen seien. Sie sind es nicht mit Bezug auf das Mitgeteilte, aber sie sind es aus dem Grunde, weil sie reden von etwas, was allerdings für das gewöhnliche Bewußtsein nicht da ist.

Sie reden von Vorstellungsergebnissen, die auf einer Forschung des schauenden Bewußtseins beruhen. Aber eine annähernde Vorstellung kann man sich auch im gewöhnlichen Bewußtsein verschaffen von dem, was eigentlich das allererste des schauenden Bewußtseins ist. Versetzen Sie sich einmal – und das kann im Grunde genommen jeder – in einen recht lebendigen Morgentraum, aus dem Sie aufwachen, und versuchen Sie, sich zu erinnern an einen solchen Traum, bei dem Sie sich bemüht haben, ich möchte sagen, im Traume so recht drinnen zu leben, mehr oder weniger unterbewußt sich bemüht haben, so recht drinnen zu leben. Da werden Sie erfahren haben, daß dasjenige, was Sie als Gedanken so wie an Ihren Leib gebannt spüren, wovon Sie sich sagen müssen: meine Gedanken fühle ich als von mir gedachte, daß Sie das gewissermaßen ausgebreitet denken müssen über das gleichsam Hinflutende der Bilder des Traumes. Sie können sich nicht unterscheiden von dem, was in den Bildern des Traumes hinflutet, wie Sie sich unterscheiden können im sinnlichen Bewußtsein, so daß Sie sagen können: «Ich stehe hier und ich denke über die Dinge, die da draußen sind.» Sie nehmen nicht außen etwas wahr und denken darüber nach, sondern Sie haben unmittelbar das Erlebnis: In dem, was da auf- und abflutet, leben die Kräfte, die sonst in meinem Denken leben. Es ist, wie wenn Sie selber eintauchen würden in flutendes Leben, so daß das Fluten, die Form des Flutens, alles, was da ist, wie webende, lebende Gedankenkräfte gebildet ist: objektives Leben und Weben der Gedankenkräfte. Dieses, was im Traumesleben, ich möchte sagen, nur ahnend vorgestellt werden kann, das ist im schauenden Bewußtsein als ein erster Eindruck ganz besonders wahrnehmbar. Da hört wirklich die Möglichkeit auf, zu denken: Da draußen sind die Gegenstände und da drinnen in meinem Kopfe denke ich über die Gegenstände nach. Nein, da fühlt man sich eingebettet in etwas, was man nennen möchte ein wogendes substantielles Meer, in dem man selber eine Woge ist. Und das, was Gedankenkraft ist, ist nicht nur in einem, das ist draußen, das treibt dieses Wellende und Wogende, das geht nach außen, nach innen. Das heißt: man fühlt sich bald mit ihm verbunden, bald so, daß das, was Gedankenkraft ist, draußen ohne einen dahinströmt.

Was man so erreicht – wobei gewissermaßen ein Substantielles verbunden ist mit dem, was sonst nur in uns lebt als Gedanke –, das ist dasjenige, was in Wirklichkeit Äther genannt werden sollte. Denn der Äther ist nichts anderes als ein feineres Substantielles, das aber überall so durchseelt ist, daß in ihm flutender Gedanke wirkt, daß in Wirklichkeit Gedanken draußen den Äther selbst erfüllen. Nur auf diese Weise, durch Ausbildung des Bewußtseins, gelangt man zu dem, was man in Wirklichkeit Äther nennen sollte. Dann aber gelangt man auch zu einem intimeren Verhältnis zwischen der eigenen Seele und der Umgebung. Im sinnlichen Anschauen kann man niemals in ein so intimes Verhältnis zu der Umgebung treten, wie in diesem Erleben des schauenden Bewußtseins, das nun wirklich keine Grenzen hat zwischen Innen und Außen, sondern wo hinein- und hinausflutet – in das eigene Seelenleben hinein und aus dem eigenen Seelenleben hinaus – dasjenige, was gedankenerfüllter und gedankendurchseelter Äther ist.

Aber erst wenn man in dieses schauende Bewußtsein eingetreten ist, kann es zu einer höheren Selbsterkenntnis kommen. Und hier habe ich nun etwas zu berühren, was wiederum zu den bedeutungsvollen Ergebnissen der Geistesforschung gehört; es wird aber übergehen auch in die naturwissenschaftliche Forschung, insofern diese ebenso die Bestätigung dafür finden wird, wie sie die Bestätigung jener Ergebnisse der Geistesforschung finden wird, die ich in vorigen Vorträgen vorgebracht habe. Der Mensch ist nämlich ein kompliziertes Wesen, auch wenn wir ihn bloß äußerlich-leiblich ansehen. Wäre Goethesche Anschauungsweise schon früher fruchtbar geworden, wäre sie nicht überwuchert worden von der geist- und seelenfeindlichen Anschauungsweise des Materialismus des 19. Jahrhunderts, so würde Goethes Metamorphosenlehre auch angewendet worden sein auf den Menschen selber. Goethe hat sehr schön unterschieden, wie bei der Pflanze das grüne Laubblatt und das gefärbte Blumenblatt dasselbe sind, nur auf verschiedenen Stufen des Daseins, das eine nur ein Verwandlungsprodukt, eine Metamorphose des anderen. Wenn man nicht von einem bloß theoretischen Aufnehmen, sondern von der Anschauung ausgeht, die in Goethe gelebt hat, indem er die Metamorphosen-Idee auf das einfachste, auf die Pflanze zunächst anwendete, und nun diese Metamorphosen-Anschauung anwendet auf den Menschen in der ganzen Kompliziertheit seines Wesens, so kommt man dazu, anzuerkennen, daß der Mensch, indem er einen Kopf trägt und einen übrigen Organismus hat, dadurch ein sehr merkwürdiges Wesen ist.

Wenn man nämlich den Menschen betrachtet, wie er sich von klein auf, von der ersten Kindheit auf immer weiter entwickelt, so tritt einem manches entgegen von dem vielerlei Bedeutungsvollen, das von der Wissenschaft heute lange nicht genug gewürdigt wird. Es soll nur das eine herausgehoben werden, daß in der allerersten Kindheit das leiblich Entwickeltste am Menschen das Haupt ist. Das Haupt wächst im ganzen Leben so, daß es sich viermal vergrößert, während der ganze übrige Organismus so wächst, daß er sich zwanzigmal vergrößert gegenüber dem, was er in der Kindheit ist. Denken Sie also, wie verschieden das Tempo ist im Wachsen des Hauptes und im Wachsen des übrigen Organismus. Das rührt davon her, daß Haupt und übriger Organismus zwei verschiedene Metamorphosen ein und desselben sind, aber auf eine ganz eigentümliche Art. Das Haupt tritt beim Menschen, indem er seinen physischen Lebenslauf beginnt, sogleich in einer gewissen Vollkommenheit auf; der übrige Organismus dagegen tritt mit der denkbar größten Unvollkommenheit auf, muß sich erst langsam entwickeln zu dem Grad von Vollkommenheit, den er im physischen Leben erreichen soll. Also ganz verschiedene Entwickelungszeitläufe machen Haupt und übriger Organismus durch. Ich habe schon früher erwähnt, wie die Geisteswissenschaft zeigt, woher dieses kommt. Das Haupt des Menschen weist zurück auf eine lange vorhergehende geistige Entwickelung. Wir gehen, indem wir in unser physisches Dasein durch Empfängnis und Geburt eintreten, als seelisch-geistiges Wesen aus einer geistigen Welt heraus. Was wir während einer geistigen Entwickelung in der geistigen Welt durchmachen, das enthält eine Summe von Kräften, die zunächst sich vorzugsweise im Haupt ausprägen; daher weist das, was als so vollkommen und sich nur mehr wenig vervollkommnend sich im Haupte darstellt, auf eine Entwickelung hin, die der Mensch hinter sich hat.

Der übrige Organismus ist gleichsam dasselbe auf einer anfänglichen Stufe. Er ist im Anfange daran, die Kräfte zu entwickeln, welche, wenn sie zur vollkommenen Entwickelung kommen könnten, bestrebt wären, aus dem ganzen übrigen Organismus dasselbe zu machen, was physisch im Haupte ist. So paradox das klingt, es ist doch so. Das Haupt zeigt, daß es ein umgewandelter übriger Organismus ist; der übrige Organismus, daß er ein noch nicht gewordenes Haupt ist. Gewissermaßen so wie das grüne Blatt ein noch nicht gewordenes Blumenblatt ist, und das gefärbte Blumenblatt ein umgewandeltes Laubblatt. Und dasjenige, was der Mensch durch seinen übrigen Organismus ausbildet, das verleibt sich der Seele ein. Und wenn der Mensch durch die Pforte des Todes geht, tritt das in eine geistige Welt ein, macht eine Entwickelung zwischen dem Tod und einer neuen Geburt durch, und wird in einem späteren Leben zu den Kräften, die dann im Haupte sich ausbilden, so wie das Haupt der Gegenwart sich aus dem Organismus eines früheren Erdenlebens herausgebildet hat.

Nun können Sie sagen: Wie kann denn so etwas gewußt werden? – So etwas kann gewußt werden, sobald der Mensch ins schauende Bewußtsein eintritt. Denn da tritt wirklich das auf, was dazu nötigt, den Menschen als diese Zweiheit zu betrachten: den Hauptesmenschen und den Menschen des übrigen Organismus. Und das Haupt ist gewissermaßen ein Werkzeug der ätherischen Welt, wie ich sie eben beschrieben habe, und der übrige Organismus ist auch ein Werkzeug dieser ätherischen Welt.

Der Mensch hat seinen physischen Organismus nicht bloß gewissermaßen wie einen Ausschnitt aus der ganzen physischen Welt an sich, sondern er hat, durch den physischen Organismus zusammengehalten, einen Ätherorganismus in sich, der nur wahrgenommen werden kann, wenn man, wie ich es beschrieben habe, zur imaginativen Erkenntnis aufsteigt. Dann aber, wenn einem wirklich das, was ätherisch ist, anschaulich wird, dann tritt einem der große Unterschied entgegen zwischen dem, was als Ätherleib des Menschen zugrunde liegt dem Haupte, und als Ätherleib zugrunde liegt dem übrigen Organismus. Und gerade so, wie das Haupt und der übrige Organismus ganz verschiedenes Tempo haben mit Bezug auf ihr Wachstum, so hat dasjenige, was kraftet und lebt im Ätherleib des Hauptes, und was lebt im Ätherleib des übrigen Organismus, ganz verschiedene innere Kraftentwickelungen, die verschiedene innere Imaginationen hervorrufen. Und kommt man überhaupt zur imaginativen Welt, dann tritt einem die Imagination des Ätherleibes des Kopfes in Wechselwirkung mit der Imagination des Ätherleibes des übrigen Organismus entgegen. Und dieses lebendige Zusammenwirken im menschlichen Ätherorganismus ist dasjenige, was der Inhalt einer höheren Selbsterkenntnis ist. Dadurch, daß der Mensch auf diese Weise dazu kommt, sich nun wirklich zu erkennen, gelangt er auch dazu, gewisse Seelenerlebnisse in der richtigen Weise bewerten zu können. Wäre das, was ich angeführt habe, nicht so, wie ich es geschildert habe, so würde der Mensch niemals das haben können, was man eine Erinnerung nennt. Der Mensch würde sich nach den Sinneseindrücken Vorstellungen bilden können, die würden aber immer vorübergehen. Daß der Mensch sich an das einmal Erlebte erinnern kann, das beruht darauf, daß, indem der Ätherleib des Hauptes in Wechselwirkung tritt mit dem Ätherleib des übrigen Organismus, dasjenige, was im Ätherleib des Hauptes wirkt, in dem Ätherleib des übrigen Organismus Veränderungen hervorruft, die bleibend sind, und die heraufwirken bis in den physischen Organismus. Jedesmal, wenn etwas im Menschen Platz greift in seinem seelisch-leiblichen Leben, was dem Gedächtnis angehört, tritt zunächst in dem durch die imaginative Erkenntnis vorstellbaren Ätherorganismus eine Veränderung auf; die aber setzt sich fort in den physischen Organismus. Und dadurch allein haben wir die Möglichkeit, wiederum heraufzuholen gewisse Gedanken, daß sich das, was vom Ätherorganismus des Hauptes in den übrigen Ätherorganismus hineingesendet wird, ausprägt in der physischen Leiblichkeit. Nur dadurch, daß irgend etwas bis in unsere physische Leiblichkeit Eindrücke gemacht hat, sind wir imstande, es gedächtnismäßig zu behalten. Aber das, was da vom Ätherorganismus aus in der geschilderten Weise im physischen Organismus geschieht, das kann jetzt wiederum nur mit dem schauenden Bewußtsein beobachtet werden. Das kann nur beobachtet werden, wenn das schauende Bewußtsein jene Übungen weiter fortsetzt, die in den angeführten Büchern charakterisiert sind, wenn das schauende Bewußtsein aufsteigt von der bloßen imaginativen Erkenntnis zu dem, was ich da genannt habe «inspirierte Erkenntnis». Durch die imaginative Erkenntnis tauchen wir ein in eine Welt des wogenden Äthers, der beseelt ist von ihn durchdringenden Gedanken. Setzen wir die Übungen weiter fort, erkraften wir uns mehr noch in unserem Seelenleben, als zu dieser imaginativen Erkenntnis nötig ist, dann kommen wir dazu, nicht nur wogendes Gedankenleben im Äther wahrzunehmen, sondern innerhalb dieses wogenden Gedankenlebens Wesen, wirkliche Geistwesen wahrzunehmen, die nun nicht in irgend einem physischen Leibe sich offenbaren, sondern die sich nur im Geistigen offenbaren. Dadurch aber, daß wir zur wirklichen Wahrnehmung einer geistigen Welt kommen, dadurch kommen wir auch zur Möglichkeit, das zu erreichen, was man nennen kann: die eigentliche menschliche Wesenheit wie die Dinge von außen zu betrachten, sich selber wirklich gegenüberzutreten, nicht bloß das zu erfühlen, was ich jetzt das eigene Gedankenleben im wogenden Äther genannt habe, im eigenen Ätherorganismus, sondern sich selber unter anderen Geistwesen als ein Geistwesen in der geistigen Welt wahrzunehmen. Kommt man dazu, dann tritt etwas ein, was schon schwierig ist auch nur zu charakterisieren, was aber mit einigem guten Willen verstanden werden kann.

Wenn man vorstellt, und das Vorgestellte in der Seele bleibt, und später dieses Vorgestellte aus der Seele wieder heraufgeholt wird, so sagt man, man erinnere sich. Aber diesem liegt, wie ich eben auseinandergesetzt habe, etwas zugrunde, was im physischen Organismus vorgeht. Man kann es nur nicht verfolgen mit dem gewöhnlichen Bewußtsein. Steigt man aber ins schauende Bewußtsein auf, dann kommt man gewissermaßen dazu, zu sehen, was hinter der Erinnerung vorgeht, was im Menschen vorgeht in der Zeit, die abläuft von da an, wo er einen Gedanken gefaßt hat, der nun wie verschwunden ist, und nur unten im physischen Organismus lebt, bis er wieder heraufgeholt wird. Alles das, was da jenseits des Gedankens, der erinnert wird, lebt, das nimmt man nicht wahr, wenn man sich nicht durch das schauende Bewußtsein aus sich selbst herausheben kann, und gewissermaßen sich von der anderen Seite schaut. So daß man nicht nur sieht, ein Gedanke geht hinunter, und spürt, er kommt wieder herauf, sondern alles das wahrnimmt, was dazwischen geschieht, während der Gedanke hinuntergegangen ist und wieder heraufkommt. Das ergibt sich nur dem inspirierten Bewußtsein; das ergibt sich der Anschauung, die es sich ermöglicht hat, nicht nur im physischen Leibe lebend nach außen zu schauen, sondern im Geiste lebend selbst nach dem leiblichen Innern des Menschen zu schauen. So gelangt der Mensch auf der einen Seite zu einem Jenseits der Seele, das ihn vergewissert darüber, daß er im Geiste lebt. Aber auch zu dem Jenseits der

Seele gelangt der Mensch, das da arbeitet in dem, was unbewußt lebt von dem Verschwinden eines Gedankens bis zum Wiederauftreten desselben, was da unten lebt als das, was Eduard von Hartmann das «Unbewußte» nennt, und von dem er glaubt, man könne es niemals mit dem Bewußtsein erreichen. Man kann es nicht mit dem gewöhnlichen Bewußtsein erreichen, weil sich der Gedanke vorher im Organismus spiegelt; aber wenn man hinter diese Spiegelung kommt, wenn man außer sich hinausgeht und im schauenden Bewußtsein lebt, dann erlebt man das, was zwischen dem Fassen des Gedankens und der Erinnerung wirklich im Menschen vorgeht. Und dies wollen wir jetzt festhalten, was da der Mensch gewissermaßen jenseits jenes Stromes wahrnehmen kann durch das schauende Bewußtsein, der ihm für gewöhnlich durch die Erinnerung begrenzt ist. Denn wir sehen wohl: da treten wir durch das schauende Bewußtsein in ein Jenseits der Seele ein.

Behalten wir diesen Gedanken im Auge, und sehen wir uns von demselben Gesichtspunkte aus manches andere an, was an Bestrebungen im naturwissenschaftlichen Zeitalter hervorgetreten ist.

Die naturwissenschaftliche Weltanschauung gelangt nicht nur, ich möchte sagen, zu so irrigen Wegen zum Seelenleben, wie ich es charakterisiert habe, sondern auch in gewisser Beziehung zu irrigen Wegen, wenn sie erforschen will, was jenseits der Sinne liegt. In dieser Beziehung ist in der Tat die naturwissenschaftliche Forschung, wenn sie sich eine Weltanschauung bildet, in der Gegenwart in einer merkwürdigen Lage. Sie ist eigentlich darauf gekommen, daß alles das, was im Bewußtsein lebt, nur Bilder sind einer Wirklichkeit. Sie geht dabei von einem schiefen Gedanken aus; aber dieser schiefe Gedanke gibt trotz seiner Schiefheit eine gewisse Anschauung, die richtig ist, nämlich daß alles, was im Bewußtsein lebt, Bilder sind. Die naturwissenschaftliche Forschung geht aus von dem Gedanken, daß da draußen eine ganz geist- und seelenlose Wirklichkeit von schwingenden gedankenlosen Ätheratomen ist. Wir haben den Äther gefunden als wogendes Gedankenleben; die naturwissenschaftliche Weltanschauung geht von dem gedankenlosen, unbeseelten Äther aus. Diese Schwingungen machen Eindruck auf unsere Sinne, da entstehen Wirkungen in uns, die zaubern uns die farbige, tönende Welt hervor, während draußen alles finster und stumm ist. Nun will aber doch das Denken, das dieser Weltanschauung zugrunde liegt, hinter diese Bilder kommen. Was tut es? Was es da tut, das ist zu vergleichen damit, daß jemand -- nun, sagen wir ein Kind – in einen Spiegel hineinschaut. Da kommen ihm Spiegelbilder entgegen, sein eigenes und die Bilder der Umgebung. Und jetzt will das Kind wissen, was da eigentlich diesen Spiegelbildern zugrunde liegt. Was tut es? Ja, das, was da zugrunde liegt, ist doch hinter dem Spiegel, sagt es; also wird es entweder hinter den Spiegel schauen wollen. Da sieht es aber etwas ganz anderes, als was es eigentlich gesucht hat. Oder es schlägt gar wohl den Spiegel ein, um zu sehen, was hinter dem Glase ist. Dasselbe macht im Grunde die naturwissenschaftliche Weltanschauung. Sie hat den ganzen Teppich der Sinneserscheinungen vor sich, und sie will wissen, was hinter den Sinneserscheinungen eigentlich lebt. Sie geht so weit, daß sie an den Stoff, an die Materie herankommt. Nun will sie wissen, was da – abgesehen von den Sinnen – draußen ist. Das ist aber lediglich so, wie wenn sie den Teppich, der wie ein Spiegel ist, einschlagen wollte. Sie würde hinter dem nicht das finden, was sie sucht. Und wenn einer nun sagt: Da habe ich durch das Auge das Rot, und dahinter sind gewisse Schwingungen im Äther, so redet er gerade so wie einer, der glaubt, daß der

Ursprung von dem, was im Spiegel scheint, hinter dem Spiegel ist. Denn gerade so, wie wenn man vor einem Spiegel steht, man das Bild von sich selbst aus dem Spiegel sieht, und man zusammen ist mit dem, was in der Umgebung ist, und mit dem, was sich auch von einem selbst spiegelt, so ist man in der Seele zusammen mit dem, was hinter den Sinneserscheinungen ist. Wenn ich wissen will, warum sich da mit mir anderes spiegelt, da kann ich nicht hinter dem Spiegel suchen, sondern da muß ich die anschauen, die links und rechts von mir sind, die mit mir gleicher Natur sind, die sich auch spiegeln. Will ich erforschen, was da draußen hinter den Sinneserscheinungen ist, so muß ich das erforschen, in dem ich selbst darinnen bin; nicht dadurch, daß ich den Spiegel zerschlage, sondern indem ich das erforsche, in dem ich selber drinnen bin.

Es sind ja in der Tat scharfsinnige, wunderbare Gedankengänge entwickelt worden über den Äther in naturwissenschaftlicher Beziehung. Allein alle diese Gedankengänge haben zu nichts anderem geführt, als dazu, daß man doch nichts anderes erkannt hat, als daß man auf dem Wege der physikalischen Forschung nur zu dem Gleichen kommt, das man auch in der Sinnesanschauung vor sich hat, nur daß man, weil manches eben zu fein ist oder dergleichen, oder zu schnell verläuft, durch die Sinne es nicht wahrnehmen kann. Man kommt zu keinem Äther. Das ist heute durchschaubar nach den schönen Forschungen mit den ausgepumpten Röhren, den Vakuumröhren, wo man glaubte, den Äther handgreiflich zu haben; denn man weiß heute, daß durch diese Experimente nichts anderes zustande kommt als strahlende Materie, nicht das, was Äther genannt werden kann. Gerade die Ätherforschung ist heute, ich möchte sagen, in der allergrößten Revolution. Denn man wird niemals auf dem Wege der physikalischen Forschung zu etwas anderem kommen als zu dem, was spiegelt. Will man weiter kommen, dann muß man dasjenige ins Auge fassen – aber das kann man nur mit dem schauenden Bewußtsein –, was sich mit einem gemeinschaftlich spiegelt. Und das ist das, was im wirklich gedankenbeseelten Äther lebt. Daher findet man, wenn man nach dem Jenseits der Sinne frägt, nur eine Antwort wiederum durch das schauende Bewußtsein. Denn, erkennt man den wogenden gedankenbeseelten Äther in sich durch die imaginative Erkenntnis, dann gelangt man auch dazu, ihn hinter dem Rot, hinter dem Ton, hinter allem äußeren sinnlichen Wahrnehmen zu suchen; nicht mehr den toten Äther der heutigen, eben verglimmenden physikalischen Anschauung, sondern den lebendigen, gedankenbeseelten Äther. Hinter dem, was die Sinne wahrnehmen, lebt das Gleiche, das in uns gefunden wird, wenn wir hinunterdringen in dasjenige, was da lebt in uns selbst zwischen dem Fassen eines Gedankens und dem Wiedererinnern eines Gedankens. Nicht auf dem Wege, auf dem die Physik heute vorgeht, gelangt man zu dem Jenseits der Sinne, sondern indem man das, was jenseits der Sinne ist, im eigenen Wesen findet, indem man erkennen lernt: da arbeitet im eigenen Wesen zwischen dem Fassen eines Gedankens und dem Wiedererinnern eines Gedankens derselbe Prozeß, der da draußen lebt und der an mein Auge dringt, wenn ich Rot wahrnehme. Hinter diesem Rot ist dasselbe, was in mir ist zwischen dem Fassen eines Gedankens und dem Wiedererinnern eines Gedankens. Das Jenseits der Sinne und das Jenseits der Seele führt in das Geistige hinein.

Ich mußte Sie heute durch einen abgezogenen Gedankengang führen, weil ich im Zusammenhang dieser Vorträge über die Perspektive etwas sagen wollte, welche sich durch die Geisteswissenschaft ergeben muß. Ich wollte zeigen, wie wirkliche Selbsterkenntnis führt ins Jenseits der Seele, wie aber, wenn man ins Jenseits der Seele tritt, man auch im Jenseits der Sinne steht, wie man dadurch den Weg findet, durch das schauende Bewußtsein, in die geistige Welt hinein. Und in dieser geistigen Welt drinnen, da entdeckt sich weiter für das intuitive Bewußtsein dasjenige, was auch in unserem seelischen Leben spielt, und was ich geschildert habe in den vorangehenden Vorträgen als dasjenige, was als unser Schicksal in unseren Erlebnissen auf- und abwogt. Da gliedert sich das Schicksalerleben mit dem Moralischen, im Schicksal Geschehenden zusammen. Wenn wir erst wissen, daß hinter dem Erleben der Sinne nicht eine geistlose Wirklichkeit, sondern eine geistbeseelte Wirklichkeit steht, dann wird unser moralisches Leben ebenso Platz haben in dieser geistigen Welt, die jenseits der Seele und jenseits der Sinne liegt, wie die materielle Welt, die wir rings um uns wahrnehmen, in dieser äußeren Welt Platz hat.

Geisteswissenschaft wird heute noch, wenn sie diese Dinge entwickelt, als etwas Paradoxes angesehen; die Dinge, die ich geschildert habe, werden gewissermaßen als eine Narretei angesehen; und doch können sie ebenso als Tatsachen, die einfach angeschaut werden, betrachtet werden, wie wenn man eine äußere Begebenheit schildern wollte. Aber dieses Vorgehen der Geisteswissenschaft ist nur das Graben in einem Erkenntnistunnel von der einen Seite; von der anderen Seite gräbt die Naturwissenschaft in den Berg hinein. Erstreben die beiden die rechte Richtung, dann treffen sie in der Mitte zusammen. Und ich möchte sagen: In einer Art negativen Weise kommen die naturwissenschaftlich Anbauenden den geisteswissenschaftlich Anbauenden schon entgegen; denn es haben sich merkwürdige Dinge ergeben unter den naturwissenschaftlichen Denkern der letzten Zeit. Zwar diejenigen, die auf der naturwissenschaftlichen Forschung meinen fest zu stehen, weil sie das wissen, was bis vor zwanzig Jahren entdeckt war, die wissen noch nicht viel von dem, was naturwissenschaftliche Denker eigentlich machen. Sieht man aber genauer zu, dann macht man doch in dem Gang des naturwissenschaftlichen Denkens ganz merkwürdige Entdeckungen. Ich habe gerade deshalb heute Eduard von Hartmann angeführt als einen Denker, der wenigstens hinweist auf ein Jenseits der Sinne und ein Jenseits der Seele. Nur gibt er nicht zu, daß es dem schauenden Bewußtsein möglich sei, zu dem Jenseits der Sinne und dem Jenseits der Seele vorzudringen. Deshalb sagt er, indem er es in eine allgemeine Erkenntnis-Sauce – Erkenntnis-Tunke sagt man wohl jetzt! – taucht: Was jenseits der Sinne und jenseits der Seele liegt, das ist das Unbewußte. Darüber stellt er ja nun recht fragwürdige Hypothesen auf. Aber das sind nur Gedankenwahrheiten. Der Gedanke reicht nicht hinein in diese Welten. Einzig und allein das schauende Bewußtsein reicht hinein, wie ich es geschildert habe. Aber immerhin: Hartmann dringt vor wenigstens bis zu der Ahnung davon, daß im Jenseits der Sinne und im Jenseits der Seele etwas Geistiges ist, wenn er es auch nicht zum Bewußtsein brachte. Er hat, als er seine «Philosophie des Unbewußten» im Jahre 1868 veröffentlichte, eine Kritik des ja schon damals hochflutenden, materialistisch ausgedeuteten Darwinismus gegeben. Der «materialistisch ausgedeutete Darwinismus» – nicht das, was Darwin an einzelnen Tatsachen gefunden hat, das soll hier nicht besprochen werden – glaubt, mit Hinweglassung alles Seelischen erklären zu können, wie aus unvollkommenen einfachsten Lebewesen die vollkommeneren entstehen, wie man sagt: durch bloße Auslese, durch bloßen Kampf ums Dasein. Dadurch, daß die Vollkommenen sich zufällig entwickeln und die zufällig unvollkommen Gebliebenen überwinden, bleiben allmählich die Vollkommenen über; dadurch entsteht so etwas wie eine Entwickelungsreihe vom Unvollkommenen zum Vollkommenen. Hartmann hat schon 1868 erklärt, daß ein solches Spiel der rein äußeren Naturnotwendigkeiten, die man auch Zufall nennen kann, nicht hinreiche, um die Entwickelung der Organismen zu erklären, sondern daß gewisse, wenn auch unbewußt bleibende Kräfte wirksam sein müssen, wenn das Lebewesen sich vom Unvollkommenen zum Vollkommeneren entwickelt. Kurz, er hat ein Geistiges in der Entwickelung gesucht, jenes Geistige, das jenseits der Sinne und jenseits der Seele wirklich gefunden werden kann, hat er hypothetisch angenommen. Er hat es nur hypothetisch angenommen, denn zum schauenden Bewußtsein war man dazumal noch nicht vorgedrungen.

Als nun die «Philosophie des Unbewußten» erschienen war, die in einer scharfsinnigen Weise Kritik geübt hat an der darwinistischen Zufallstheorie, da haben sich eine große Anzahl naturwissenschaftlich Denkender gefunden, welche aufgetreten sind gegen diesen «dilettantischen Denker» Eduard von Hartmann. So ein dilettantischer Philosoph, der nichts versteht von dem, was der Darwinismus gebracht hat, und der da so hineinredet von seinem geistigen Standpunkt aus! Und unter denen, die damals Hartmann kritisiert haben, war auch *Oscar Schmid*, Professor in Jena. Es war auch *Haeckel* selber. Haeckel selber und zahlreiche seiner Schüler waren nun höchst erstaunt darüber, daß unter den vielen Schriften, die nach ihrer Ansicht glänzend widerlegten diesen Eduard von Hartmann, der solch laienhaften Unsinn redete, auch eine Schrift erschien von einem Anonymus – von einem Manne, der sich nicht nannte. Und Haeckel sagte: Er nenne sich uns! Und andere sagten ebenfalls: Er nenne sich uns und wir betrachten ihn als einen der

Unsrigen! Es ist so großartig, daß eine naturwissenschaftliche Schrift in dieser Weise gegen das Gewäsch der «Philosophie des Unbewußten» nun erschienen ist! – Und es erschien eine zweite Auflage dieser Schrift «Das Unbewußte im Lichte des Darwinismus». Und da nannte sich der Verfasser – es war Eduard von Hartmann! Sie sehen, es waren Gründe vorhanden, daß man jetzt nicht mehr fortdeklamierte: Er nenne sich uns und wir betrachten ihn als einen der Unsrigen. Man schwieg ihn jetzt tot. – Das war eine gründliche Lektion, die einmal erteilt werden mußte denen, die da glauben, derjenige, der vom Geiste redet, tue das aus dem Grunde, weil er von ihrer Wissenschaft nichts verstünde. Es wurde jetzt ziemlich still. Aber etwas anderes merkte man: 1916 ist eine sehr interessante Schrift erschienen, von der man sagen kann, sie steht auf dem Gebiete, von dem sie spricht, auf der vollen Höhe dieser Wissenschaft. Diese Schrift heißt: «Das Werden der Organismen. Eine Widerlegung von Darwins Zufallstheorie.» Und diese Schrift – nun, von wem ist sie? Nun, sie ist von dem oftmals genannten glänzendsten Haeckelschüler, von *Oscar Hertwig*, dem Berliner Professor der Biologie. Wir erleben das merkwürdige Schauspiel, daß die nächste Schülergeneration Haeckels, diejenige Schülergeneration, auf die er selbst am allerstolzesten war, schon Bücher schreibt zur Widerlegung der Darwinschen Zufallstheorie, welche in der Zeit, als man sich gegen Hartmann wendete, gerade die im Haeckelkreise herrschende war. Und was macht Hertwig, den ich selber mit seinem Bruder Richard als einen der treuesten Haeckelschüler kannte? Er nimmt durch, was man nennen kann «materialistische Ausdeutung der Darwinschen Theorie», und widerlegt es Stück für Stück und zitiert an manchen Stellen Eduard von Hartmann. Hartmann taucht in der Schrift von Oscar Hertwig «Das Werden der Organismen. Eine Widerlegung von Darwins Zufallstheorie» nun wiederum auf, kommt wieder zu Ehren. Dazumal, als man ihn nicht kannte, sagte man: Er nenne sich uns, und wir betrachten ihn als einen der Unsrigen. Und jetzt fängt man an, auf dasjenige, was Hartmann noch ins Unbewußte verlegte, zurückzukommen. Jetzt fängt man an, das Geistige anzuerkennen in dem, was sinnlich da ist.

Merkwürdig ist ja allerdings dieses Buch «Das Werden der Organismen. Eine Widerlegung von Darwins Zufallstheorie von Oscar Hertwig. Während nämlich alle frühere materialistische Ausdeutung des Darwinismus darauf hinauslief, daß man sagte: Wir haben vollkommene Organismen, wir haben unvollkommene Organismen; die vollkommenen haben sich aus den unvollkommenen entwickelt durch ihre äußeren Naturkräfte, kommt Hertwig darauf zurück, wie man im vollkommenen Organismus, wenn man mikroskopisch zurückgeht bis zum ersten Keim, nachweisen kann, daß die Nägelische Anschauung richtig ist, daß in der ersten Anlage der Keim des vollkommenen Organismus sich schon unterscheidet vom unvollkommenen Organismus. Denn es steckt im vollkommenen Organismus schon etwas ganz anderes darinnen als im unvollkommenen, von dem man glaubt, der vollkommene habe sich aus ihm entwickelt. Die mikroskopische Forschung ist bis zu einer Grenze gegangen, aber sie hat auch nichts anderes erreicht, als daß sie dann auf einen Spiegel stößt, und nicht weiter kommt als bis an die Grenze der Sinneswelt. Die Folge wird sein, daß viele Menschen, die auf dem Standpunkte der naturwissenschaftlichen Weltanschauung stehen, nicht bloß konstatieren, wie es Hertwig tut: Die materialistische Ausdeutung des Darwinismus ist unmöglich. Sie werden vielmehr doch anerkennen: Wollen wir überhaupt zu irgend etwas kommen, was diese Sinneswelt erklärt und hinter ihr liegt, dann können wir nicht beim gewöhnlichen Bewußtsein stehenbleiben; da kommen wir nicht aus der Sinneswelt heraus, auch nicht durch noch so viele Fernrohre. Wir kommen allein aus der Sinneswelt heraus, wenn wir uns mit dem schauenden Bewußtsein bewaffnen.

Aber im allgemeinen sind auch die Philosophen noch nicht sehr weit, in sich die Seele zu erkraften, daß sie erkennen würden: das schauende Bewußtsein kann heraussprießen aus diesem gewöhnlichen Bewußtsein, so wie das wachende Bewußtsein aus dem Traume heraussprießt. Die Philosophen sind heute noch weniger dazu geeignet, zu diesen Dingen vorzudringen. Ich habe schon öfter gesagt, daß ich nur gegnerisch auftrete gegen die, die ich im Grunde genommen sehr achte. Daher darf ich schon sagen: Aus diesem Unvermögen, überhaupt geist- und wirklichkeitsgemäß zu denken, daß man nach diesem schauenden Bewußtsein streben würde, ist es auch allein gekommen, daß Leute heute als große Philosophen gelten, die im Grunde mit ihrem ganzen Denken und Sinnen nur herumschwimmen in dem, was in diesem gewöhnlichen Bewußtsein auf- und abwogt, ohne überhaupt das Bedürfnis zu haben, über ein bloßes Gerede von auf- und abwogenden Vorstellungen hinauszukommen. Und so ist es auch noch gekommen, daß jemand, der auf der Oberfläche der auf- und abwogenden Vorstellungen nur so in Wollust schwelgt, wie zum Beispiel *Eucken*, heute als ein großer Philosoph angesehen werden kann. Es gehört eben zu dem, was man so charakterisieren muß, daß man sagt: Jenes Haften an dem gewöhnlichen Bewußtsein hat dem Menschen auch die Schärfe des Denkens genommen, welche ihn einsehen läßt, daß es nicht solche Grenzen der Erkenntnis gibt, wie Kant sie konstatiert, sondern solche Grenzen, mit denen man rechnen muß, um sie durch das schauende Bewußtsein zu durchschreiten. Daher werden diejenigen, die deklamieren von allerlei geistigen Welten, die innerhalb des gewöhnlichen Bewußtseins aber zu nichts anderem kommen als zu dem, was Eduard von Hartmann längst als bloßes gewöhnliches, in Bildern tätiges Bewußtsein erkannt hat, heute als große Philosophen angesehen.

Und so könnte manches in der Gegenwart gezeigt werden, was aufmerksam machen würde darauf, wie, ich möchte sagen, gerade das bewunderungswürdige naturwissenschaftliche Anschauen eher abgeführt hat von den Wegen, die zur Seele hingehen. Manchem ist es ja allerdings eigentümlich gegangen. Es gibt Menschen in der Gegenwart, die das ahnen, was ich heute gesagt habe. Es gibt zum Beispiel eine Persönlichkeit in der Gegenwart, die ahnt, daß in dem, was da zwischen Geburt und Tod in der Seele lebt als Denken, Fühlen und Wollen, nur etwas gegeben ist, was durch den Leib bedingt ist, während das Ewige aus der geistigen Welt herauskommt, durch die Geburt ins Dasein tritt, sich im Leibe verwandelt, so daß es im Leibe wirkt, und wiederum durch den Tod hinausgeht, und daß dasjenige, was im Leibe wirkt, nicht das wahre Seelische ist. Das erkennt die Persönlichkeit, die ich meine, an. Allein sie spricht davon, daß wir in dem, was so im gewöhnlichen Bewußtsein lebt, eben nur Bilder haben. Diese Persönlichkeit nennt es «Vorkommnisse». Hinter dem liegen jene Urfaktoren, die im schauenden Bewußtsein als Jenseits der Seele und Jenseits der Sinne erlebt werden. Aber auf dieses schauende Bewußtsein will die Persönlichkeit, die ich meine, nicht eingehen. Und so steht sie vor den Vorkommnissen, wiederum, möchte ich sagen, einen dicken Spiegel immerfort und fort einschlagend, und sagend: Dahinter müssen die Urfaktoren sein. – Aber sie rast. Und indem sie rast gegen die Spiegelfläche und nicht zum schauenden Bewußtsein kommen will, glaubt sie, alle Philosophie habe nur gerast. Bei Fichte kann man sehen – ich habe darüber in meinem Buche «Vom Menschenrätsel» gesprochen –, daß er nicht gerast hat, sondern daß er in einem wichtigen Punkte hingedeutet hat auf das schauende Bewußtsein. Jene Persönlichkeit, die ich jetzt meine, die zwar die Bildernatur des gewöhnlichen Bewußtseins erkennt, sagt: «Wer da (bei Fichte) nicht lachen kann, kann auch nicht philosophieren.» Und indem diese Persönlichkeit alle Philosophen von Plato und Heraklit bis in die Gegenwart herein in ihren Zusammenhängen an sich vorüberziehen läßt, nennt sie diese Philosophien «Die Tragikomödie der Weisheit». Und ein interessanter Satz findet sich auf Seite 132, da steht: «Wir haben nicht mehr Philosophie als ein Tier, und nur der rasende Versuch, zu einer Philosophie zu kommen, und die endliche Ergebung in Nichtwissen unterscheiden uns von dem Tier.»

Das ist das Urteil einer Persönlichkeit über alle Philosophie, über alle Versuche, in das Jenseits der Seele und das Jenseits der Sinne einzudringen! Das ist wirklich ein Rasender, der in seinem Vorbeirasen glaubt, daß die anderen rasen. Daher, weil er so schön über die Philosophie spricht, ist er gegenwärtig Universitäts-Professor der Philosophie! Philosophie wird eben in der Gegenwart so versorgt, wie es sich in einer solchen Erscheinung ausdrückt.

Ich weiß sehr wohl, daß für manchen das, was ich sage, als Bitteres erscheint. Ich kann das durchaus nachfühlen. Ich kann die ganze Bitternis und auch das ganze Paradoxe nachfühlen. Allein, es muß eben einmal darauf aufmerksam gemacht werden, wie in der Gegenwart die Notwendigkeit vorliegt, herauszukommen aus dem, was sich selbst einschließt in die bloße Sinneswelt, und unterzutauchen in das, was in das Jenseits der Seele, in das Jenseits der Sinne hinüberführt. Denn nicht die Welt ist es, die uns Grenzen des Erkennens aufrichtet. Was die Grenzen des Erkennens aufrichtet, das ist allein der Mensch selber.

Manchmal kann man recht interessante Entdeckungen machen, wie es der Mensch selber ist, wenn er so gar nicht auch nur hinschauen will auf das, was als schauendes Bewußtsein zum eigentlichen Wesen der Seele führt. Ich habe eben eine Probe gegeben einer philosophischen Anschauung eines Universitätsprofessors *Richard Wahle,* der die «Tragikomödie der Weisheit» geschrieben hat. Ich könnte einen anderen nennen: den berühmten *Jodl.* Der Mann würde ganz gewiß – er lebt nicht mehr – alles, was heute hier ausgesprochen worden ist, und was überhaupt hier ausgesprochen wird, als den vollendetsten Wahnsinn ansehen. Dafür aber spricht er sich über die Seele in der folgenden Weise aus: «Die Seele hat nicht Zustände oder Vermögen, wie Denken, Vorstellen, Freude, Haß und so weiter, sondern diese Zustände in ihrer Gesamtheit sind die Seele.» Sehr geistreich! Und von diesem Geistreichtum ist die ganze Philosophie dieses Jodl durchsetzt. Nur ist diese Definition der Seele nicht mehr wert, als wenn jemand sagt: Nicht der Tisch hat Ecken und Kanten und eine Fläche, sondern Ecken und Kanten und eine Fläche sind der Tisch.

Und von dieser Qualität sind diejenigen Gedanken zumeist, die heute in jenem Gestrüpp von bloßen Gedankengespinsten leben, die allerdings nur eine Hervorbringung des Leibes sind, weil sie nicht zum schauenden Bewußtsein vordringen wollen, wo man erst die Seele entdeckt. Man wird heute allerdings noch finden, daß sich eine solche Anschauung vielfach rächt. Ich habe die Weltanschauungsrichtung, welche in diesen Vorträgen vertreten wird, Anthroposophie genannt. Das ist in Anlehnung an die «Anthroposophie» des *Robert Zimmermann,* der auch ein Universitätsprofessor war, der aber ebenso in Opposition gegen die Anthroposophie war. Denn was würde Robert Zimmermann gesagt haben zu der Anthroposophie, die hier vorgebracht wird? Nun, er würde sagen, was er schon gegen Schelling gesagt hat: Der Philosoph muß innerhalb desjenigen bleiben, was durch Gedanken erreichbar ist. Er darf nicht appellieren an irgend etwas, was eine besondere Ausbildung der Seele nötig macht! – Man kann so sprechen, dann treibt man eben eine Anthroposophie, wie Robert Zimmermann sie gemacht hat. Da finden Sie drinnen ein Gedankengestrüpp; interessieren wird es Sie nicht, denn über alle Fragen der Seele und des Geistes ist darin kein Sterbenswörtchen gesagt. Von dem, was ich in diesen Vorträgen besprochen habe, was mit dem Jenseits der Seele und dem Jenseits der Sinne zusammenhängt, was mit der Unsterblichkeitsfrage der menschlichen Seele, mit der Schicksalsfrage zusammenhängt, – von alledem ist in jener Anthroposophie allerdings nichts drinnen. Denn das ganze Denken dieses letzten Jahrhunderts hat auf der einen Seite zwar die großen, nicht genug zu bewundernden Fortschritte der Naturwissenschaft hervorgebracht, aber auf der anderen Seite auch diejenige Erkenntnisgesinnung, die der jugendliche *Renan*, als er aus dem Colleg austrat, als seine Überzeugung aussprach, als er durch die Erkenntnisse der modernen naturwissenschaftlichen Denkweise irre geworden war in seinen religiösen Vorstellungen. Damals sprach er aus: «Der Mensch der Gegenwart ist sich bewußt, daß er niemals etwas über seine höchsten Ursachen oder seine Bestimmung wissen wird.» Das ist schließlich das Geständnis von vielen heute, nur daß, weil das Geständnis schon so lange lebt, sehr viele zu einer Art Betäubung darüber gekommen sind und nicht fühlen, wie solches Bekenntnis an der Seele frißt, wenn es neu ist. Verbaut hat sich dieses Bekenntnis die heute gekennzeichneten Wege zum Jenseits der Seele und zum Jenseits der Sinne. Ernest Renan war immerhin einer, der gefühlt hat, wie sich mit einem solchen Verbauen leben läßt. Und so hat er als alter Mann einen merkwürdigen Ausspruch getan:

«Ich wollte, ich wüßte gewiß, daß es eine Hölle gäbe, denn besser die Hypothese der Hölle als des Nichts.»

Das Nichtanerkennen des schauenden Bewußtseins führt ebenso gewiß nicht zu der Erkenntnis des Ursprungs und des Wesens des Menschen, wie das Einschlagen des Spiegels nicht zu der Erkenntnis derjenigen Wesen führt, die sich im Spiegel abspiegeln. Das fühlte Renan. Er fühlte, daß dort, wo frühere Zeiten gesucht haben den geistigen Ursprung des Menschen, von seiner Weltanschauung ein Nichts hingestellt wird. Sein Gemüt protestierte dagegen, indem er im Alter aussprach, daß es ihm lieber wäre, zu wissen, daß es eine Hölle gibt, als zu glauben, daß das Nichts wirklich sei. So lange nur das Gemüt in solcher Weise protestiert, so lange wird die Menschheit über die Schranken der Weltanschauung, die bis heute die Wege zu dem Jenseits der Sinne und dem Jenseits der Seele verbaut hat, nicht hinauskommen. Erst wenn die Menschheit sich geneigt erklärt, so starkes Denken und Vorstellen auszubilden, daß die Seele sich erkraften kann zu dem, was im schauenden Bewußtsein lebendige Fortbildung dessen ist, was Goethe angeregt hat in seinem Begriff von der anschauenden Urteilskraft, auf den Kant wie auf ein Abenteuer der Vernunft blickt, erst wenn die Menschheit sich entschließt, zu dieser Erkraftung der Gedanken, der ganzen Seelenwelt vorzuschreiten, um mit dem schauenden Bewußtsein in die geistige Wirklichkeit einzudringen, dann wird nicht mehr ein bloßer Gemütsprotest nur, sondern ein Erkenntnisprotest sich erheben gegen die Zwangsmächte jenes sogenannten Monismus, der den Menschen von einer

Erkenntnis seiner eigentlichen Wesenheit abspalten will. Und ich denke, daß man den inneren Nerv, der in den geisteswissenschaftlichen Auseinandersetzungen lebt, doch heute schon so verspüren kann, daß wir leben im Ausgangspunkte jener Umwälzungen im menschlichen Seelenleben, welche aus der Erkenntnis des ja schon bewunderten naturwissenschaftlichen Weltbildes hinaus in das Jenseits der Sinne und das Jenseits der Seele, in die eigentliche Ursprungsstätte des Menschen, in den Geist führen.

Und damit wird der Mensch auch wiederum in die Lage kommen, das, was in seinem Schicksal, in seinem moralischen Dasein lebt, ebenso anzugliedern an den Weltenursprung, wie er angliedern kann das, was in der äußeren Naturnotwendigkeit lebt. Und aufsteigen wird der Mensch dadurch zu einer wirklich einheitlichen und auch wirklich befriedigenden, weil als Geist zum Geiste sprechenden Natur- und Seelenanschauung.

HINWEISE

Textgrundlagen: Die Vorträge wurden von der Stenographin Hedda Hummel mitgeschrieben und in Klartext übertragen. Diese Übertragungen liegen dem Text zugrunde. Die Originalstenogramme sind erhalten. Die Nachschriften sind vor allem gegen Ende der einzelnen Vorträge unzulänglich. Von den Vorträgen III und IV liegen Nachschriften mit handschriftlichen Randnotizen Rudolf Steiners vor.

Die *Titel der Vorträge* sind von Rudolf Steiner. Als *Titel des Bandes* wurde von den Herausgebern der Titel des ersten Vortrages gewählt.

Werke Rudolf Steiners innerhalb der Gesamtausgabe (GA) werden in den Hinweisen mit der Bibliographie-Nummer angegeben. Siehe auch die Übersicht am Schluß des Bandes. Von Rudolf Steiner in den Vorträgen erwähnte eigene Werke sind im Personenregister unter Steiner, Rudolf nachgewiesen.

zu Seite

9   *wovon schon der griechische Philosoph Plato sagte:* Nicht nachgewiesen.

10 *Gustav Theodor Fechner,* 1801–1887, Physiker. «Die Tagesansicht gegenüber Nachtansicht», Leipzig 1879.

11 *Er schildert, wie er ... sich eines Tages ... auf eine Bank hinsetzte:* a.a.O., S. 3.

12 *daß ja schon Schopenhauer und andere dazu kamen, zu sagen:* Wörtlich: «daß die Farben, mit welchen [...] die Gegenstände bekleidet erscheinen, durchaus nur im Auge sind.» Arthur Schopenhauer, «Über das Sehen und die Farben», Einleitung. Siehe auch «Parerga und Paralipomena», Zweiter Band, Kapitel 20 «Über Urteil, Kritik, Beifall und Ruhm», § 240: «Wie nun aber doch die Sonne eines Auges bedarf, um zu leuchten, die Musik eines Ohres, um zu tönen [...]». Siehe auch «Die Welt als Wille und Vorstellung» I, § 1.

13 *«Sind es doch die Gedanken»:* Fechner, a.a.O., S. 4.

14 *Und so sagt Fechner:* a.a.O., S. 5.

22 *Karl Rosenkranz spricht ... aus:* «Aus einem Tagebuch», Leipzig 1854, S. 24 f.

24 *Gideon Spicker:* «Vom Kloster zum akademischen Lehramt. Schicksale eines ehemaligen Kapuziners», Stuttgart 1908.

Deshalb sagt Spicker: «Am Wendepunkt der christlichen Weltperiode. Philosophisches Bekenntnis eines ehemaligen Kapuziners», Stuttgart 1910, S. 30.

28 *Ich habe in meinem Buche:* «Vom Menschenrätsel» (1916), GA Bibl.-Nr. 20, S. 160.

Goethe ... anschauende Urteilskraft: Siehe Goethe «Naturwissenschaftliche Schriften», herausgegeben und kommentiert von Rudolf Steiner in Kürschners «Deutsche National-Literatur», Bd. I (1884), GA Bibl.-Nr. 1a, S. 115 f. («Bildung und Umbildung organischer Naturen», «Verfolg», «Anschauende Urteilskraft»).

30 *Da sagt Fichte:* Johann Gottlieb Fichte: «Die Bestimmung des Menschen», 2. Buch: Wissen, in «Sämtliche Werke», hg. v. I.H. Fichte, Bd. 2, Berlin 1845, S. 245.

37f. *Gustav Theodor Fechner knüpft an die Betrachtung:* Fechner, a.a.O., S. 9.

38 *Da sagte er dann zum Schluß etwa:* a.a.O., S. 10.

39 *«In der Tat ist mein Glaube»:* a.a.O., S. 5.

40 *«Nun ist Klarheit das Letzte in diesen Dingen»:* a.a.O., S. 5.

42 *Schopenhauer ... sagt, daß man die Meinungen, die er ausspricht, nicht allzu ernstlich nehmen ... solle:* Siehe Arthur Schopenhauer: «Parerga und Paralipomena. Kleine philosophische Schriften», Abhandlung: «Transcendente Spekulation über die anscheinende Absichtlichkeit im Schicksale des Einzelnen», Einleitungssätze.

43 *In der Traumeswelt ...:* a.a.O., im letzten Drittel der Abhandlung (freie Wiedergabe von Rudolf Steiner).

48 *Aufsatz, der kürzlich in der Vierteljahresschrift «Das Reich» erschienen ist:* «Die Erkenntnis vom Zustand zwischen dem Tode und einer neuen Geburt» erschienen in «Das Reich», hg. v. Alexander von Bernus, München, 1. Jahr, Buch 1, April 1916 und Buch 4, Januar

1917. Jetzt in: «Philosophie und Anthroposophie», Gesammelte Aufsätze 1904–1923, GA Bibl.-Nr. 35, S. 269–307. Die von Rudolf Steiner erwähnte Stelle über den Bildekräfteleib: S. 293, 298 ff.

53 *«Das Leben ist eine mißliche Sache»:* Äußerung Schopenhauers gegenüber Wieland in Weimar 1811. Siehe Wilhelm Gwinner: «A. Schopenhauer aus persönlichem Umgang dargestellt. Ein Blick auf sein Leben, seinen Charakter und seine Lehre», kritisch durchgesehen und mit einem Anhang neu herausgegeben von Charlotte von Gwinner, Leipzig 1922, S. 45 (I. «Wie er ward»).

Da findet sich denn einmal eine besonders bezeichnende Stelle: Nicht nachgewiesen.

68 *Schopenhauer spottet selber einmal darüber:* Siehe «Parerga und Paralipomena», I, «Über die Universitätsphilosophie».

Robert Sommer: «Familienforschung und Vererbungslehre», Leipzig 1907; «Goethe im Lichte der Vererbungslehre», Leipzig 1909.

79 *Eduard von Hartmann:* Siehe Hinweis zu S. 200.

81 *«anschauende Urteilskraft»:* Siehe Hinweis zu S. 28.

95 *daß für gewisse Kreise erst im Jahre 1827 die kopernikanische Weltanschauung annehmbar geworden ist:* Kopernikus' Werk «De revolutionibus orbium coelestium libri VI» wurde aus Anlaß der Galilei-Wirren am 5. März 1616 unter Papst Paul V. von der mit dem Bücherverbot beauftragten Inquisition auf den Index der verbotenen Bücher gesetzt. Am 10. Mai 1757 faßte die Indexkongregation den Beschluß, dieses Dekret, das die Bücher über den Stillstand der Sonne und die Bewegung der Erde verbot, in der Neuausgabe des Index wegzulassen, und Kopernikus' Werk wurde darin nicht mehr erwähnt. Aber erst am *11. und 25. September 1822 erlaubten* das heilige Officium und Papst Pius VII. den Druck und die Herausgabe solcher Werke.

108 *Da sagt Knebel:* Siehe «Knebels literarischer Nachlaß und Briefwechsel», hg. v. Varnhagen von Ense und Th. Mundt, 2. Aufl., Bd. 3, S. 452.

109f. *Heraklit:* Wörtlich: «Die Wachenden haben eine einzige und gemeinsame Welt, doch im Schlummer wendet sich jeder von dieser ab in seine eigene.» Diels/Kranz, «Fragmente der Vorsokratiker», Fragment B 89.

112 *das Wort des Heraklit:* Wörtlich: «Schlechte Zeugen sind den Menschen Augen und Ohren, wenn sie unverständige Seelen haben», a. a. O., Fragment B 107.

116   *Theodor Ziehen:* «Leitfaden der physiologischen Psychologie in 15 Vorlesungen», Jena 1891, 5. Auflage Jena 1900.

117   *Max Verworn:* «Die Mechanik des Geisteslebens», Leipzig 1907.

119   *wie Verworn, der sagt:* Nicht nachgewiesen.

  Franz Brentano: «Psychologie vom empirischen Standpunkte», Leipzig 1874. Siehe auch Hinweis zu S. 195 f.

121   *Eduard von Hartmann:* «System der Philosophie im Grundriß», Band III «Grundriß der Psychologie», Bad Sachsa im Harz 1908, S. 176 ff.

124   *daß ich in meinem Buche «Vom Menschenrätsel» diesen Standpunkt ... den Standpunkt des Illusionismus nenne:* Dieser Ausdruck konnte in dem angegebenen Buche nicht gefunden werden.

142   *so wie Hartmann vom Unbewußten spricht:* Siehe Hinweis zu S. 121.

144 f.   *Professor Dr. A. Tschirch:* «Naturforschung und Heilkunde», Rede, gehalten gelegentlich der Übernahme des Rektorats bei der Stiftungsfeier der Universität Bern am 28. November 1908, Leipzig 1909, S. 9.

145   *Friedrich Jodl,* 1849–1914, Philosoph und Psychologe, Professor der Philosophie in Wien. «Lehrbuch der Psychologie», Stuttgart 1896, S. 31. Das wörtliche Zitat ist im Vortrag vom 31. März 1917, auf Seite 261 des vorliegenden Bandes enthalten.

145f.   *Jacques Loeb:* «Das Leben», Vortrag gehalten auf dem ersten Monisten-Kongreß zu Hamburg am 10. September 1911, Leipzig 1911, S. 5.

146   *«Sie bohrt sich selbst einen Esel...»:* Urfaust, Schülerszene, Vers 327.

  «Wer will was Lebendiges erkennen ...»: Faust I, Studierzimmer, Verse 1936–1941.

147f.   *Carl Snyder:* «Das Weltbild der modernen Naturwissenschaft», Leipzig 1905, S. 227 (9. Kap. «Wie denkt das Gehirn?»).

149   *«Was kann der Mensch im Leben mehr gewinnen»:* Goethe, Gedicht «Im ernsten Beinhaus wars ...», Gedichte, Abteilung «Gott und Welt». In der Goethe-Ausgabe in Joseph Kürschners «Deutsche National-Litteratur» trägt dieses Gedicht den nicht von Goethe stammenden Titel «Bei Betrachtung von Schillers Schädel», was durch eine ausführliche Anmerkung begründet wird. Das zweite im Vortrag angeführte Gedicht ist vermutlich von Rudolf Steiner in Anlehnung an Goethes Verse frei umgeformt worden.

159   *Äther:* Meyers Konversationslexikon (1906) gibt die heute überholte Äthertheorie des 19. Jahrhunderts folgendermaßen wieder: «Äther (Lichtäther), in der Physik und Astronomie eine feine, den ganzen Weltraum (Weltenäther) und die Räume zwischen den Molekülen der Körper erfüllende Substanz, die man annehmen muß, um die Fortpflanzung des Lichtes zu erklären, das als eine wellenartig sich ausbreitende periodische Änderung des elektrischen und magnetischen Polarisationszustandes des Äthers angesehen wird, d.h. des Zustandes, der zur Erklärung der elektrischen und magnetischen Erscheinungen angenommen wird.»

161ff. *Ätherbegriff bei Immanuel Hermann Fichte:* Siehe «Anthropologie. Die Lehre von der menschlichen Seele. Neubegründet auf naturwissenschaftlichem Wege für Naturforscher, Seelenärzte und wissenschaftlich Gebildete überhaupt», Leipzig 1856, 2. vermehrte und verbesserte Auflage, Leipzig 1860, S. 269–288 (§ 117–118: «Äußerer» und «innerer» Leib, § 119–122: Geschichte der Lehre vom «inneren Leibe»).

162   *Sie finden die Stelle angeführt in meinem letzten Buche:* «Vom Menschenrätsel», GA Bibl.-Nr. 20, S. 60. Siehe auch Immanuel Hermann Fichte, a.a.O., S. 272 (§ 118 und 119).

163   *«Denn kaum braucht danach gefragt zu werden»:* a.a.O., S. 313 f. (§ 133).

163f. *Johann Heinrich Deinhardt,* 1805–1867, während 23 Jahren fortschrittlicher Gymnasialdirektor und Pädagoge in Bromberg. «Kleinere Schriften», hg. v. H. Schmidt, Leipzig 1869: «Über die Vernunftgründe für die Unsterblichkeit der menschlichen Seele».

168   *Ignaz Paul Vital Troxler,* 1780–1866, Arzt und praktischer Pädagoge in Basel und Bern. «Vorlesungen über Philosophie, über Inhalt, Bildungsgang, Zweck und Anwendung derselben aufs Leben, als Encyclopädie und Methodologie der philosophischen Wissenschaft», Bern 1835, Neuausgabe hg. v. Fritz Eymann, Bern 1942.

«Schon früher haben die Philosophen . . .»: a.a.O. (1942), S. 87 (6. Vorlesung).

169   *«Wenn es nun höchst erfreulich ist . . .»:* a.a.O., S. 88.

175   *die tanzenden Derwische:* Derwische (auch Fakir oder Sufi) sind asketische islamische Bettelmönche. Die *«tanzenden Derwische»* aus dem Orden der Mewlevi oder Maulawīya suchen in ekstatischem Tanzen zu Flöten-, Trommel- oder Vokalmusik die mystische Vereinigung mit Gott. Die Hauptschwierigkeit der Tänze besteht in ei-

nem z. T. stundenlang währenden schnellen Drehen genau auf derselben Stelle. Erst werden beim Tanz die Arme auf der Brust gekreuzt, dann über den Kopf gehoben; hierbei bildet der weite gelöste Rock einen Kreis um den tanzenden Derwisch. Oft endet der Tanz mit einem tranceartigen Zustand, wobei der Derwisch wie besinnungslos niederfällt. Andere Derwisch-Orden suchen die mystische Gottvereinigung in Rezitation und Gesang von Liedern («heulende Derwische») und im Konsum von Narkotika und Halluzinogenen. Siehe dazu Carl Vett, «Seltsame Erlebnisse in einem Derwischkloster», Strassburg 1931.

179 *analytische Psychologie ... Psychoanalyse:* 1881 beschrieb Joseph Breuer die Wirkungen der ins Unbewußte verdrängten «vergessenen» Erlebnisse. Sigmund Freud gründete 1900 die psychoanalytische Therapie auf die Traumdeutung, und in seinen «Abhandlungen zur Sexualtheorie» (1905) entwarf er die «Libido-Theorie» der sexuellen Triebkräfte, die in ihren Erfüllungen und Entbehrungen die Psyche des Menschen grundlegend bestimmen.

180f. *animalischer Grundschlamm der Seele:* Nicht nachgewiesen.

181 *Mechthild von Magdeburg,* 1212–1285, bedeutende deutsche Mystikerin, ihr Werk: «Das fließende Licht der Gottheit».

183 *Herman Grimm ... kommt ... zu dem folgenden Ausspruch:* Siehe «Goethe. Vorlesungen, gehalten an der Kgl. Universität zu Berlin», 2 Bände, Berlin 1877, 8. Auflage Stuttgart und Berlin 1903, 2. Band, S. 171 f. (23. Vorlesung).

185f. *Jacques Loeb:* «Das Leben» (S. Hinweis zu S. 145 f.) S. 44.

187 *Naturforscher der Gegenwart:* Svante Arrhenius. Das Zitat ist frei wiedergegeben aus der Vorrede zu «Die Vorstellung vom Weltgebäude im Wandel der Zeiten», Leipzig 1908.

188 *«Es ist ein groß Ergötzen»:* Faust I, Nacht, Verse 570–573.

«Wie nur dem Kopf nicht alle Hoffnung schwindet»: Faust I, Nacht, Verse 602–605.

189 *«Es ist ein groß Entsetzen»:* Diese Verse sind vermutlich von Rudolf Steiner in Anlehnung an Goethe frei umgeformt worden.

191 *Sir James Dewar,* 1842–1923, Physiker und Chemiker, Professor in Camebridge und London. Erfinder der Thermosflasche. Der erwähnte Vortrag konnte nicht ausfindig gemacht werden.

195f. *Franz Brentano*, 1858–1917, katholischer Theologe, dann Professor der Philosophie, Austritt aus der katholischen Kirche, legte auch sein Ordinariat für Philosophie in Wien nieder und lehrte als Privatdozent daselbst, lebte dann fast zwei Jahrzehnte in Florenz und die letzten Jahre in Zürich. Schriften: «Die Psychologie des Aristoteles. Insbesondere seine Lehre von nus poetikos. Nebst einer Beilage über das Wirken des Aristotelischen Gottes», Mainz 1867. «Aristoteles' Lehre vom Ursprung des menschlichen Geistes», Leipzig 1911. «Aristoteles und seine Weltanschauung», Leipzig 1911. «Psychologie vom empirischen Standpunkte», Leipzig 1874.

198 *es ist jetzt genau fünfunddreißig Jahre her:* Im Jahre 1917 (während der Arbeit an dem Buche «Von Seelenrätseln», GA Bibl.-Nr. 21) kam Rudolf Steiner in zahlreichen Vorträgen auf den Ausgangspunkt seiner Forschungen über die physiologische Dreigliederung der Menschenwesenheit zu sprechen. Daraus geht eindeutig hervor die Gleichzeitigkeit des Ausgangspunktes der Forschungen über die physiologische Dreigliederung und derjenigen über das Zeiträtsel. Rudolf Steiner schrieb 1882 eine Abhandlung, «die dasjenige verzeichnen sollte, wovon ich auch heute noch sagen kann: es war der erste Anfang von dem, was ich als Geistesforschung bezeichnen möchte. Es waren die ersten Gedanken, die ich niederschreiben konnte aus jener Richtung, jener Strömung, über die ich sprechen will.» (Vortrag Stuttgart, 12. Mai 1917, noch nicht in der Gesamtausgabe enthalten).
Dieser Aufsatz *«Einzig mögliche Kritik der atomistischen Begriffe»* ist mit weiteren Dokumenten abgedruckt in «Beiträge zur Rudolf Steiner Gesamtausgabe», Nr. 63, Dornach Michaeli 1978 («Rudolf Steiner über den Atomismus. Zwei Aufsätze aus dem Frühwerk»).
Zur Bedeutung dieses Aufsatzes siehe: Hella Wiesberger, «Rudolf Steiners Lebenswerk in seiner Wirklichkeit ist sein Lebensgang. Die drei Jahre 1879 bis 1882 als eigentliche Geburtszeit der anthroposophischen Geisteswissenschaft» in «Beiträge zur Rudolf Steiner Gesamtausgabe», Nr. 49/50, Dornach Ostern 1975, S. 15–23 («Der biographische Entstehungsmoment der Zeit-Erkenntnis») und S. 24–28 («Die Zeit-Erkenntnis als «Grundnerv» des anthroposophischen Forschungsanfanges»).

200 *Eduard von Hartmann . . . das Unbewußte:* Siehe Eduard von Hartmann, «Die Philosophie des Unbewußten», Berlin 1869; 7. Auflage 1. und 2. Band, Berlin 1875; 10. Auflage 1., 2. und 3. Band Berlin 1890.

202 *Theodor Ziehen:* Siehe Hinweis zu S. 116.

209 *Ich habe in Helsingfors im Jahre 1913 . . . einen Zyklus von Vorträgen gehalten:* «Die okkulten Grundlagen der Bhagavad Gita», 28. Mai – 5. Juni 1913, GA Bibl.-Nr. 146. Die von Rudolf Steiner daraus zitierte Stelle befindet sich im Vortrag vom 1. Juni 1913, S. 87.

212 *Oliver Lodge . . . sein neuestes Buch:* «Raymond, or Life and Death», London 1916.

213 *Cesare Lombroso,* 1836–1909, ital. Anthropologe und Gerichtsmediziner.

Charles Richet, 1850–1935, franz. Physiologe, untersuchte in experimentellen Studien die Phänomene des Spiritismus.

216 *Deuteroskopie:* griech.: Doppelsehen, zweites Gesicht, Hellseherei. Zum Spiritismus, Hypnotismus und Somnambulismus siehe auch die Vorträge in «Spirituelle Seelenlehre und Weltbetrachtung», GA Bibl.-Nr. 52, S. 218–332 (Vorträge vom 1. Februar, 7. März, 30. Mai und 6. Juni).

219 *die Erde . . . war noch nicht aufgetaucht aus dem andersartigen Sonnenleben:* Über die verschiedenen Stufen der Erdenentwicklung siehe Rudolf Steiner, «Die Geheimwissenschaft im Umriß» (1910), GA Bibl.-Nr. 13.

220 *Kant hat eine Viertelwahrheit . . . begriffen . . . in seinen Antinomien:* Siehe Immanuel Kant: «Kritik der reinen Vernunft», I, Zweite Abteilung, Zweites Buch, Zweites Hauptstück «Die Antinomie der reinen Vernunft», v. a. 5. Abschnitt.

221 *Grimms Worte:* Siehe Hinweis zu S. 183.

222 *daß Herman Grimm sagen kann:* a. a. O.

223 *«Daß es eine wirkliche Natur gibt»:* Siehe Eduard von Hartmann, «Die Weltanschauung der modernen Physik», Leipzig 1902, S. 216 (Kap. IX «Der methodologische und erkenntnistheoretische Standpunkt»).

225 *in einem solchen Worte des Novalis:* Siehe Novalis: «Schriften», hg. v. Paul Kluckhohn, 3. Band, Leipzig o. J. (1928), S. 247 («Das allgemeine Brouillon 1798/99», Fragment Nr. 936).

226 *Matthias Claudius:* Siehe «Irrtümer und Wahrheit oder Rückweiß für die Menschen auf das allgemeine Principium aller Erkenntniß», von einem unbekannten Philosophen [Louis Claude de Saint-Martin]. Aus dem Französischen übersetzt von Matthias Claudius, Breslau 1782, S. V. (Vorrede).

229 *Eduard von Hartmann:* «System der Philosophie im Grundriß», Bd. III «Grundriß der Psychologie», Bad Sachsa im Harz 1908, S. 1f.

230 *«Ja sogar» – sagt er:* a.a.O.

«Das Hersagen des allergeläufigsten Memorierstoffs»: a.a.O.

«Starke Gefühle oder Affekte»: a.a.O.

233f. *Nietzsches Auseinandersetzungen über das asketische Ideal:* Siehe Friedrich Nietzsche, «Zur Genealogie der Moral. Eine Streitschrift» (1887), v.a. «Dritte Abhandlung: Was bedeuten asketische Ideale?» Vgl. dazu auch Rudolf Steiner, «Friedrich Nietzsche, ein Kämpfer gegen seine Zeit» (1895), GA Bibl.-Nr. 5, S. 54–60.

238 *Goethe sagt in einem Aufsatz über «Anschauende Urteilskraft»:* Siehe Hinweis zu S. 28.

242 *Äther:* Siehe Hinweis zu S. 159.

244 *Vergrößerung von Haupt und übrigem Leib im Leben:* Bezieht sich wohl auf das *Gewicht.* Siehe auch S. 133 in diesem Band.

251 *wunderbare Gedankengänge ... über den Äther in naturwissenschaftlicher Beziehung:* Nicht nachgewiesen. Siehe auch Hinweis zu S. 159.

255 *Oscar Schmidt,* 1823–1886, Zoologe. In seiner Schrift «Die naturwissenschaftlichen Grundlagen der Philosophie des Unbewußten» (Leipzig 1877) kritisiert Schmidt Eduard von Hartmann und lobt die Schrift des Anonymus (siehe den nachfolgenden Hinweis), sie habe «alle welche nicht auf das Unbewußte eingeschworen sind, in ihrer Überzeugung vollkommen bestätigt, daß der Darwinismus im Rechte sei.» (S. 3).

255f. *eine Schrift erschienen von einem Anonymus:* «Das Unbewußte vom Standpunkt der Physiologie und Deszendenztheorie. Eine kritische Beleuchtung des naturphilosophischen Teils der Philosophie des Unbewußten», Berlin 1872. Die zweite Auflage, diesmal mit dem Namen Eduard von Hartmann als Verfasser, erschien 1877.

256 *Oscar Hertwig,* 1849–1922, Anatom. «Das Werden der Organismen. Eine Widerlegung von Darwins Zufalltheorie», Jena 1916.

257 *Die Nägelische Anschauung:* Carl Wilhelm von Nägeli, 1817–1891, Professor der Botanik in Zürich, Freiburg und München. «Mechanisch-physiologische Theorie der Abstammungslehre», 1884.

259f. *Es gibt zum Beispiel eine Persönlichkeit in der Gegenwart:* Richard Wahle, 1857–1935, Philosoph. «Die Tragikomödie der Weisheit. Die Ergebnisse und die Geschichte des Philosophierens. Ein Lesebuch», Wien und Leipzig 1915, S. 132 (Fünftes Kapitel: «Psychologie», A. «Erkenntniskritische Reinigung der Psychologie»).

260 *ich habe darüber in meinem Buche «Vom Menschenrätsel» gesprochen:* GA Bibl.-Nr. 20, S. 174.

261 *Friedrich Jodl:* «Lehrbuch der Physiologie», Stuttgart 1896, S. 31 (Kapitel II: «Leib und Seele»).

Robert Zimmermann, 1824–1898, Ästhetiker und Philosoph, von 1861 bis 1895 Professor der Philosophie in Wien, Vertreter der Herbartschen Schule. «Anthroposophie im Umriß. Entwurf eines Systems idealer Weltanschauung auf realistischer Grundlage», Wien 1882.

262 *Erkenntnisgesinnung, die der jugendliche Renan ... aussprach:* Nicht nachgewiesen.

263 *«Ich wollte, ich wüßte gewiß, daß es eine Hölle gäbe»:* Nicht nachgewiesen. Eine ähnliche Stelle in: Ernest Renan, «Jugenderinnerungen», Frankfurt/M. 1925, S. 318 (Kapitel «Die ersten Schritte außerhalb von Saint-Sulpice»).

PERSONENREGISTER

(Die *kursiv* gesetzten Zahlen geben jeweils die Seiten an, zu welchen ein Hinweis besteht)

Aristoteles (384–322 v. Chr.) 196
Arrhenius, Svante (1859–1927) (ohne Namensnennung) *187*

Brentano, Franz (1838–1917) *119*, 120, 130, 141, 147, *195–198*

Claudius, Matthias (1740–1815) *226f.*

Darwin, Charles (1809–1882) 211, 254
Deinhardt, Johann Heinrich (1805–1867) *163f.*
Dewar, James (1842–1923) 191 bis 193, 206, 208, 219, 221, 225
Dilthey, Wilhelm (1833–1911) 147

Eucken, Rudolf (1846–1926) 258

Fechner, Gustav Theodor (1801 bis 1887) *10–15*, 20, *37–39*
Fichte, Immanuel Hermann (1796–1879) *161–163*, 168
Fichte, Johann Gottlieb (1762 bis 1814) *30*, 161, 260
Franz, I., Kg. v. Frankreich (1494 bis 1547) 68

Goethe, Johann Wolfgang von (1749–1832) *28*, 68, 81, 108, *146, 148f.*, 183, *187–189*, 221, 223, 237, *238–240*, 243, 263
Grimm, Herman (1828–1901), *183*, 220–222

Haeckel, Ernst (1834–1919) 117, 255 f.
Hartmann, Eduard von (1842 bis 1906) *79 f., 121, 142, 200, 223 f.*, 229, 231–233, 235 f., 249, 254, *255 f.*, 256

Hegel, Georg Wilhelm Friedrich (1770–1831) 161
Heraklit (um 500 v. Chr.) *109, 112*
Hertwig, Oscar (1849–1922) *256 f.*
Hertwig, Richard (1850–1937) 257

Jodl, Friedrich (1894–1914) *145, 261*

Kant, Immanuel (1724–1804) *220*, 237–240, 263
Karl V., Kg. v. Spanien (1500 bis 1558) 68
Kleinpeter, Hans 147
Knebel, Karl Ludwig von (1744 bis 1834) *108*
Kopernikus, Nicolaus (1473 bis 1543) *92 f.*

Lodge, Oliver (1851–1940) *212* bis 215, 217
Lodge, Raymond († 1915) 212 bis 215, 217
Loeb, Jacques (1859–1924) *145f., 185*, 187
Lombroso, Cesare (1836–1909) *213*

Mechthild von Magdeburg (1212 bis 1285) *181*
Mendel, Johann Georg (1822 bis 1884) 69
Myers, Frederick (1843–1901) 213

Nägeli, Carl Wilhelm von (1817 bis 1891) *257*
Newton, Isaac (1642–1727) 210 f.
Nietzsche, Friedrich Wilhelm (1844–1900) *233 f.*
Novalis (Friedrich von Hardenberg, 1772–1801) *225*

Plato (427–347 v. Chr.) 9

Renan, Ernest (1823–1892) *262 f.*
Richet, Charles (1850–1935) *213*
Rosenkranz, Karl (1805–1879) *21 f.*

Seydel, Rudolf (1835–1892) 148
Schelling, Friedrich Wilhelm (1775–1854) 161, 262
Schiller, Friedrich von (1759 bis 1805) 149
Schmidt, Oscar (1823–1886) *255*
Schopenhauer, Arthur (1788 bis 1860) *12, 41–43, 53 f., 57–59, 68,* 76, 142, 216
Snyder, Carl *147 f.*
Sommer, Robert *68*

Spicker, Gideon (1840–1912) *24 f.*
Steiner, Rudolf (1861–1925)
  Werke: Die Philosophie der Freiheit (GA Bibl.-Nr. 4) 141
  Wie erlangt man Erkenntnisse der höheren Welten? (GA Bibl.-Nr. 10) 19, 45, 81, 164, 198, 201
  Die Geheimwissenschaft im Umriß (GA Bibl.-Nr. 13) 19, 46
  Vom Menschenrätsel (GA Bibl.-Nr. 20) 19, 27 f., 67, 80, 124, 162, 260
  Die okkulten Grundlagen der Bhagavad Gita (GA Bibl.-Nr. 146) 209–211

Troxler, Ignaz Paul Vital (1780 bis 1866) *168*
Tschirch, A. (1856–1939) *144f.*

Verworn, Max (1863–1921) *117*, 119, 127

Wahle, Richard (1857–1935) *259 f.*, 261
Wilson, Woodrow (1856–1924) 209–211

Ziehen, Theodor (1862–1950) *116* bis 121, 130, 142, 202
Zimmermann, Robert (1824 bis 1898) *261 f.*

AUSFÜHRLICHE INHALTSANGABEN

I. Geist und Stoff, Leben und Tod

Berlin, 15. Februar 1917 9

Gustav Theodor Fechner über die Tag- und Nachtansicht menschlicher Weltanschauung. Die geistige Natur des Denkens Ausgangspunkt der Geisteswissenschaft. Das Gehirn als Spiegel des Denkens, das sich im seelischen Eigenwesen des Menschen vollzieht. Das Erfassen des von der Stoffeswelt unabhängigen Denkens durch Karl Rosenkranz. Zur eigentlichen Geisteswissenschaft können weder Rosenkranz noch Fechner vordringen. Ein weiterer Vorläufer der Geisteswissenschaft: Gideon Spicker. Sein Buch «Vom Kloster zum akademischen Lehramt». Die Erkenntnis des selbständigen Webens der lebendigen Gedanken durch innere Erfahrung. Das Erwachen zum schauenden Bewußtsein. Das Zusammenwirken von Geist und Stoff im Wechsel der Aufbau- und Zerstörungsprozesse im menschlichen Organismus.

II. Schicksal und Seele

Berlin, 17. Februar 1917 41

Schopenhauer über das Schicksal. Das Schicksalsrätsel kann mit gewöhnlichem Denken nicht gelöst werden, sondern ergibt sich nur dem schauenden Bewußtsein. Inneres Erleben des Denkens als Ausgangspunkt der Geistesforschung. Erkraftung des Denkens durch Seelenübungen. Erfahrung der ätherischen Welt und des eigenen Bildekräfteleibes. Anschauendes Denken. Der Eintritt in die geistige Welt. Die Welt des Schlafes und des Traumlebens. Schopenhauers «Examenstraum». Die Zeit zwischen Tod und neuer Geburt und die wiederholten Erdenleben. Aufstieg zur imaginativen, inspirativen und intuitiven Erkenntnis. Die naturwissenschaftliche Vererbungslehre. Robert Sommer über Goethe im Lichte der Vererbung. Die Vererbung vom Standpunkte der Geisteswissenschaft.

III. Seelenunsterblichkeit, Schicksalskräfte und menschlicher Lebenslauf

Berlin, 1. März 1917 78

Die Vorstellung des Unterbewußten im menschlichen Seelenleben bei Eduard von Hartmann. Das Unterbewußte im Sinne des schauenden Bewußtseins. Geisteswissenschaft widerspricht nicht den Ergebnissen der Naturwissenschaft. Diese untersucht die Abhängigkeit des menschlichen Seelenlebens von den Leibesorganen. Mystik sucht nach einer Vereinigung mit dem Geistigen durch das gewöhnliche Bewußtsein. Erkenntnismethoden der Geisteswissenschaft. Der Aufstieg vom gewöhnlichen zum schauenden Bewußtsein. Die Unsterblichkeit des menschlichen Seelenwesens. Das Schicksal als Lehrer der menschlichen Seele. Goethes Freund Knebel über das Schicksal.

IV. Menschenseele und Menschenleib in Natur- und Geist-Erkenntnis

Berlin, 15. März 1917 113

Das menschliche Seelenleben bei Theodor Ziehen und Max Verworn. Die Seelenlehre von Franz Brentano. Die Sinneswahrnehmung vom geisteswissenschaftlichen Standtpunkt. Das Verhältnis des Menschen zur äußeren Sinneswelt im Lichte der modernen Wissenschaft und der Geisteswissenschaft. Zusammenhang des Vorstellens mit den Nerven, des Fühlens mit dem Atem, des Wollens mit der Ernährung. Sensitive und motorische Nerven. Ausbildung des Vorstellens zur Imagination, des Fühlens zur Inspiration, des Wollens zur Intuition. Zur Denkweise der modernen Wissenschaft: Tschirch, Jodl, Loeb und Snyder.

V. Seelenrätsel und Welträtsel: Forschung und Anschauung im deutschen Geistesleben

Berlin, 17. März 1917 150

Die Bedeutungslosigkeit des Beweises in der geisteswissenschaftlichen Betrachtung. Bejahen und Verneinen wie Aus- und Einatmen. Die Bindung von Vorstellen, Gefühl, Wollen an Nerven-, Atmungs- und Stoffwechselrhythmus. Immanuel Hermann Fichtes Begriff vom Aether und vom Aetherleib. J. H. Deinhardts «Unsichtbarer Leib». Troxlers «Feinerer Seelenleib». Auftreten des Wortes «Anthroposophie». Halluzinationen und Zwangshandlungen. Tanzende Derwische, mediales Schreiben. Das Traumleben als niederste Form des übersinnlichen Erlebens. Schicksal als verstärkte Form des Geistig-Seelischen. Empfindung für die Nachwirkungen früherer und die Vorbereitung späterer Erdenleben. Der von der Psychoanalyse sogenannte animalische Grundschlamm der Seele. Herman Grimms Ablehnung der Kant-La Place'schen Theorie des Weltendes. Die materialistische Auffassung von Jacques Loeb.

VI. Leben, Tod und Seelenunsterblichkeit im Weltenall
Berlin, 22. März 1917 190
Geisteswissenschaft und Naturwissenschaft. Professor Dewar über das Ende des Erdendaseins. Franz Brentano. Die beiden Strömungen des bewußten und des unterbewußten Seelenlebens. Beschränkte Wirkung der Naturgesetze. Das moralische Seelenleben als Keim künftiger Welten. Begriffsschatten des Individualismus und des Sozialismus. Wilsons wirklichkeitsfremde Begriffe. Schwierigkeiten des Naturforschers bei der Erforschung der geistigen Welt. Sir Oliver Lodges Buch über seinen im Krieg gefallenen Sohn. Lodges Teilnahme an spiritistischen Sitzungen. Der Anfangszustand der Erde. Herman Grimm über die Kant-La Place'sche Theorie.

VII. Das Jenseits der Sinne und das Jenseits der Seele
Berlin, 31. März 1917 228
Eduard von Hartmann über die Unmöglichkeit, eigene Seelenerscheinungen zu beobachten. Die seelischen Erlebnisse vom Standpunkte der Geisteswissenschaft. Nietzsche über das menschliche Seelenleben. Eduard von Hartmanns Begriff des Unterbewußten. Das Aufwachen des Menschen zum schauenden Bewußtsein. Goethe und Kant. Goethes «Anschauende Urteilskraft». Die Anwendung von Goethes Metamorphosenlehre auf den Menschen: Das Haupt als umgewandelter übriger Organismus. Das Wesen der Erinnerung. Wahrnehmung des Geistigen jenseits der Seele und der Sinne durch die Inspiration, der Schicksals- und moralischen Kräfte durch Intuition. Eduard von Hartmanns und O. Hertwigs Schriften gegen Darwin. Richard Wahle; Friedrich Jodl; Robert Zimmermann; Ernest Renan.

RUDOLF STEINER – LEBEN UND WERK

Das Lebenswerk, welches Rudolf Steiner der Nachwelt hinterlassen hat, dürfte nach Gehalt und Umfang innerhalb der Kulturwelt wohl ohne Beispiel dastehen. Seine Schriften – die Werke und Aufsätze – bilden die Grundlage für das, was er im Laufe seines Lebens in Vorträgen und Kursen seinen Zuhörern als «anthroposophisch orientierte Geisteswissenschaft» von immer neuen Aspekten aus darstellte und ausführte. Der größte Teil dieser rund sechstausend Vorträge ist in Nachschriften erhalten geblieben. Daneben entfaltete er auch auf künstlerischem Gebiet eine große Tätigkeit, welche ihren Höhepunkt in der Errichtung des ersten Goetheanumbaues in Dornach fand. So liegen eine große Anzahl malerischer, plastischer und architektonischer Arbeiten, Entwürfe und Skizzen von seiner Hand vor. Die durch ihn gegebenen Anregungen für die Erneuerung zahlreicher Lebensgebiete beginnen in der gegenwärtigen Zeit vermehrte Beachtung zu finden.

Seit dem Jahre 1956 wird durch die «Rudolf Steiner-Nachlaßverwaltung» an der Herausgabe der «*Rudolf Steiner Gesamtausgabe*» gearbeitet, die einen Umfang von etwa 330 Bänden erhalten wird. In den beiden ersten Abteilungen erscheinen die *Schriften* und das *Vortragswerk*, während in einer dritten Abteilung das *künstlerische Werk* in geeigneter Form zur Wiedergabe gelangt.

Einen systematischen Überblick über das Gesamtwerk gibt der Band «Bibliographische Übersicht. Das literarische und künstlerische Werk von Rudolf Steiner», auf welchen sich die im folgenden verwendete Bezeichnung «Bibl.-Nr.» bezieht. Über den jeweiligen Stand der erschienenen Bände orientieren die Bücherverzeichnisse und der Gesamtkatalog des «Rudolf Steiner Verlages».

Chronologischer Lebensabriß
(zugleich Übersicht über die geschriebenen Werke)

1861   Am 27. Februar wird Rudolf Steiner in Kraljevec (damals Österreich-Ungarn, heute Jugoslawien) als Sohn eines Beamten der österreichischen Südbahn geboren. Seine Eltern stammen aus Niederösterreich. Er verlebt seine Kindheit und Jugend an verschiedenen Orten Österreichs.

1872   Besuch der Realschule in Wiener-Neustadt bis zum Abitur 1879.

1879	Studium an der Wiener Technischen Hochschule: Mathematik und Naturwissenschaft, zugleich Literatur, Philosophie und Geschichte. Grundlegendes Goethe-Studium.
1882	Erste schriftstellerische Tätigkeit.
1882–1897	Herausgabe von Goethes Naturwissenschaftlichen Schriften in Kürschners «Deutsche National-Litteratur», fünf Bände (Bibl.-Nr. 1a–e). Eine selbständige Ausgabe der Einleitungen erschien 1925 unter dem Titel *Goethes Naturwissenschaftliche Schriften* (Bibl.-Nr. 1).
1884–1890	Privatlehrer bei einer Wiener Familie.
1886	Berufung zur Mitarbeit bei der Herausgabe der großen «Sophien-Ausgabe» von Goethes Werken. *Grundlinien einer Erkenntnistheorie der Goetheschen Weltanschauung mit besonderer Rücksicht auf Schiller* (Bibl.-Nr. 2).
1888	Herausgabe der «Deutschen Wochenschrift», Wien (Aufsätze daraus in Bibl.-Nr. 31). Vortrag im Wiener Goethe-Verein: *Goethe als Vater einer neuen Ästhetik* (in Bibl.-Nr. 30).
1890–1897	Weimar. Mitarbeit am Goethe- und Schiller-Archiv. Herausgeber von Goethes Naturwissenschaftlichen Schriften.
1891	Promotion zum Doktor der Philosophie an der Universität Rostock. 1892 erscheint die erweiterte Dissertation: *Wahrheit und Wissenschaft. Vorspiel einer «Philosophie der Freiheit»* (Bibl.-Nr. 3).
1894	*Die Philosophie der Freiheit. Grundzüge einer modernen Weltanschauung. Seelische Beobachtungsresultate nach naturwissenschaftlicher Methode* (Bibl.-Nr. 4).
1895	*Friedrich Nietzsche, ein Kämpfer gegen seine Zeit* (Bibl.-Nr. 5).
1897	*Goethes Weltanschauung* (Bibl.-Nr. 6) Übersiedlung nach Berlin. Herausgabe des «Magazin für Literatur» und der «Dramaturgischen Blätter» zusammen mit O. E. Hartleben. (Aufsätze daraus in Bibl.-Nrn. 29–32). Wirksamkeit in der «Freien literarischen Gesellschaft», der «Freien dramatischen Gesellschaft», im «Giordano Bruno-Bund», im Kreis der «Kommenden» u. a.
1899–1904	Lehrtätigkeit an der von W. Liebknecht gegründeten Berliner «Arbeiter-Bildungsschule».

1900/01	*Welt- und Lebensanschauungen 19. Jahrhundert*, 1914 erweitert zu: *Die Rätsel der Philosophie* (Bibl.-Nr. 18). Beginn der anthroposophischen Vortragstätigkeit auf Einladung der Theosophischen Gesellschaft in Berlin. *Die Mystik im Aufgange des neuzeitlichen Geisteslebens* (Bibl.-Nr. 7).
1902–1912	Aufbau der Anthroposophie. Regelmäßige öffentliche Vortragstätigkeit in Berlin und ausgedehnte Vortragsreisen in ganz Europa. Marie von Sivers (ab 1914 Marie Steiner) wird seine ständige Mitarbeiterin.
1902	*Das Christentum als mystische Tatsache und die Mysterien des Altertums* (Bibl.-Nr. 8).
1903	Begründung und Herausgabe der Zeitschrift «Luzifer», später «*Lucifer-Gnosis*» (Aufsätze in Bibl.-Nr. 34).
1904	*Theosophie. Einführung in übersinnliche Welterkenntnis und Menschenbestimmung* (Bibl.-Nr. 9).
1904/05	*Wie erlangt man Erkenntnisse der höheren Welten?* (Bibl.-Nr. 10). *Aus der Akasha-Chronik* (Bibl.-Nr. 11). *Die Stufen der höheren Erkenntnis* (Bibl.-Nr. 12).
1910	*Die Geheimwissenschaft im Umriß* (Bibl.-Nr. 13).
1910–1913	In München werden die *Vier Mysteriendramen* (Bibl.-Nr. 14) uraufgeführt.
1911	*Die geistige Führung des Menschen und der Menschheit* (Bibl.-Nr. 15).
1912	*Anthroposophischer Seelenkalender. Wochensprüche* (in Bibl.-Nr. 40, und selbständige Ausgaben). *Ein Weg zur Selbsterkenntnis des Menschen* (Bibl.-Nr. 16).
1913	Trennung von der Theosophischen und Begründung der Anthroposophischen Gesellschaft. *Die Schwelle der geistigen Welt* (Bibl.-Nr. 17).
1913–1922	Errichtung des in Holz als Doppelkuppelbau gestalteten ersten Goetheanum in Dornach/Schweiz.
1914–1923	Dornach und Berlin. In Vorträgen und Kursen in ganz Europa gibt Rudolf Steiner Anregungen für eine Erneuerung auf vielen Lebensgebieten: Kunst, Pädagogik, Naturwissenschaften, soziales Leben, Medizin, Theologie. Weiterbildung der 1912 inaugurierten neuen Bewegungskunst «Eurythmie».

1914	*Die Rätsel der Philosophie in ihrer Geschichte als Umriß dargestellt* (Bibl.-Nr. 18).
1916–1918	*Vom Menschenrätsel* (Bibl.-Nr. 20). *Von Seelenrätseln* (Bibl.-Nr. 21). *Goethes Geistesart in ihrer Offenbarung durch seinen «Faust» und durch das «Märchen von der Schlange und der Lilie»* (Bibl.-Nr. 22).
1919	Rudolf Steiner vertritt den Gedanken einer «Dreigliederung des sozialen Organismus» in Aufsätzen und Vorträgen, vor allem im süddeutschen Raum. *Die Kernpunkte der sozialen Frage in den Lebensnotwendigkeiten der Gegenwart und Zukunft* (Bibl.-Nr. 23). *Aufsätze über die Dreigliederung des sozialen Organismus* (Bibl.-Nr. 24). Im Herbst wird in Stuttgart die «Freie Waldorfschule» begründet, die Rudolf Steiner bis zu seinem Tode leitet.
1920	Beginnend mit dem Ersten anthroposophischen Hochschulkurs finden im noch nicht vollendeten Goetheanum fortan regelmäßig künstlerische und Vortragsveranstaltungen statt.
1921	Begründung der Wochenschrift «Das Goetheanum» mit regelmäßigen Aufsätzen und Beiträgen Rudolf Steiners (in Bibl.-Nr. 36).
1922	*Kosmologie, Religion und Philosophie* (Bibl.-Nr. 25). In der Silvesternacht 1922/23 wird der Goetheanumbau durch Brand vernichtet. Für einen neuen in Beton konzipierten Bau kann Rudolf Steiner in der Folge nur noch ein erstes Außenmodell schaffen.
1923	Unausgesetzte Vortragstätigkeit, verbunden mit Reisen. Zu Weihnachten 1923 Neubegründung der «Anthroposophischen Gesellschaft» als «Allgemeine Anthroposophische Gesellschaft» unter der Leitung Rudolf Steiners.
1923–1925	Rudolf Steiner schreibt in wöchentlichen Folgen seine unvollendet gebliebene Selbstbiographie *Mein Lebensgang* (Bibl.-Nr. 28) sowie *Anthroposophische Leitsätze* (Bibl.-Nr. 26), und arbeitet mit Dr. Ita Wegman an dem Buch *Grundlegendes für eine Erweiterung der Heilkunst nach geisteswissenschaftlichen Erkenntnissen* (Bibl.-Nr. 27).
1924	Steigerung der Vortragstätigkeit. Daneben zahlreiche Fachkurse. Letzte Vortragsreise in Europa. Am 28. September letzte Ansprache zu den Mitgliedern. Beginn des Krankenlagers.
1925	Am 30. März stirbt Rudolf Steiner in Dornach.

RUDOLF STEINER GESAMTAUSGABE
Überblick über das literarische und künstlerische Werk

Erste Abteilung: Die Schriften

I. Werke

Goethes Naturwissenschaftliche Schriften, eingeleitet und kommentiert von R. Steiner, 5. Bände (Bibl.-Nr. 1a–e); separate Ausgabe der Einleitungen (Bibl.-Nr. 1)

Grundlinien einer Erkenntnistheorie der Goetheschen Weltanschauung (Bibl.-Nr. 2)

Wahrheit und Wissenschaft. Vorspiel einer «Philosophie der Freiheit» (Bibl.-Nr. 3)

Die Philosophie der Freiheit (Bibl.-Nr. 4)

Friedrich Nietzsche, ein Kämpfer gegen seine Zeit (Bibl.-Nr. 5)

Goethes Weltanschauung (Bibl.-Nr. 6)

Die Mystik im Aufgange des neuzeitlichen Geisteslebens und ihr Verhältnis zur modernen Weltanschauung (Bibl.-Nr. 7)

Das Christentum als mystische Tatsache und die Mysterien des Altertums (Bibl.-Nr. 8)

Theosophie. Einführung in übersinnliche Welterkenntnis und Menschenbestimmung (Bibl.-Nr. 9)

Wie erlangt man Erkenntnisse der höheren Welten? (Bibl.-Nr. 10)

Aus der Akasha-Chronik (Bibl.-Nr. 11)

Die Stufen der höheren Erkenntnis (Bibl.-Nr. 12)

Die Geheimwissenschaft im Umriß (Bibl.-Nr. 13)

Vier Mysteriendramen: Die Pforte der Einweihung – Die Prüfung der Seele – Der Hüter der Schwelle – Der Seelen Erwachen (Bibl.-Nr. 14)

Die geistige Führung des Menschen und der Menschheit (Bibl.-Nr. 15)

Anthroposophischer Seelenkalender (in Bibl.-Nr. 40)

Ein Weg zur Selbsterkenntnis des Menschen (Bibl.-Nr. 16)

Die Schwelle der geistigen Welt (Bibl.-Nr. 17)

Die Rätsel der Philosophie in ihrer Geschichte als Umriß dargestellt (Bibl.-Nr. 18)

Vom Menschenrätsel (Bibl.-Nr. 20)

Von Seelenrätseln (Bibl.-Nr. 21)

Goethes Geistesart in ihrer Offenbarung durch seinen «Faust» und durch das «Märchen von der Schlange und der Lilie» (Bibl.-Nr. 22)

Die Kernpunkte der sozialen Frage in den Lebensnotwendigkeiten der Gegenwart und Zukunft (Bibl.-Nr. 23)

Aufsätze über die Dreigliederung des sozialen Organismus und zur Zeitlage 1915–1921 (Bibl.-Nr. 24)

Kosmologie, Religion und Philosophie (Bibl.-Nr. 25)

Anthroposophische Leitsätze (Bibl.-Nr. 26)
Grundlegendes für eine Erweiterung der Heilkunst nach geisteswissenschaftlichen Erkenntnissen. Von Dr. Rudolf Steiner und Dr. Ita Wegman (Bibl.-Nr. 27)
Mein Lebensgang (Bibl.-Nr. 28)

II. Gesammelte Aufsätze

Gesammelte Aufsätze zur Dramaturgie 1889–1900 (Bibl.-Nr. 29)

Methodische Grundlagen der Anthroposophie. Gesammelte Aufsätze zur Philosophie, Naturwissenschaft, Ästhetik und Seelenkunde 1884–1901 (Bibl.-Nr. 30)

Gesammelte Aufsätze zur Kultur- und Zeitgeschichte 1887–1901 (Bibl.-Nr. 31)

Gesammelte Aufsätze zur Literatur 1886–1902 (Bibl.-Nr. 32)

Biographien und biographische Skizzen 1894–1905 (Bibl.-Nr. 33)

Luzifer-Gnosis. Grundlegende Aufsätze zur Anthroposophie und Berichte aus der Zeitschrift «Luzifer» und «Lucifer-Gnosis» 1903–1908 (Bibl.-Nr. 34)

Philosophie und Anthroposophie. Gesammelte Aufsätze 1904–1918 (Bibl.-Nr. 35)

Der Goetheanumgedanke inmitten der Kulturkrisis der Gegenwart. Gesammelte Aufsätze aus der Wochenschrift «Das Goetheanum» 1921–1925 (Bibl.-Nr. 36)

III. Veröffentlichungen aus dem Nachlaß

Briefe – Wahrspruchworte – Bühnenbearbeitungen – Entwürfe zu den Vier Mysteriendramen 1910–1913 – Anthroposophie. Ein Fragment aus dem Jahre 1910 – Gesammelte Skizzen und Fragmente – Aus Notizbüchern und -blättern (Bibl.-Nrn. 38–47)

Zweite Abteilung: Das Vortragswerk

I. Öffentliche Vorträge

Die Berliner öffentlichen Vortragsreihen («Architektenhaus-Vorträge») 1903/04 bis 1917/18 (Bibl.-Nrn. 51–67)

Öffentliche Vorträge, Vortragsreihen und Hochschulkurse an anderen Orten Europas 1906–1924 (Bibl.-Nrn. 68–84)

II. Vorträge vor Mitgliedern der Anthroposophischen Gesellschaft

Vorträge und Vortragszyklen allgemein-anthroposophischen Inhalts – Evangelien-Betrachtungen – Christologie – Geisteswissenschaftliche Menschenkunde – Kosmische und menschliche Geschichte – Die geistigen Hintergründe der sozialen Frage – Der Mensch in seinem Zusammenhang mit dem Kosmos – Karma-Betrachtungen (Bibl.-Nrn. 91–244)

Vorträge und Schriften zur Geschichte der anthroposophischen Bewegung und der Anthroposophischen Gesellschaft (Bibl.-Nrn. 251–265)

III. Vorträge und Kurse zu einzelnen Lebensgebieten

Vorträge über Kunst: Allgemein-Künstlerisches – Eurythmie – Sprachgestaltung und Dramatische Kunst – Musik – Bildende Künste – Kunstgeschichte (Bibl.-Nrn. 271–292)

Vorträge über Erziehung (Bibl.-Nrn. 293–311)

Vorträge über Medizin (Bibl.-Nrn. 312–319)

Vorträge über Naturwissenschaft (Bibl.-Nrn. 320–327)

Vorträge über das soziale Leben und die Dreigliederung des sozialen Organismus (Bibl.-Nrn. 328–341)

Vorträge für die Arbeiter am Goetheanumbau (Bibl.-Nrn. 347–354)

Dritte Abteilung: Das künstlerische Werk

Reproduktionen und Veröffentlichungen aus dem künstlerischen Nachlaß

Originalgetreue Wiedergaben von malerischen und graphischen Entwürfen und Skizzen Rudolf Steiners in Kunstmappen oder als Einzelblätter: Entwürfe für die Malerei des Ersten Goetheanum – Schulungsskizzen für Maler – Programmbilder für Eurythmie-Aufführungen – Eurythmieformen – Entwürfe zu den Eurythmiefiguren, u. a.

Die Bände der Rudolf Steiner Gesamtausgabe sind innerhalb einzelner Gruppen einheitlich ausgestattet. Jeder Band ist einzeln erhältlich. Ausführliche Verzeichnisse können beim Verlag angefordert werden.